A LITTLE
HISTORY OF
LITERATURE

耶鲁文学小历史

[英] 约翰·萨瑟兰（John Sutherland）◎著
王君◎译

中信出版集团·CHINACITICPRESS·北京

图书在版编目（CIP）数据

耶鲁文学小历史 /（英）萨瑟兰著；王君译. —北京：中信出版社，2016.1 (2017.11重印)
书名原文：A Little History of Literature
ISBN 978-7-5086-5575-8

I. ①耶… II. ①萨… ②王… III. ①世界文学一文学史 IV. ①I109

中国版本图书馆CIP数据核字（2015）第239732号

耶鲁文学小历史

著　　者：[英]约翰・萨瑟兰
译　　者：王　君
策划推广：中信出版社（China CITIC Press）
出版发行：中信出版集团股份有限公司
（北京市朝阳区惠新东街甲4号富盛大厦2座　邮编　100029）
（CITIC Publishing Group）
承 印 者：北京诚信伟业印刷有限公司

开　　本：880mm×1230mm　1/32　　印　　张：15.25　　字　　数：226千字
版　　次：2016年1月第1版　　印　　次：2017年11月第4次印刷
京全图字：01–2014–3065　　广告经营许可证：京朝工商广字第8087号
书　　号：ISBN 978-7-5086-5575-8 / I・712
定　　价：49.00元

目　录

第1章
何谓文学

试想，如若你像鲁滨逊·克鲁索（Robinson Crusoe）一样，被放逐荒岛度过余生，你最想携之相伴的是哪本书呢？这个问题出现在英国广播公司一档播出时间最长、最受欢迎的节目《荒岛唱片》[①]中。这档节目还在英国广播公司国际广播电台播出，为全球听众所共享。

在聆听了主持人和当期节目嘉宾选择带上荒岛的8张唱片中的几小段后，主持人问了两个问题，其中之一便是上段中所提出的那个。如果允许你在被放逐的日子里拥有一种奢侈的享受，你会如何选择？大家的回答往往别出心裁：例如，有几位嘉宾选择了氰化物药片，而其他几位则选择了纽约大都会博物馆。接着，主持人抛出这个问题：除了《圣经》（以及其他同类宗教书卷）和莎士比亚的大著，你会带哪一本书去荒岛呢？因为莎翁作品集岛

---

① 《荒岛唱片》（*Desert Island Discs*），是英国广播公司第4台推出的一档45分钟的音乐节目。节目主持人每次邀请一位嘉宾来访谈，话题是假设要去荒岛度过余生而准备随身携带的8张唱片。——译者注

上可能已经有了，估计是上一个流放此岛而最终服用氰化物药片的人遗落的。

迄今为止我已经收听该节目50载了（此节目自1942年开播）。通常嘉宾们会选择某文学巨作以慰孤岛残生。而近年来，简·奥斯汀[①]逐渐成为最受欢迎的作家（她的作品是最受欢迎的，其次为《鲁滨逊漂流记》）。而实际上，在成千上万期播出的节目中，被选中的文学作品一定是流放者既已阅读过的。

如是种种直指文学的某些重要真相。首先，很明显我们将文学视为生命中最重要的一部分。其次，虽然我们口口声声叫嚣着要“消费”文学，结果却与消灭你我盘中之餐不同，文学之美永不消逝。此外，不似美食一览便尽知其魅力，初读文学著作，众读者往往被其引人入胜的情节吊尽胃口。数年以前，我参加此节目时选择了一本小说：萨克雷[②]的《名利场》（*Vanity Fair*）。这本书我已阅读过上百遍了（因为我曾花费数年时间编辑并撰写与其相关的文章）。一如我最喜欢的音乐，每每重读，它仍旧能带给我无限惊喜。

反复阅读是文学带给人们的巨大享受之一。伟大的文学著作

① 简·奥斯汀（Jane Austen，1775~1817），英国著名女性小说家，代表作有《理智与情感》《傲慢与偏见》《爱玛》《劝导》等。——译者注

② 萨克雷（W. M. Thackeray，1811~1863），英国维多利亚时期著名小说家，代表作品有《名利场》，讽刺了买卖良心和荣誉的“名利场”中的各种丑恶现象。——译者注

的价值是挖掘不尽的，这也是它们不朽于世的原因之一。每当重新开卷，这些作品总能为我们打开一个崭新的世界。

按书名字面解，你现在手执的是一本“文学小历史”，然而文学却是极厚重的。任何人穷尽一生阅读，也无法遍游浩瀚的文学之海。我们充其量能把自己所知的当作一个智慧的样本，并选择好的方式把它们汇聚起来。阅读这本文学小历史的时候，你不难发现这样的语句：“你可能会觉得此点很重要，因为大多数人都是这么认为的，但请你一定要形成自己的见解。”这样的语句意在说明，这本书不是一本说明书（请注意这一点），而是一本阅读建议。

对那些好深思的读者来说，文学对他们的生活至关重要。我们在家庭、学校，从朋友和更加有智慧的人口中了解了很多事情，然而，最重要的知识仍来源于我们所阅读的文学作品。若善读书籍，我们仿佛能与从古至今最有创造力的人才和贤哲们对话。有人说，用在阅读上的时间必不虚度。如果你自己尚未在阅读时体会到，就不要盲目听信。

那么，究竟何谓“文学”？这是个非常棘手的问题。最令人满意的答案或许要从文学本身发掘。最有说服力的答案藏在我们人生之初阅读的第一部出版物《儿童文学》之中（此书是为儿童而写，而不是出自儿童之手）。许多人从这本书开始，蹒跚前行，踏入了睡前阅读的世界。（尽管我们是在教室习得书写技能的。）在这个世界里，我们所爱之人躺在床边或读书给我们听，或与我们一同阅读。由此，我们迈开了在漫漫书海跋涉的脚步。

随着年岁渐长，以愉悦为最终目的的阅读依然伴随着我们。而愉悦，也正好是文学阅读的典型目的。我们中的很多人会养成睡前读书的习惯。（有些人或许会听《有声书》[①]，这是英国广播公司另一档经久不衰的广播节目。）有多少人在年少时会顽皮地穿着睡衣在床单下借手电筒的微光阅读？而我们那些正襟体面、应对外界真实世界的服饰（在某种意义上是我们的盔甲），却常常在夜间被束之衣橱。

说到衣橱，不得不提到《纳尼亚传奇：狮子、女巫和魔衣柜》[②]。以这部小说为蓝本改编电视节目、电影以及舞台剧的不断更新，让孩子和成人都得以了解故事中四兄妹被放逐到一间乡村小屋的经历。故事发生在 20 世纪 40 年代的战时英国，四兄妹在柯克教授（Professor Kirke，其中“Kirk”这个词在低地苏格兰语中意为“教堂”。文学作品中常有此象征性元素）的悉心照顾下，得以免遭伦敦警察防暴队的夜间突袭。那个时候的世界对于孩子们来说是可怕的。出于不知名原因飞过天空的神秘飞机，不断企图吞噬人们的生命。你会发现，尝试给孩子们讲政治、历史抑或

① 《有声书》（*Book at Bedtime*），是英国广播公司第 4 台播出的一档提供小说、经典文学作品等的诵读的节目。——译者注

② 《纳尼亚传奇：狮子、女巫和魔衣柜》（*The Lion, the Witch and the Wardrobe*），是英国作家C · S · 刘易斯（C. S. Lewis）于 1951~1956 年所著的七册魔幻故事集“纳尼亚传奇”（*The Chronicles of Narnia*）的第一册。——译者注

它们的意义，无疑是困难的。然而，借助文学那种各个年龄层都可欣然接受的魅力，孩子会更容易理解这个纷繁复杂的世界。

故事里，孩子们在一个雨天探索柯克教授的宅邸时，无意中发现了二楼一个摆放着大衣柜的房间。最小的妹妹露西一个人大着胆子钻进了衣柜。我想，大家如果记得自己所看过的任何版本的《纳尼亚传奇：狮子、女巫和魔衣柜》，一定知道露西发现了什么。她发现自己身处一个平行宇宙——一个想象的世界之中。但实际上，这个世界和她刚刚离开的伦敦一样真实，一样动荡不安。这个叫纳尼亚的世界也非安全之地。通常，和狮子与女巫相伴出行才是安全的。

正如书中所描述的，纳尼亚并不是露西脑海中的梦境或者臆想，而是真实存在于彼处的、外化于她孱弱自身的实体。它和那个大衣橱抑或刘易斯 · 卡罗尔①在 85 年前（1865 年）出版的《爱丽丝梦游仙境》中的镜子一样实实在在。但是，若想了解纳尼亚是如何亦真亦幻的，还得从了解文学这台复杂的机器是如何运作的开始（儿童迅速而直观地习得知识，就像在年幼时习得语言的复杂奥秘一般）。

具体而言，《纳尼亚传奇：狮子、女巫和魔衣柜》是一本“寓

---

① 刘易斯 · 卡罗尔（Lewis Carroll，1832~1898），原名查尔斯 · 勒特威奇 · 道奇森（Charles Lutwidge Dodgson），英国作家、数学家、逻辑学家、摄影家，著有《爱丽丝梦游仙境》（*Alice's Adventures in Wonderland*）。——译者注

言”书——借此物言彼事，借真实可感之物象描绘虚无缥缈之意象。就像天文学家告诉我们的，即使宇宙永远无限扩张，也不可能有纳尼亚的存在。那个世界就是一本小说，而栖居其间的人们（即使是露西），也仅仅是极富创造力的作者C·S·刘易斯的臆造之物罢了。可尽管如此，我们仍能察觉（刘易斯也意图让读者察觉），一个真实的内核无疑包蕴在纳尼亚看似虚构的表象里。

最后，可以说作者写就这部作品是有其神学意义的，即宗教隐喻（事实上刘易斯既是一位作家又是位神学家）。这个故事借由作者所言的整体现象，厘清了世人的处境。无论一本文学作品看似多么朴实无华，它一定还会在某个层面上诘问：“万事万物都是缘何而起的？我们为什么会在这里？”哲学家、牧师和科学家都在自己的专业领域回答着这些问题。而在文学的世界中，作者和读者却是乘着想象的翅膀弄清这些问题的。

我们借由睡前阅读《纳尼亚传奇：狮子、女巫和魔衣柜》，从神秘的衣橱（和张张书页）中了解了我们是谁，又身处何方。这样的思辨力会帮助我们处理日后层出不穷的复杂问题。此外，我们额外获得的还有阅读带来的快乐，以及不断增长的阅读渴望。在儿童时期，纳尼亚的故事帮助我们了解世界；同样，在成年时期，阅读让我们涉世更深。若人到中年时重读《爱玛》[①]或者狄更

① 《爱玛》（*Emma*），出版于1816年，英国作家简·奥斯汀的小说。——译者注

斯[1]的小说，我们将惊喜地发现从中获得的比上学时阅读获得的更多。一部伟大的文学著作能源源不断地给予你新意，无论你是何时抑或通过何种途径阅读到它。加之现代翻译的出现，人们阅读到的不仅是“文学”，而是世界文学。在本书余下的章节中，我们将不断见证自己身处这个文学的黄金时代是何其荣幸。书中将要介绍的许多文学巨擘，若知晓当今时代可以便捷地接触到如此大量的文学作品，一定会对我们心生嫉妒。故此，尽管我们会在书中从广阔深远的角度去了解文学，可这些万花筒般的作品中却几乎都有一事相同，即你都可以阅读到它们的中文版本（我也希望有一日你真能做到）。

自古希腊先哲柏拉图起，就有一派学者认为文学之魅力及其应运而生的体裁之美（例如在柏拉图时代出现的戏剧、史诗和抒情诗）是危险的，对青年人尤甚。究其原因，是文学让人们对生计之事分心。文学会带来谎言，美丽的谎言，这一点毋庸置疑。可正是这一点，使文学愈加危险。如果你赞同柏拉图的观点，那么你也会认为伟大文学作品所激起的情感会使思想变得简单。比如，读完狄更斯描述天使般的小耐儿之死后，你不禁泪眼婆娑，该如何理性地思考儿童教育的问题呢？而且，柏拉图还认为，如果没有清晰的思维，社会将岌岌可危。由此，应该让孩子在睡前

① 狄更斯（Charles Dickens，1812~1870），英国著名作家，代表作有《匹克威克外传》《雾都孤儿》《双城记》《远大前程》《老古玩店》等。——译者注

阅读欧几里得的《几何原本》[①]，而非伊索关于安德鲁克里斯和狮子的动物寓言。现实生活中人们当然不会那么做。可《伊索寓言》已然在教导柏拉图那个时代的人们一些重要的课程，并在教诲中让他们收获乐趣。这样的寓教于乐在柏拉图时代之后持续了200年。直到2 500年后的今天,《伊索寓言》仍然在这样启迪着我们。

言至于此，究竟该如何描述文学这个概念呢？从最基本的层面上说，文学是于白纸上将黑字进行独特的排列组合。换言之，文学这个词的本意即“由字所造之物”。文字的种种排列组合比魔术师帽子里变幻出的任何物件还要神秘莫测。然而，对于文学更好的解释，是人类用自己至高至善的才智对所处世界的表现和传达。文学绝非在简化我们的思想，反之，文学倾其所能赋予我们应对繁芜世事的心智和感知力，即便很多时候我们并不完全赞同书中的观点。那么，人们缘何阅读文学呢？因为文学以其他事物皆不具备的方式使我们的生命充盈丰沛，让我们更具有人情味。我们读得越多，越能体会到文学的这股力量。

① 欧几里得（Euclid，约公元前325年~公元前265年），古希腊数学家，被称为“几何学之父”。其著作《几何原本》（*Geometry*），涵盖了几何学公理、公设、定义和命题，是一部在科学史上千古流芳的巨著。——译者注

第 2 章
美妙的开端

神话

早在人们于白纸上书写文学，并将其付梓呈于读者书桌之前，它一直以文字以外的另一种形态存在。这一结论是基于“鸭子定律”[①]得出的，即“如某物像鸭子一样行走并拥有鸭子般的叫声，此物即为鸭子”。文学的此种形态，被自远古至今研究人类发展史的人类学学者们称为“神话”。它起源于人们以“口口相传”而非以纸笔记载文字的时代。实因无更优表达，我们通常用“口头文学”（即“口语文学”）这个直白但包蕴对立关系的词汇来定义前述文学形式。

关于神话，我们需明确的第一点是，它绝非听起来那么浅显简单，事实上它十分复杂。第二点是，以历史眼光来看，文学写作、出版是相对新近的形式，而神话传说却从未远离我们。如下

---

① “鸭子定律”（The Duke Rule），出自于鸭子测试（Duke Test），归纳法的一种幽默说法。——译者注

假设可以帮助我们更好地理解第二点的内容。人类作为一个物种，会在内心当中本能而莫名地进行潜在思考，就像语言学家们所争论的那样：基因决定了我们在生命过程中的某一阶段将专门习得语言。（不然我们在蹒跚学步时，又是何获得语言这一复杂的技能的呢？）创造神话是我们的天性，是我们作为人类不可分割的一部分。

这一点在生活中的现实意义是，我们会本能地将身边发生的事物在脑海中汇总，并以此为依据构筑各种形状和图样（即“思维的本能连接”）。正如某位哲学家所言，呱呱坠地时，我们“生于繁盛而嘈杂的混沌襁褓中”。而与那骇人的混沌相妥协并生的，是人类最伟大的冒险精神。神话已成为帮助人类了解所处世界的途径。待我们学会书写，文学也就承载了与此相同的作用。

文学评论家弗兰克 · 克莫德①创立的一个简练的心理小游戏可以进一步说明前述中关于“思维的本能连接”的观点。如果你将手表置于耳畔，会听到“嘀嗒”声响，而且“嗒”声的音量会比“嘀”声大。而实情是，在接收到耳朵传来的声音信号之后，我们的大脑会把原本的嘀嘀声“塑造”成嘀嗒声，亦即一个微小的开始和微小的结束。实际上，这也就是神话的作用。它创造出一种本不存在的模式，因为这种模式可以帮助我们更好地理解问

① 弗兰克 · 克莫德（Frank Kermode，1919~2010），英国文学评论家。——译者注

题（同样也帮助我们记住这些问题）。此外，听“嘀嗒声”这个小例子所揭示的最有趣的一点是，从不曾有人教过你如何完成由“嘀嘀”声到“嘀嗒”声的模式转换。换言之，你自然而然地就这么做了。

此外，当我们考量神话时，它的作用之一是厘清了我们作为人类所身处的这个无意识世界当中的意义。我们为什么会身处这个世界之中？我们存在的目的又是什么？通常，神话通过故事（文学的支柱）以及象征（诗歌的实质）来回答这些问题。让我们来做个心理小游戏。假设你是一万年前世界上最先尝试种庄稼的人之一。你知道有些时节万物皆不生长，大自然走向灭亡。接着，过了这一阶段以后，万物复苏。这是为什么呢？你该如何解释这一切？尽管没有科学家会站出来解释这个问题，但你知道该作何理解。

季节性节律对农业社会至关重要——正如《圣经》所言，“栽种有时，收获有时”。不清楚何时应种何时该收，连农民都要忍饥挨饿。地球每年死亡和重生的神秘轮回催生了“繁殖神话”。这些神话通常是将某些死而复生的国王或统治者的故事夸张的产物。它们揭示了虽然万物不停变幻，但从宏观角度看来却不曾改变的道理，给人以安慰。

《高文爵士和绿衣骑士》是英语文学中最古老（也最美妙）的

诗歌之一[①]。它生动地以亚瑟王宫殿的圣诞庆典场景开篇。这是一年当中最萧索的时候。突然，一个陌生的、通体绿色的人身着盔甲闯进会场。他向在场的人们施行审判并使他们明白如果不行义事则祸事必将降临的道理。当然，这位不速之客仅是绿衣人[②]的诸多版本之一，是象征植被的异教徒之神。他代表着复苏的青苗（如蒙上帝应许）将在春天萌发。如此一来，人类则应当警醒。

现在，让我们以一个文学性更强的例子——一则大家耳熟能详又传为美谈的赫拉克勒斯[③]的神话来探索“嘀嗒”模式那微小的“开头和结尾”。我们可以在大约公元前 6 世纪文饰精美的希腊花瓶上找到这则神话故事最初的版本。而有关于它最新近的版本则见诸《钢铁侠》[④]系列电影中。神话中这个传奇般的强壮勇士遇到了比他更加强壮的巨人安泰[⑤]，而赫拉克勒斯却不得不与之战斗。赫拉克勒斯将巨人摔倒在地，可每当安泰接触一次地面，他就变得愈加强大。最终，赫拉克勒斯用双臂钳住对手并将他举离地面，他瞬时

---

① 《高文爵士和绿衣骑士》（*Sir Gawayne and the Green Knight*）全诗共 2 529 行，创作年代为 14 世纪，作者不详。——译者注

② 绿衣人（Green Man），旧时用其代表大自然或者收获；亦指（中世纪英国教堂中的）绿衣人塑像。——译者注

③ 赫拉克勒斯（Hercules），一译海格立斯，罗马神话中被称为赫丘利，是主神宙斯和阿尔克墨涅之子，大力神。——译者注

④ 《钢铁侠》（*Iron Man*），2008 年上映的美国电影。——译者注

⑤ 安泰（Antaeus），希腊神话中的巨人，只要身体不离开地面就百战百胜。——译者注

如植物被连根拔起般凋谢死亡，赫拉克勒斯因而赢得了战斗。

这则神话最成功之处在于，故事从头至尾发展得顺畅而令人满意（就像赫拉克勒斯为了赢得战斗所付出的努力一样）。故事情节跌宕：它始于开场（主人公赫拉克勒斯遇到巨人安泰），展于纠葛（赫拉克勒斯与安泰战斗并频频败北），最终冲突被化解（赫拉克勒斯意识到该如何打败对手并最终获胜）。正如赫拉克勒斯战胜安泰一样，戏剧中的主人公如何在争斗中智胜对手的桥段，是每个喜爱 007 系列电影的影迷都耳熟能详的。这则神话和每部 007 系列电影一样，都有大团圆结局。此种构制情节的方式屡见于叙事文学中，其表现形式可简单亦可复杂。

神话还有另一个组成元素，那就是事实。很奇妙的一点是，有些事实我们尚不能清楚地洞悉和解释，却已在潜意识中了然。为了证明这一点，让我们着眼于最古老，而最卓越的文学作品——《伊利亚特》与《奥德赛》[①]。据传统考证，这两部作品均出自约 3 000 年前古希腊一位名叫“荷马”[②]的作家之手。

这两首史诗讲述了希腊和特洛伊两大城邦间的一场旷日持久的战争。事实上，考古学的发现证明这场战争确实存在。可当荷

① 《伊利亚特》（*The Iliad*）与《奥德赛》（*The Odyssey*），相传均为古希腊史诗，荷马所著。《伊利亚特》主要叙述特洛伊战争最后一年的故事；《奥德赛》描写奥德修斯于特洛伊城攻陷后，漂泊 10 年，最终返回故乡的经历。——译者注

② 荷马（Homer，约公元前 9 世纪~公元前 8 世纪），古希腊吟游盲人诗人。——译者注

马创作史诗时，他仍然将故事的半壁江山倚重于“神话”这个主心骨上。诗中的主人公奥德修斯［Odysseus，他的拉丁名尤利西斯（Ulysses）同样为人熟知］，在其10年漫漫回家路上历尽艰险。在一次冒险中，他和他的船员们被独眼巨人波吕斐摩斯①擒获并囚禁于一处山洞之中。巨人的独眼生于其额头正中，每当他饿了，就吃掉一个被他困在洞中的希腊人，他通常把这当作早餐。奥德修斯在这些希腊英雄中最为机智狡黠。他把巨人灌醉后，刺瞎了他的独眼，使船员们得以逃脱。

那么，我们能从这个神话中挖掘出怎样的事实呢？其实，它就存在于巨人的独眼中。稍加回忆之后你可能会发现自己曾有这样的经历：一些无法看到或不愿面对事物两面性的人被自己的狭隘观点迷住了双眼。当你与他们发生争执时，永远无法改变他们的想法，这种感觉绝望至极。你能够做的只有想办法逃离——最好不要像荷马笔下的英雄们一样，你可以选择一些不那么暴力的方式。

或许你会认为上述的一切听起来都显得那么原始而粗犷（正如某些人轻鄙地将它们评价为“野蛮人的想法”一样）。但神话的外表下总包蕴着真实的本质。这种实质在今时今日与我们休戚相关的程度，丝毫不亚于它们于被写就之时所产生的重要作用。神

① 波吕斐摩斯（Polyphemus），希腊神话中的独眼巨人，被奥德修斯灌醉后刺瞎了独眼。——译者注

话的思想与世长存，甚至在你绝望地认为对神话的解释早已无法望现代社会和科学进步之项背的时候，神话的思想仍能兴盛不衰。如若细看，你会发现神话的金线早已被织入了文学的锦缎中，即使那“狭隘的独眼”还未及时发现它。

关于神话是如何植根于我们文化当中的，还有个相当新颖的例子。自 1997 年詹姆斯 · 卡梅隆[①]导演的奥斯卡获奖影片《泰坦尼克号》上映，至 2012 年 4 月 12 日“泰坦尼克”号首航 100 周年纪念日，英美两国民众对与“泰坦尼克”号残骸相关的一切事物的强烈着迷。从表面上看，这种迷恋似乎显得有些古怪。这是一起骇人听闻的惨剧，有大约 1 500 人随着船的倾覆葬身鱼腹。但此次海难的死亡人数竟可以与第一次世界大战在短短数年内造成的以百万计的死亡人数相提并论。是什么让人们对这次沉船事件一直耿耿于怀？答案是这艘船的名字：泰坦尼克。

在古希腊神话中，提坦[②]是以部落聚集的巨神。他们生于天地，是这个星球上第一个有人之形象的神族。作为地球上最有权力的物种，提坦们在享受了至高地位许久之后，陷入了与另一新神族长达 10 年的持久争战。这个新神族的进化程度比提坦还要高。尽管提坦被赋予了巨大的力量，可到头来“蛮力”就是他们

① 詹姆斯 · 卡梅隆（James Cameron），加拿大电影导演，代表作有电影《泰坦尼克号》《阿凡达》。——译者注

② 提坦（Titans），希腊神话中天神乌拉诺斯和大地女神盖亚之子。——译者注

仅有的天赋。而这个新神族：奥林匹斯山十二神（Olympians），却拥有更多上天眷顾——智慧、美丽与技能。实际上，和自然力相比，他们和人类更相似（我们会认为他们更像我们）。

故事发展的结局是，提坦虽有巨力，却依然被打败。而他们的战败是《海伯利安的陨落》（*The Fall of Hyperion*）的主题。这首伟大的英文叙事诗是由约翰·济慈[①]于1818年写就的。诗中，提坦俄刻阿诺斯[②]凝视着接替他成为海神的尼普顿[③]，思忖道：

> 此为律法，
>
> 至美者应至强。

对于那些不具美丽天赋的提坦巨神来说，他们的时代终结了。但俄刻阿诺斯预言道：

> 是的，依彼之律法，另一神族定会令征服我者哀哭切齿，
>
> 一如我之遭遇。

英国白星航运公司制造的这艘轮船于1912年4月沉入大西洋

① 约翰·济慈（John Keats，1795~1821），英国诗人，代表作有《夜莺》《希腊古瓮》《秋颂》等。——译者注

② 俄刻阿诺斯（Oceanus），希腊神话中波塞冬以前的大洋神，俄刻阿尼得斯之父。——译者注

③ 尼普顿（Neptune），罗马神话中的海神，即希腊神话中的波塞冬。——译者注

底。因它是命定要横渡大西洋的船舰中最大、最快，亦是最强有力的一艘，故被命名为“泰坦尼克”号——按照惯例，在其首航之前，举行了神话般的船头开香槟奠酒祭神仪式。“泰坦尼克”号被认为是永不沉没的。但那些命名者后来必定经历了内心的某种不安。如果他们回忆起提坦巨神们的不幸经历，是否会认为给船起名为“泰坦尼克”是冥冥中的天意指引呢？

我们之所以对“泰坦尼克”号遭遇的海难如此着迷，是因为我们近乎不合理地怀疑这艘船的沉没是要向人们传递某个信息（人们花了数百万美元试图打捞“泰坦尼克”号的残骸，并始终对让它“重见天日”兴趣十足）。此事故一直在向我们昭示着什么，警醒着我们去理解某些事。这次足以称为当今时代神话的事件试图告诫人们的，应该是为人处世不可过分自信这个道理。希腊人对“自负者”有个专门的称谓：hubris。同样，蕴含在“骄兵必败”这个成语中的“过分自大者终将失败”的道理，也成为文学作品中的常见主题。只要思忖泰坦尼克带来的启示片刻，我们就会对身处的这个大千世界有更清晰的理解。

在“泰坦尼克”号的灾难发生后，海事调查法庭合理地将事故矛头指向了管理疏漏、监控不力、造船质量差和视同犯罪的救生船只不足等问题，而这些问题也的确真实存在。然而托马斯·哈代[①]（后文中我们将深入探讨其诗歌）这位最杰出亦是最悲观的作家，却在其诗作《二者的辐合》（*The Convergence of the Twain*，专为“泰坦尼克”号而写）中洞悉了冥冥中运行的那股更深层、更广阔的力量（下文诗行中所言“怪物”即为“泰坦尼克”号）。

在制造这飞鸟一般的
庞大的怪物之际
搅动一切之旋转宇宙的动力

也为她制造了不祥的伙伴
——好伟大好壮观——
目前远在天边的一座大冰山[②]

最终，海事法庭根据航海学证明对“泰坦尼克”号的海难做出了判决，而诗人哈代却以自己对苍茫世间神话般的理解给出了如斯判词。在下一章节中，我们将探讨神话这一文学之基石，是如何演变为史诗的。

① 托马斯·哈代（Thomas Hardy，1840~1928），英国小说家、诗人，代表作有《德伯家的苔丝》《无名的裘德》和史诗《列王》等。——译者注

② 诗歌译文为梁实秋（1903~1987）作品。——译者注

第 3 章
为民族而书

史诗

如今，“史诗”一词被广泛使用却有失严谨。例如我手边刚放下的报纸上，就轻率地将一场足球赛（英格兰队在重大赛事中获得国际冠军，这并不多见）描述成“史诗般的战斗”。但就文学领域而言，若想将“史诗”一词运用得当，则不可用它来形容轻率之事。相反，它描绘的应当是那些经过时间洗涤、亘古不衰的主题。在这样的主题中，你可以感受到“英雄叙事体”（heroic，这也是一个被滥用的词）的文风中所传递的价值标准。具体而言，史诗以最具人性魅力和气魄的形态来表现男人［如此评论中存在的性别歧视恐怕是恰当的，因为“史诗女英雄”（epic heroine）的说法本身就是个悖反］。

每当我们深入思考有关史诗的话题时，都会遇到一个有趣的问题。如果史诗的确是如此伟大的文学形式，那么我们为何会停止对其的创作？数个世纪以来，为何人们不再书写史诗（至少未曾成功书写）？“史诗”一词仍被广泛使用，而史诗作为文学体裁却莫名地与我们渐行渐远。

流传至今最珍贵的史诗作品莫如《吉尔伽美什》[①]，它的历史可以追溯至公元前2000年。故事起源于今伊拉克之地（这片土地之后被称为美索不达米亚），这里是西方文明的发祥地。尼罗河向东北延伸到底格里斯河，向东南伸展至波斯湾所形成的“新月沃地”亦是小麦这一现代文明根基的萌芽之地。人们跨过新月沃地，继而从采集狩猎进步到农耕社会。这样的社会形式反过来使城市得以形成，甚至可以说让后世的我们有了生存的可能。

与其他史诗（比如《贝奥武甫》[②]）相似，《吉尔伽美什》存世的文本亦有残缺，绘制史诗画卷的泥版未能全部经受起数千年时间消逝带来的侵蚀，而书于其上的史诗的命运也大抵如此。起先，《吉尔伽美什》的主人公是乌尔克[③]（古时伊拉克的名称）之王。他有半人半神之身，并且建造了一座宏伟的城市来标榜自己的丰功伟绩。他对城市中的人民残忍地施以暴政，是一位脾气乖戾而专横的君主。见此情形，众神为了劝其改过，创造了一个名为恩奇都（Enkidu）的野人。恩奇都和吉尔伽美什一样强壮，却

① 《吉尔伽美什》（*Gilgamesh*）中的主人公吉尔伽美什，是传说中的苏美尔国王。——译者注

② 《贝奥武甫》（*Beowulf*），公元7~8世纪流传于民间的盎格鲁–撒克逊史诗。——译者注

③ 乌尔克（Uruk），古代美索不达米亚南部城市。——译者注

比他品行高尚。在二人的摔跤角斗中，吉尔伽美什获胜了。酣战之后，他们成了伙伴，一同开始种种探索、冒险，并经历严酷的考验。

然而众神的旨意总是不可预知的。他们使恩奇都感染了一种致命的疾病。吉尔伽美什听闻亲密伙伴的死讯后悲痛欲绝。随后，他遍游世界试图发现不朽的秘密，并开始敬畏死亡。一位可以达成吉尔伽美什愿望的神祇考验了他一次：如果吉尔伽美什想长生不老，那么他必须一周不眠。可他失败了，也接受了自己的肉身终将朽坏这个事实。回到乌尔克后，他成了一位贤明智慧的统治者。最后，终有一天，吉尔伽美什会垂老死去。

这个古老故事的主题是——用英勇建造文明，将人性中残留的野蛮基因教化。而这样的主题在称得上“史诗”的作品中很常见。

站在历史的角度看，史诗是由神话演变而来的。两种叙事文体的共同之处显而易见。例如，伟大的英文史诗《贝奥武甫》将主人公——一个“现代”武士（对 8 世纪的读者来说是现代的）——杀死“巨兽”的图景展现给我们：格伦德尔[①]和他/它栖身于深潭的母亲昼伏夜出，残杀一切他们找到的人类，贝奥武甫之后也被一条龙杀死。龙和格伦德尔之流的巨兽一样，是神秘的，它们生于想象。而诸如贝奥武甫和其伙伴的武士们却是基于史实

① 格伦德尔（Grendel），被贝奥武甫杀死的男妖。——译者注

的。在远古的失事船只中，同贝奥武甫一样的英雄和国王迎来自己最后的安息。我们可以找到他们曾身着的盔甲和使用的武器，其样子和史诗中所描写的无异。在众多船葬遗迹中，最有名的莫过于在萨顿胡[①]出土，现于大英博物馆展出的古迹。当然，你无法在遗迹的刀剑、钢盔、锁子甲和盾牌中发现龙骨。

《贝奥武甫》这首长达 3 182 行的盎格鲁–撒克逊史诗堪称英国文学的奠基之作（原作应长于 3 182 行，但已遗失）。这首诗很可能创作于 6 世纪——它吸纳了古时的寓言故事，这些寓言产生于久远之前，早已沉溺于时间的雾翳中。《贝奥武甫》由欧洲入侵者带上英伦三岛，并在接下来的几世纪中被人们口口相传，经历了无数次的误传和改写，直到 10 世纪被一位不知姓名的僧侣誊写下来（这位僧侣在誊写时巧妙地将一些基督教元素添加其中）。修道院是将民族最早期的文字资料归档并培养人们学习和读写能力的机构。正如流传至今的文本所显示的，《贝奥武甫》诞生于从异教横行转变为基督教独大的宗教背景下，处在由野蛮通向文明的交界处，它也是口头文学向书写文学过渡的里程碑。纵观历史，《贝奥武甫》虽读来晦涩，但其在文学史上却意义非凡。

史诗通常都诞生于时代更替之时。换言之，所谓时代更替之时，是当“社会”初次以“现代”的形式被人们所知，变成你我

① 萨顿胡（Sutton Hoo），英国萨福克郡的古迹。——译者注

轻易可辨的当今社会形态的时候。史诗以英雄叙事体赞颂某些基本理想。具体而言，人们用史诗纪念国家和民族的诞生。

现在我们将目光转回《贝奥武甫》和其开篇诗节。下文给出的是其盎格鲁–撒克逊语的原文，及其现代英语译文：

> Hwæt. We Gardena in geardagum,
> þeodcyninga, þrym gefrunon,
> hu ða æþelingas ellen fremedon

> Lo! we have learned of the glory of the
> Kings who ruled the Spear-Danes in the olden
> time, how those princes wrought mighty deeds.

虽然诗章由“古英语”写就，并在英伦诸岛流传了数个世纪，但故事发生的背景却被设置在了“丹麦王朝”①，这个国家被用来代指一个距离我们现在所处位置遥远的国度。但十分清晰可见的是，这首伟大诗章的开篇即用隐喻的方式高举国家的大旗——高特国。诗中，贝奥武甫作为一个王子般的英雄自瑞典远道来到丹麦，意图挽救这个国度中甫萌芽的文明，使其免受格伦德尔的蹂躏。如若他没能用自己超凡的、勇于自我牺牲的英雄气概取得战斗的成功，那么盎格鲁–撒克逊民族的现代文明和其他欧洲国度

① 丹麦王朝（Daneland），相当于现今丹麦和瑞典南部。——译者注

都将无从谈起。现代文明盛景将被可怕的远古巨兽扼杀于摇篮中。文明必须置之死地而后生的道理，在史诗中昭然若揭。

在此，我们还应明确另一要旨。文学史诗，即那些在被创作完成数百年（有些情况下甚至跨越千年）之后还广为大众阅读的诗章，与编年史类似。它们并非不加选择地将任何国家都编入其中，而是将那些日后崛起，吞并其他弱势小国的强国载入史册。他日，待国力强盛，古时的史诗便会被奉为圭臬，成为历史的见证。史诗恰好证明了这一点。语言学家们都很喜爱下面这段双关妙语：

问："方言和官方语言有何差异？"答："官方语言是用军队武装了的方言。"又问："那么一首描写原始社会人类早期斗争的长诗和一篇史诗又有何区别呢？"再答："史诗是一首有整个国家民族为其撑腰的长诗，或者，更准确地讲，史诗有国家作为名片。"

让我们来看看众多史诗中最有名的两篇：由荷马写就的希腊史诗《伊利亚特》和《奥德赛》。我们对荷马的生平知之甚少，也无从考证。传说荷马是位盲人，而又有人说荷马是女性。但这些坊间传说均无伤大雅，因为自古以来，荷马的名字就与最伟大的史诗紧密相联。那么这两首史诗各自讲述的是什么故事呢？在《伊利亚特》中，一位美丽的希腊女子海伦（Helen）与英俊的异国王子帕里斯（Paris）相恋，而他们的恋情却因海伦已婚这个难以逾越的事实而变得复杂。于是，二人私奔至帕里斯的国家——特洛伊（位于现今土耳其）。听到此处，你一定会认为这是个浪漫的爱情故事。但客观地讲，这是两个新兴城邦希腊和特洛伊之间的一场矛盾冲突。希腊和特洛伊均以海上贸易著称，在当时本就不算辽阔的世界版图中形成了两强相争的局面。在特洛伊战争[①]中，两强相争，必有一伤。结果，倾覆的是“伊利昂的无极塔”（“topless towers of Ilium”[②]是伊丽莎白一世时期的戏剧家克里斯托弗 · 马洛[③]描写特洛伊战争的词句）：特洛伊大火焚城，希腊于其灰烬之上得胜称王。如果改变战争的结果，那么世界历史必将截然不同。我们不会有机会阅读希腊悲剧。有些人甚至会说，我们将无民主（一个希腊词汇）可享，唯有将其他事物奉为人生哲学。

相比《伊利亚特》中叙述的史诗故事，荷马在其续作《奥德赛》中增添了更多的神秘色彩。正如我们在第 2 章中读到的，结束了长达 10 年的峥嵘岁月，希腊英雄奥德修斯从特洛伊战场重返其家乡伊萨卡[④]。旅途中，刚刚逃离独眼巨人波吕斐摩斯的洞

① 特洛伊战争（Trojan War），古希腊人与特洛伊人之间长达 10 年的战争，起因是特洛伊王子帕里斯访问希腊后带走了希腊王后海伦。——译者注

② 出自马洛的《浮士德博士的悲剧》（*Doctor Faustus*）。——译者注

③ 克里斯托弗 · 马洛（Christopher Marlowe，1564~1593），伊丽莎白一世时期剧作家、诗人及翻译家。他开创了无韵体，代表作有《浮士德博士的悲剧》《马耳他的犹太人》等。——译者注

④ 伊萨卡（Ithaca），希腊西部爱奥尼亚海中的一个岛屿，传说中奥德修斯的家园。——译者注

窟，奥德修斯的船就搁浅了。在这个岛上，妖媚的女巫喀耳刻[①]对他施以咒语。一波未平一波又起，这位希腊英雄又遭到海怪斯库拉[②]和卡律布狄斯[③]的威胁。最终，他想方设法回到家乡伊萨卡并挽救了与珀涅罗珀的婚姻[④]。奥德修斯的生活（在经历杀戮后）终归平静。文明继而萌发，帝国得以建立，这就是荷马两部史诗的基本主题。

《伊利亚特》和《奥德赛》是最易读（且最适宜拍成电影）的故事。可拨开蔽目的情节，两篇史诗的中心主题是要向人们展现古希腊这一世界民主的摇篮是如何崛起的。正如诗人约翰 · 弥尔顿[⑤]所言，史诗是“高尚而强盛的国家的产物”（弥尔顿是英国文学最后一篇史诗《失乐园》[⑥]的作者。《失乐园》创作于 17 世纪中期，时值大英帝国正逐渐发展成世界“强国”的历史时期。详见第 10 章）。

假设摩纳哥公国或卢森堡的作家都禀赋非凡，史诗可否诞生

① 喀耳刻（Circe），希腊神话中能使人变成牲畜的女巫。——译者注

② 斯库拉（Scylla），希腊神话中栖居锡拉岩礁上攫取水手的女妖。——译者注

③ 卡律布狄斯（Charybdis），希腊神话中的女妖。——译者注

④ 珀涅罗珀（Penelope），奥德修斯的忠实妻子，丈夫远征离家后拒绝无数求婚者，20 年后等到丈夫归来。——译者注

⑤ 约翰 · 弥尔顿（John Milton，1608~1674），英国诗人，代表作有《失乐园》《复乐园》《力士参孙》等。——译者注

⑥ 《失乐园》（*Paradise Lost*），全文 12 卷，揭示人的原罪与堕落。——译者注

在它们之中？那么跨越国家界限的欧盟组织又可否孕育史诗呢？在这些国家或组织的沃土中，可以生长出文学，甚至伟大的文学作品，但它们无法孕育史诗文学。当诺贝尔奖得主、小说家索尔·贝娄[①]发出令人羞臊的诘问："为何祖鲁人[②]中诞生不了列夫·托尔斯泰[③]，又为何巴布亚人[④]培养不出马塞尔·普鲁斯特[⑤]呢？"虽言辞犀利，但他意在说明唯有伟大的文明才能孕育出伟大的文学作品。而伟大中至殊胜的国度方可拥有史诗。它们中，世界强国的史诗才是登峰造极的。

下面列出了世界上最伟大的史诗及它们诞生的热土：

《吉尔伽美什》——美索不达米亚

《奥德赛》——古希腊

《摩诃婆罗多》[⑥]——印度

---

① 索尔·贝娄（Saul Bellow，1915~2005），美国小说家，美籍犹太作家的代表之一。他于 1976 年获得诺贝尔文学奖，代表作有《奥吉·玛琪历险记》《赫尔索格》《塞姆勒先生的行星》等。——译者注

② 祖鲁人（Zulu），居住在南非纳塔尔。——译者注

③ 列夫·托尔斯泰（Lev Nikolayevich Tolstoy，1828~1910），俄国小说家、剧作家和评论家，代表作有《复活》《战争与和平》《安娜·卡列尼娜》等。——译者注

④ 巴布亚人（Papuan），巴布亚新几内亚土著。——译者注

⑤ 马塞尔·普鲁斯特（Marcel Proust，1871~1922），法国作家，代表作有《追忆似水年华》。——译者注

⑥ 《摩诃婆罗多》（*Mahabharata*），又译《玛哈帕腊达》，印度古代梵文叙事诗，描写班度和俱卢两族争夺王位的故事。它和《罗摩衍那》并称为印度两大史诗。——译者注

《埃涅阿斯纪》①——古罗马

《贝奥武甫》——英格兰

《罗兰之歌》②——法兰西

《熙德之歌》③——西班牙

《尼伯龙根之歌》④——德国

《神曲》⑤——意大利

《卢济塔尼亚人之歌》⑥——葡萄牙

很显然，索尔·贝娄自己的国家——美利坚合众国，并不在以上清单内。可美国究竟是否应被囊括其中呢？虽然目前没有任何一个国家比它强大，但从历史长度来讲，美国尚算是个年轻

① 《埃涅阿斯纪》(*The Aeneid*)，共12卷，古罗马诗人维吉尔（Virgil）用拉丁文写的史诗。它讲述了埃涅阿斯在特洛伊陷落后的经历。——译者注

② 《罗兰之歌》(*La Chanson de Roland*)，法兰西11世纪的史诗，讲述了查理曼大帝出征西班牙的战争。——译者注

③ 《熙德之歌》(*El Cantar de Mio Cid*)，西班牙最古老的著名史诗。全诗3 700余行，讲述了骑士熙德因犯罪被逐出国家，最后自愿参加对抗摩尔人的战争，赢得胜利荣归故里的故事。——译者注

④ 《尼伯龙根之歌》(*Nibelungenlied*)，大约完成于13世纪初，作者不详。全诗共39歌，9 516行，讲述了古代国王勃艮第的故事。——译者注

⑤ 《神曲》(*La Divina Commedia*)，意大利诗人阿利盖利·但丁（Dante Alighieri）所作。全诗14 233行，分为《地狱》《炼狱》《天堂》三部分。——译者注

⑥ 《卢济塔尼亚人之歌》(*Os Lusiadas*)，葡萄牙史诗，讲述的是瓦斯科·达·伽马和其他英雄们绕过好望角开辟通向印度的新道路的故事。——译者注

的国家——和希腊或者大不列颠（美国曾经的母国）相比，它还是个幼儿。随着现代美国文明向西传播，可以说因疆界而产生的斗争激发了类似史诗的表现形式。例如戴维 · 格里菲斯[①]的电影（1915 年作品《一个国家的诞生》）和牛仔风格的西部电影（其中，约翰 · 韦恩[②]和克林特 · 伊斯特伍德[③]是不可否认的英雄）。另有些声音认为赫尔曼 · 梅尔维尔[④]的作品《白鲸》[⑤]，这个讲述阿哈船长命中注定般追寻（神秘的）白鲸的故事，不仅是一部“伟大的美国小说”，而且可称得上是美国史诗。而在现代的许多民意调查中，乔治 · 卢卡斯[⑥]的《星球大战》（*Star Wars*）系列电影被票选为伟大的现代史诗。但谈到这些非真正意义上的史诗时，我们更多地感觉到的是一种疼痛感，不禁要问为何美国建国甚迟，未给世界留下真正的史诗。可值得欣慰的是，美国人仍在为此付出不懈努力。

---

① 戴维 · 格里菲斯（D. W. Griffith，1875~1948），美国导演，代表作有《一个国家的诞生》《党同伐异》等。——译者注

② 约翰 · 韦恩（John Wayne，1907~1979），美国电影演员，以出演西部片著称，曾获奥斯卡最佳男主角奖。——译者注

③ 克林特 · 伊斯特伍德（Clint Eastwood，1930~　）美国演员、电影导演、电影制片、作曲家与政治人物。——译者注

④ 赫尔曼 · 梅尔维尔（Herman Melville，1819~1891），美国小说家。其作品多反映航海生活，代表作有《白鲸》《皮埃尔》《毕利 · 伯德》。——译者注

⑤ 《白鲸》（*Moby Dick*），赫尔曼 · 梅尔维尔著于 1851 年。——译者注

⑥ 乔治 · 卢卡斯（George Lucas，1944~　），美国导演，代表作有《星球大战》《夺宝奇兵》。——译者注

从传统意义上讲，文学史诗必备四元素：篇幅长、讲述英雄事迹、民族主义且充满诗意。其中，最后一点也是诗歌作为文学形式最根本的特点。颂歌（加长的赞美诗）和挽歌（悲伤之歌）是史诗的重要组成部分。例如《贝奥武甫》的前半部分就是对年轻的英雄战胜怪兽格伦德尔的英勇气魄进行颂扬。而后半部分则是对英雄在击败侵扰其国土的巨龙时，因受伤不治而牺牲的事迹吟唱深沉哀歌，以此歌颂他用生命保全了国家的未来。通常，英雄之死即是史诗叙事中的高潮部分。

我们通常认为史诗的背景被设定在过去某个伟大的时代。日后，每当我们怀着怀旧之情回望那个时代，一种悲戚感总不免油然而生：史诗的伟大之处——英雄主义和荣誉是属于过去的；而如果没有它们，今日的一切都将是海市蜃楼。这就是文学带来的复杂情绪。

无论何时读起伟大的史诗总会获得愉悦感，尽管我们中的很多人只有福在它们的译本中获得“二手”的享受。史诗就好比是文学世界中的恐龙，曾经以恢宏的篇幅称霸世界。而今，我们只能在文学博物馆而非工作室见到它们。可我们依然对它们高山仰止，一如我们对古时先贤的其他美妙作为的敬仰。史诗无疑是最伟大的文学作品，可惜我们仅有缘仰止，无缘再造。

第 4 章

人性之悲悯

悲剧

悲剧，作为一种完整的文学形式，代表了漫长的文学演进历程中一个新的巅峰（有些人会认为文学的巅峰至今仍未被企及），因为它在神话、传奇和史诗的原始素材之中加入了“形式”的元素。悲剧诞生于2 000年前，以少有人懂的语言描绘了一个与当今世界毫无共同点的社会。尽管如此，为何时至今日我们仍要阅读或欣赏这种戏剧形式呢？答案很简单：因为后世的悲剧作品都难出索福克勒斯[①]、欧里庇得斯[②]等其他古希腊戏剧家的作品之右。

那么，“悲剧”和“悲剧性”究竟何意呢？你可能会想到一架大型喷气式客机坠毁的例子。这事极少发生，唉，可仍会发生。数百名乘客在空难中丧生的消息瞬时登上各大报纸的头版头条。

---

① 索福克勒斯（Sophocles，约公元前496年~前406年），古希腊三大悲剧家之一，代表作有《埃阿斯》《安提戈涅》《俄狄浦斯王》等。——译者注

② 欧里庇得斯（Euripides），（公元前485年~前406年），古希腊三大悲剧家之一，代表作有《美狄亚》《希波吕托斯》等。——译者注

《纽约时报》(*New York Times*)在头版刊出“悲剧事故:385人丧生”的标题,而《纽约每日新闻》(*New York Daily News*)针对此事的报道则以更耸人听闻的语言出现:“39 000英尺的惨剧:数百人殒命!”。可一如往常,这两家报纸的任何标题均无法让其读者感受到事故的震撼。

但是,请你扪心自问,一个可怕的事件是否能等同于一个悲剧性事件呢?在2 500多年前,一部戏剧恰好巧妙地回答了这个问题。它出自于索福克勒斯之手,他专为雅典观众创作戏剧。这部戏剧应该曾在露天、于日光之下在古罗马剧场上演。古罗马剧场是由坚固的石头围砌而成的,其间观众座位倾斜。出演者头戴面具(被称为古代演戏用的“假面具”),脚蹬高靴(古希腊悲剧演员的“厚底靴”),轮番登场。他们的面具实际上起到了扩音器的作用,而高靴则使剧场后排的观众也能看清演员。(古罗马圆形剧场的音质比美国百老汇或伦敦西区剧院的音响效果更佳。如果你有幸前往这些剧场中保存最为完好的一处,即位于埃皮扎夫罗斯[①]的剧场,导游会让你就坐于剧场的最后一排,然后在舞台的中心擦火柴,让你听听这极佳的音效。)

索福克勒斯的杰作《俄狄浦斯王》[②](这出戏剧的拉丁语名

---

① 埃皮扎夫罗斯(Epidaurus),古希腊阿尔戈利斯的古镇,医药之神阿斯克勒庇俄斯的神庙所在地。——译者注

② 《俄狄浦斯王》(*Oedipus Rex*),讲述了俄狄浦斯弑父娶母的故事。——译者注

称曾更为读者所熟知）以古希腊神话为蓝本，讲述了下面这个故事。每当读起，往昔之事如今依然扣人心弦，令人紧张万分。

起先，德尔斐神谕[①]早有预言：底比斯[②]国王拉伊俄斯和王后伊俄卡斯特之子将弑父娶母。德尔斐女神以其预见未来的能力闻名于世，而同样被人们熟知的是其预言的神秘莫测和模棱两可。这名婴孩命中注定要成为一个怪物。因此，即使他是底比斯国王和王后的唯一子嗣，而失去他将会造成无人继位的窘况，国王夫妇仍然认为除掉他对国家的未来更为有利。于是他们将婴儿俄狄浦斯置于一处山坡，让其自生自灭。但俄狄浦斯被一位牧羊人救起，免于一死。俄狄浦斯对自己的身世毫不知情，在经历重重波折后，他被科林斯[③]的国王夫妇收养。众神似乎对他眷顾有加。

成年后，俄狄浦斯再次卜问神谕，为人们议论他并非科林斯国王的亲生子之事忧心忡忡。神谕警告了他将有弑父娶母的不伦行为。俄狄浦斯一心认为神谕中所指是他的养父母，于是他即刻从科林斯逃往底比斯。途中，他在十字路口遇到一辆战车由对面驶来。车夫将他推倒在路边，俄狄浦斯奋力还击。这时车中的乘客猛击俄狄浦斯的头部，一场激烈的争斗继而发生。暴怒的俄狄浦斯杀死了他们，却并不知晓车中的乘客就是他的父亲拉伊俄斯。

① 德尔斐神谕（Delphic Oracle），原指阿波罗在德尔斐所作预言，喻指对问题做出模棱两可的回答。——译者注

② 底比斯（Thebes），古希腊贝奥提亚的主要城邦。——译者注

③ 科林斯（Corinth），希腊海港城市。——译者注

这就是路怒症，一种“盛怒之下的行径”的起源。

俄狄浦斯再次启程前往底比斯，并不知道前路有何事埋伏以待。他首先遇到的是斯芬克斯——一个栖身山中，侵扰城市百姓的怪物。斯芬克斯给每个前往底比斯的旅人出谜语，如果他们没能正确回答，就会被它杀害。这个谜语是：“何物早上以四脚行走，中午以两脚行走，而傍晚以三脚行走？”俄狄浦斯回答道：“是‘人’。”于是成为第一个答对的人。因为婴孩以手脚在地上爬行，成人用双脚行走，而迟暮之人需借助拐杖前行。于是，斯芬克斯自杀了。欢欣鼓舞的底比斯人将俄狄浦斯选为新王。加冕之后，俄狄浦斯通过娶莫名成为寡妇的王后伊俄卡斯特来巩固自己的政权。此时，他们二人都未意识到先王拉伊俄斯究竟遭遇了何事，以及他们此刻的行为是何其可怕的。

俄狄浦斯用行为证明了自己是位贤明的君王、体贴的丈夫以及慈爱的父亲。但数年之后，一场可怕而神秘的瘟疫袭击了底比斯城，致使数以千计的人民死亡、庄稼颗粒无收、妇女无法生育。这是索福克勒斯戏剧的开篇。很显然，还有另一个诅咒笼罩着底比斯。这究竟是为何呢？另一位盲眼先知泰瑞西亚斯[①]一语道破了可怕的事实：众神因为俄狄浦斯弑父（杀死拉伊俄斯）娶母（与伊俄卡斯特乱伦）的罪行而惩罚底比斯。事件的原委被详细地揭

① 泰瑞西亚斯（Teiresias），亦作Tiresias，古希腊城邦底比斯的一位盲人先知。——译者注

示出来。伊俄卡斯特自缢身亡，俄狄浦斯也用妻子的胸针刺瞎了自己的双眼。他成为底比斯城中最卑贱的乞丐，过着悲惨的生活。最后，在忠诚的女儿安提戈涅[①]的陪伴下流浪，直至生命的终结。

回顾完故事，我们可以回到开篇的问题——是什么让《俄狄浦斯王》这部戏剧染上"悲剧性的"色彩而不仅仅是"可怕"的阴云？尽管俄狄浦斯后来盲了，精神崩溃了，可他依然侥幸生存着。为何那些不知姓名的底比斯人的遭遇和死亡形成的悲剧氛围给人们带来的震撼还不及侥幸苟活的俄狄浦斯一个人的经历强烈？

这种种疑问被另一个古希腊人亚里士多德[②]解答了。他是位伟大的文学评论家，其研究悲剧，尤其是《俄狄浦斯王》这部戏剧的专著叫作"诗学"（*The Poetics*）。见此标题，大家不要望文生义地认为亚里士多德专注于"诗歌"（尽管《俄狄浦斯王》和它的一些译文都是以韵文诗篇的形式写成的）研究。实际上亚里士多德探讨的是文学的机制，即文学是如何被创作和被读者理解的。亚氏以《俄狄浦斯王》为主要事例，回答了前文中提出的问题。

首先，亚里士多德使用了一个有启发性的悖论。请读者们

---

① 安提戈涅（Antigone），俄狄浦斯之女，不顾其舅克瑞翁的禁令，为其死去的兄长营葬，结果被关入岩洞，自缢身亡。——译者注

② 亚里士多德（Aristotle，公元前 384 年~前 322 年），古希腊哲学家和科学家，柏拉图的弟子，亚历山大大帝之师。著有《诗学》《修辞学》等。——译者注

也按照下面这个例子来进行设想。你遇见一位刚欣赏完莎翁戏剧《李尔王》[①]（这部作品显然受《俄狄浦斯王》影响颇深）、从剧院走出的朋友。你迎上去询问："这出戏剧好看吗？""嗯，"你的朋友答道，"我从没看过这么好看的戏剧。"听罢，你即刻反驳说："你这个冷酷无情的家伙！舞台上一个老人被他魔鬼一样的女儿折磨致死，另一位老人也失明了。这么惨的场景你居然说你喜欢看？！我看你下次应该去看斗牛，这种血腥的表演更合适你。"

上面这个事例中的对白当然很无稽。可亚里士多德借由它表明：感染了我们，并给予我们美的享受的，并非悲剧所讲述的内容（即故事本身），而是作者的描绘手法（即情节）。我们欣赏（用这个词再恰当不过）的并非《李尔王》中的残忍行为，而是其传达的艺术感，其"表现手法"（亚里士多德称其为"模仿"或"临摹"）。

在阐述了这个悖论之后，亚里士多德继续分析了使《俄狄浦斯王》这样的戏剧成为悲剧的原因。我们先来谈论"意外"这个词。随着戏剧情节的推进，我们会发现悲剧中没有意外——意料之外。所有的情节都是预先告知的。这也解释了为何神谕和先知预言对故事发展来说至关重要。每个人物、每件事情都有自己合适的位置，情节发展的过程中无论它们的顺序被如何打乱，最后

① 《李尔王》（*King Lear*），莎士比亚四大悲剧之一。——译者注

也一定会各归各位。或许，我们在阅读的当下无法发现这一点，可它会随着阅读的深入进行而逐渐清晰。正如亚里士多德所言，当我们观看一个悲剧表演时，我们会随着戏剧“必要且不出意外”的发展而被“必要且不出意外”地震撼。悲剧中所发生的情节是必然会发生的。然而，通常在这些不断发展的、似乎注定会发生的故事情节背后所潜藏的深刻奥义绝非悲剧中描述的血肉横飞的内容所能表达。当俄狄浦斯看见事情的结局，并最终明白这一切都是早已注定的时候，他毫不犹豫地刺瞎了自己，实现了盲人先知的另一个预言。要知道，人内心之孱弱，承载不了太多的惨淡现实。

亚里士多德接着将索福克勒斯构思完美的悲剧细细分解、娓娓道来，就如一位技艺娴熟的技师将汽车引擎拆解开来一样。亚里士多德判定，悲剧应当是向曾经在世伟人的生活史的致敬之作。作品中，王权是典范主题（例如，在早期有一位叫俄狄浦斯的国王），若将一个奴隶或妇女定为悲剧英雄将十分荒诞可笑。亚氏坚称，欣赏悲剧时，我们应当专注于戏剧的发展“过程”——在此进程中，不应掺杂其他情节的干扰。任何激烈的冲突都应当在舞台下进行，让位给娓娓道来的悲剧剧情，直至最后谢幕——这一论点也在《俄狄浦斯王》中得以展现。悲剧所关注的内容，好比国际象棋中的“残局”，即“结果”。

法国现代剧作家让 · 阿努伊[①]在谈到他化用索福克勒斯的另一戏剧（关于俄狄浦斯的女儿安提戈涅的故事）时，将悲剧情节描述为一台“机器”，就像瑞士钟表的“机芯”。其中所有的零件都协同工作，只为达到最后的效果。那么这台机器运作的动力是什么呢？亚里士多德称，悲剧中必然有一个制动系统且必须由悲剧英雄启动后方能顺利运行。他将这个制动系统称为一个“错误的判断”[②]。俄狄浦斯暴怒并在那个十字路口杀死了激怒他的陌生人，这样的行为引发了最终导致他毁灭的悲剧。他性格急躁（拉伊俄斯也有同样的问题，这种性格存在于其家族的基因中）。这就是他的“性格弱点”，或者那个触动悲剧的“误判”，就像发动汽车的钥匙。（若继续用这个类比说明俄狄浦斯之后的经历，那么他之后的遭遇便好比驾车疾驰并最终车毁人亡。）这样的事是可怕的，因为我们在每天的生活中都会做出错误的判断。

亚里士多德在了解观众观看悲剧时的反应方面尤其精明。前提是剧情按照设定的轨道顺利进行，让观众完整地体验悲剧表演。他提到悲剧在情感上的震撼力——怀孕的妇女曾在观看悲剧表演时早产，这样的力量何其强大、何其势不可当。悲剧在观众心中所激起的特定感情是“怜悯和恐惧”。怜悯来源于对主人公遭遇的

① 让 · 阿努伊（Jean Anouilh，1910~1987），法国剧作家，以使古希腊悲剧题材现代化而闻名。代表作有《野姑娘》。——译者注

② 错误的判断（hamartia），古希腊悲剧中导致英雄人物最终毁灭的错误判断或导致悲剧的性格弱点。——译者注

不忍；恐惧则是因为想到既然悲剧可以在主人公身上发生，那么它也可能发生在任何人——甚至自己身上。

亚里士多德诸多论断中最具争议的是Catharsis理论[1]。这个词汇是无法翻译的（使用时，我们通常照搬亚氏的词汇“Catharsis”），读者们可以将其理解为“情感的缓和”。我们还是回到前文那个观众看完诸如《李尔王》或者《俄狄浦斯王》等精彩的悲剧，离开剧场的例子。他们此刻的情绪应是冷静而深沉的，全身的精力似乎都被刚才舞台上的一幕幕所掏空耗尽。但奇怪的是，他们内心却犹如参加完一场宗教仪式般高尚。

我们不必将亚里士多德的言论都视为文学评论界的真理。他的理论给予我们一个工具箱来解决这样的问题：为何时隔若干世纪，《俄狄浦斯王》仍能给我们的心灵带来极大的震撼？尽管在其他方面，我们的理念与亚里士多德的理论不相苟同。例如，我们不赞同他对于奴隶和女性的社会观，也不同意其仅有国王和王后才对国家的历史至关重要的政治论调。

对于上面的问题，有两个看似合理的答案。其一，这出戏剧

① Catharsis（有时译作“净化理论”），亚里士多德倡导的由艺术作用引起的精神净化或情感解脱。——译者注

实在构思精巧，达到了堪比帕特农神庙[①]、泰姬陵[②]或者达·芬奇（Da Vinci）画作的美学上的至美。其二，虽然人类知识储备得到了极大的扩充，对于勤学善思者来说，人生和人类所处环境依然神秘而充满未知。而悲剧恰巧与这种神秘感正面对峙，探讨诸如“何谓人生？”、“人缘何而为人？”等宏大的问题。从这些创作目的上看，悲剧是众多文学体裁中最“雄心勃勃”的。亚里士多德对此深信不疑，正如他对悲剧的脚注：最“宏伟而高尚”的文学。

① 帕特农神庙（Parthenon），希腊用以祭祀雅典娜女神的神庙，约于公元前5世纪建成。——译者注

② 泰姬陵（Taj Mahal），印度阿格拉的一座大理石陵墓，由17世纪莫卧儿帝国皇帝沙贾汗为爱妃所建。——译者注

第 5 章
以英文写就的故事

乔叟

众所周知，英国文学起始于700年前，以杰弗雷 · 乔叟[①]为开山鼻祖。然而，我要对这句话稍加修改：乔叟开启了“以英语书写的文学”而非“英国文学”的篇章。没有统一读写语言的情况在英格兰持续了许多年，大约在14世纪，英格兰地区的人民有了统一的读写语言——而乔叟的作品恰好标记了这一历史阶段。

读者们请比较下面两段引文，它们分别是两首伟大诗歌的开篇之句。这两首诗均产生于14世纪末，现今被称为英格兰的土地。

> Forþi an aunter in erde I attle to schawe,
> Þat a selly in siȝt summe men hit holden

---

① 杰弗雷 · 乔叟（Geoffrey Chaucer，1343~1400），英国诗人，用伦敦方言创作，使其成为英国的文学语言。其代表作有《坎特伯雷故事集》。——译者注

When that Aprilis, With his showers swoot,

The drought of March hath pierced to the root…

选段出自《高文爵士和绿衣骑士》这首讲述亚瑟王统治时期半神话故事的诗歌（详细内容已在第二章讨论过）。诗歌的作者不详，我们仅知道他被称为“高文诗人”（Gawain Poet）。而第二段双行句则是乔叟的《坎特伯雷故事集》[①]的开篇。

若不熟悉诸如双重音节奏（two-stress rhythm）、半句（half-line）和犹如克林贡语[②]一般晦涩词汇的盎格鲁–撒克逊诗歌措辞习惯，大多数读者会认为前文中出自《高文爵士和绿衣骑士》的引文艰涩难懂。文中仅寥寥数词暗示着这是某种与英语有关的语言。而第二段选文（其中“swoot”一词是“sweet”的古语）对现代读者来说则明显易读易懂。因为它具有完整的诗句，用韵及节律均清晰很多。只要将诗中数个生僻词汇稍加翻译，我们便能读懂这首诗早期的数个抄录版本。当然，读原文诗则更有乐趣，就像我们常说的“诗歌自己向我们娓娓道来”。

尽管《高文爵士和绿衣骑士》是一首杰出的诗作，可写作它所使用的“古英语”却犹如死胡同横亘在读者面前，让它显得难

---

① 《坎特伯雷故事集》（*Canterbury Tales*），创作于1386~1400年，讲述了一群香客去坎特伯雷朝圣途中的故事。——译者注

② 克林贡语（Klingon），《星际迷航》中虚构的一个外星族类所使用的语言。——译者注

以接近。初创这首诗歌的时代已然离我们远去，再以古英语写作也就变得毫无意义——因为无法理解诗歌使用的方言，现代读者也就难以体会诗歌之美。乔叟使用的“新英语”（常被称为“中世纪英语”）拉开了其后数世纪不断涌现的伟大文学作品的帷幕。他被其后的文学巨匠，伊丽莎白时期的诗人埃德蒙·斯宾塞①尊称为“导师乔叟”（Dan Chaucer，“Dan”是“Dominus”的简称，意为“老师、先生”），即诗人领袖。斯宾塞评价道：“乔叟是纯正英语的开创者。”乔叟让英国文学有了自己的语言，他也开创了用英语写作的先河，供后来者效仿。

我们知晓乔叟其人并在阅读时将他的形象深深印入脑海，这一点非常重要的。因为在他之后，文学作品才真正有了“作者”一说。《贝奥武甫》虽为史诗，可我们不知其出自何人之手，或许它是许多不知名的匠人共同的智慧结晶。同样，我们也不知道“高文诗人”何许人也，没准儿也不止一人。

《贝奥武甫》成书至《坎特伯雷故事集》出现之间的500年时间里，大不列颠的分封王国和采邑制度发生了巨大的变化。这期间不仅“英语”初具雏形，“英格兰王国”也渐渐形成。1066年，

① 埃德蒙·斯宾塞（Edmund Spenser，1552~1599），英国文艺复兴时期诗人，代表作有《仙后》。——译者注

诺曼底国王威廉[1]征服了不列颠群岛，并将一些现代国家机制引入了英伦诸岛。他被人们称为“征服者威廉”（The Conqueror）。他的功绩包括统一了这片被他们入侵的土地、规定了一种官方语言、颁布了习惯法系统、采用新币制、建立了阶级制度及议会，并定都伦敦。此外，还有一些社会习俗及公共机制也被传承至今，仍被英国人沿用。乔叟正是这片冉冉升起的英格兰热土上的先锋诗人，他使用的英语是伦敦方言。在他的诗篇中，我们仿佛仍能读到盎格鲁–撒克逊语的古韵和辞藻。但这二者皆隐秘在伦敦方言的抑扬顿挫间，好似由地心震动传来的鼓点，在我们内心激荡。

铺垫至此，那么乔叟究竟何许人也？出生时，父母给他起名杰弗雷·乔叟。他的姓氏源自于法语中“chausseur”一词，意为“鞋匠”。乔叟的家族自其法国祖先开始，就善于经营，以至于数百年后家族地位已远超早期制鞋匠人的阶级。在乔叟这一代，他的家族与宫廷往来甚密并深得皇家宠爱。幸好，在爱德华三世[2]统治时期，尽管不时有进犯法国的行为，国家尚算安宁和平。后来法国成为英国宿敌，二者冲突长达500年。乔叟的父亲经营着

① 威廉一世（William Ⅰ，1027~1087），法国诺曼底公爵。在黑斯廷斯战役中打败了英王哈罗德二世，自立为英国国王，并将封建体制和诺曼人习俗引入不列颠群岛。其在位期间下令编制了土地调查清册《末日审判书》。——译者注

② 爱德华三世（Edward III，1312~1377），英格兰国王爱德华二世之子。杀操纵朝政的母后情夫后独揽朝政，降伏苏格兰，后征战法国，挑起了英法百年战争（The Hundred Years' War）。——译者注

酒品的进出口生意。从事这一行业意味着要与欧洲大陆建立密切的往来关系。于是，乔叟才有机会博采欧洲大陆文学（那时其发展远先于英国文学）之精华。

或许乔叟在当时最有名的高等学府中接受过教育，又或许他从家庭教师那里受到了良好的辅导，这一点我们无从考据。可我们清楚地知道乔叟成年后拥有超凡的读写能力并精通数种语言。气盛的乔叟如每个年轻人一样渴望冒险，于是横刀立马，参军从戎。（他的两首著名诗作之一《特洛伊罗斯与克瑞西达》①就是以文学中伟大战争题材——希腊和特洛伊之间的战争为背景的。）在法国期间，这位年轻的英国官员曾身陷囹圄并终被赎回。这段经历致使乔叟在晚年将罗马诗人波伊提乌②奉为挚爱的思想家，因为波伊提乌亦是在狱中书写了专著《哲学的慰藉》③。部分参考了其法语版本，乔叟将《哲学的慰藉》从拉丁原文翻译成了英语。在翻译的过程中，他也吸收了书中的哲思：尤其是“命运”的不定及生活的波澜起伏。

从战场归来，乔叟成家立业。他的妻子菲利帕出身高贵，为

---

① 《特洛伊罗斯与克瑞西达》（*Troilus and Criseyde*），讲述了特洛伊战争背景下特洛伊罗斯和克瑞西达的爱情故事。——译者注

② 波伊提乌（Boethius，480~524），古罗马哲学家、政治家。曾用拉丁文翻译亚里士多德的著作，后以通敌罪被捕入狱，在狱中写成《哲学的慰藉》。——译者注

③ 《哲学的慰藉》（*Consolations of Philosophy*），以柏拉图思想为理论根据的著作，探讨了命运和死亡等问题。——译者注

他带来了财富和地位。乔叟的私生活是个长期被争论不休的话题。从其有时略显下流的写作来看，乔叟绝非谨守清教徒清规戒律的禁欲者。于是“乔叟式的”（Chaucerian）成为一个形容在生活上极尽享乐之人的谚语。

他的早期事业得到了宫廷中的好友相助。获得皇家资助便是乔叟那个时代的人青云直上的方式。1367 年，国王给乔叟颁发了 20 马克[①]的终身抚恤金，以犒赏他作为“我们敬爱的管家”（朝臣）的杰出表现。乔叟那时的职位相当于现今的公务员。在 14 世纪 70 年代早期，他被国王派往国外工作。借此机会，他很可能在日后成为世界现代文学心脏的意大利遇见了彼特拉克[②]和薄伽丘[③]。而他们对乔叟后续的创作影响深远。

14 世纪 70 年代中期，乔叟被任命为伦敦港口的海关署长，这亦是他职业生涯的顶峰。如若他继续在仕途中青云直上，我们或许就无缘得见《坎特伯雷故事集》了。但是，在 14 世纪 80 年代，他的好运似乎用完了，朋友和赞助人都无法继续帮助他。祸不单行，在经历了丧妻之痛并失宠于宫廷之后，乔叟退居肯特[④]，

① 马克（Mark），旧时欧洲大陆的金银重量单位，1 马克约等于 227 克。——译者注

② 彼特拉克（Petrarch，1304~1374），意大利诗人、学者，著有《歌集》。——译者注

③ 薄伽丘（Boccaccio，1313~1375），意大利文艺复兴时期作家，代表作有《十日谈》。——译者注

④ 肯特（Kent），英国英格兰郡名。——译者注

并在那里创作了《坎特伯雷故事集》这首伟大的肯特方言诗歌。很显然，在这段时间里，乔叟除了充分享受乡村的退休生活之外，别无他事可做。

《坎特伯雷故事集》和《特洛伊罗斯与克瑞西达》是两首非常伟大的诗作，都极尽创新之能事，可以说它们改变了文学的固有方式。《特洛伊罗斯与克瑞西达》化用了宏伟的荷马史诗《伊利亚特》的内容，却以成熟的笔触将荷马笔下的战争故事改写成了一个爱情故事。雄浑的战争号角正在特洛伊城墙外吹响，城墙内，特洛伊王子特洛伊罗斯（Troilus）却疯狂地爱上了孀妇克瑞西达（Cressida）。根据宫廷恋爱的教条规定，他们的爱情应该隐瞒世人以保证皇室的清誉。然而，克瑞西达背叛了特洛伊罗斯。毫无疑问，这一举动摧毁了多情的王子。诗歌暗示我们：爱情，甚至可以让恢宏的战争黯然失色。反观后世，有多少戏剧、诗歌或小说作品可以跳脱这一情节构思的窠臼？

对于现代读者来说，若想了解乔叟及其作品，《坎特伯雷故事集》是最好的入门读物。相较于诗歌内容源自古希腊作品的《特洛伊罗斯与克瑞西达》，它的写作方式借鉴了更现代的一部作品——薄伽丘的《十日谈》（*Decameron*）。在这部作品中，10 名来自瘟疫肆虐的佛罗伦萨城的难民，在被隔离期间对彼此讲述故事（不多不少一共 100 个），以消磨无聊的时光。《十日谈》以散文形式写成，而《坎特伯雷故事集》虽采用流畅的诗篇形式，如今读来却可以如薄伽丘的故事一般，有早期小说或短篇小说集的味道（关于小说在文学史中的地位请参看第 12 章）。

书中，乔叟讲的每一个故事都各有千秋，引人入胜。将它们集在一起，就变成了一个世界的缩影，或称“微观世界”。18 世纪的诗人约翰 · 德莱顿[①]（英格兰首位“桂冠诗人”）评价说：《坎特伯雷故事集》涵盖了“大千世界”。这部作品演绎了芸芸众生：从骑士故事中崇高的宫廷爱情衍生出的悲剧，急转直下到下层香客朝圣途中发生的鄙陋逸事，再到牧师给的平凡的宗教建议。可不走运的是，乔叟在印刷机被发明前一个世纪完成了《坎特伯雷故事集》，故现存世的版本中并未涵盖所有故事。随着《坎特伯雷故事集》的各种手抄版通过时间的考验流传至今，我们能看到的只是不完整的版本，没有一本是乔叟亲自誊写的。

故事开始于 1389 年的 4 月，29 名朝圣者（包括乔叟在内，他始终处在观察者的位置）聚集在伦敦泰晤士河南岸的塔巴德旅馆。他们互相为伴，计划花费 4 天时间，骑行 100 余英里（约 160 公里），前往位于坎特伯雷大教堂的殉道士托马斯 · 贝克特[②]之冢。旅馆的主人哈利 · 贝利亲自充当本次旅行的向导。为了使成员们更加和谐和团结，他颁布了一条规定：在往返的路途中，

① 约翰 · 德莱顿（John Dryden，1631~1700），英国首位桂冠诗人、文学批评家、翻译家。其主要作品有《时髦的婚礼》《一切为了爱情》等。——译者注

② 托马斯 · 贝克特（Thomas à Becket，1118~1170），英格兰国王亨利二世的大法官兼上议院院长。——译者注

每位朝圣者必须讲四个故事。这意味着全程一共会有116个故事。可这项规定并未被实现，或许当时的倡导者哈利·贝利本意也并非一定要求成员们完成这个目标。最终，我们有幸听到的是29个故事，其中有一些还是不完整的。这些断章残篇引出人们对故事全貌的无限遐思，不断挑逗着读者的好奇心。可正是这29个故事，足以让我们窥见《坎特伯雷故事集》的巨大成就。

乔叟的这本朝圣故事集是那时社会状况的缩影。令我们吃惊的是，当时社会的一幅幅图景甚至和当今社会的种种现象别无二致。虽然《坎特伯雷故事集》的中心是对上帝的虔诚——朝圣，可它并不是一部“基督教”诗歌。乔叟意图表现的主题是：基督教精神是一种包容性很强的信条，它宽容地接纳世俗社会各行各业的人们。“世俗”和“虔诚”并非互斥，它们甚至可以在同一个人的身上体现出来。正如每周只有一个礼拜日一样，其他的6天人们仍生活在市井之中。在乔叟创作《坎特伯雷故事集》的时代，这称得上是相当新颖而超前的思想。

虽然参加朝圣的男男女女是一群神职人员（在教会供职），包含了修士、僧侣、女修道院院长、传道士、免罪符售卖者（乔叟最为鄙夷兜售天主教赎罪符的人）、牧师（乔叟尊敬的人）。可这些神职人员的言行特点并非完全一样。作者也没有引导读者喜爱他笔下的所有人物。

在乔叟的时代，处于社会最底层的是厨师、采邑总管（地产经纪人）、磨坊主和船员（普通水手）。比他们高一等级的人是商人和乡绅——新兴的资产阶级，他们都很富有。比他们更富有的是乔叟故事中的“巴斯夫人”（Wife of Bath，她的财力足够去耶路撒冷朝圣三次）。她是一个自力更生的女人，通过经营制衣企业使家族兴旺。巴斯夫人是一个经历了5次婚姻的孀妇，从过往丈夫那里，她遭受折磨也受到教育，被赋予了女性的勇气。由于十分爱跟人斗嘴，巴斯夫人和同行的朝圣者（尤其是一位禁欲的牧师）就婚姻问题发生了争执和打斗。要知道，她对婚姻的丰富了解远非那位牧师能及。

社会地位高于这些“中产阶级”和商人的，是由行业专业人士组成的社会阶层：医生、律师和学者（或者以其读写能力谋生的“文职人员”）。乔叟在《坎特伯雷故事集》的总序中，对每位朝圣者都进行了清晰的刻画，并在关于他们各自的每个故事中，进一步详细描写。因此，读者能在脑海中浮现这些人物栩栩如生的形象。在书的整体框架中，我们不难发现一些辩题：关于婚姻（妻子应当是恭谦顺从的还是武断自信的？），有关命运（这个异教徒的概念能否和基督教教义相结合？），也涉及爱情（它是否真如修女所言，能征服一切？）。

朝圣者中，处于社会最高阶层的是骑士，他也是最先讲述故事的人。他的故事以古希腊为背景，暗含了许多关于宫廷爱情的隐喻和波伊提乌式的禁欲苦修思想——隐忍地经受各种不幸才是正确的骑士精神。紧接着，磨坊主讲述了一则讽刺寓言，也是一个粗鄙下流的故事。他口中的爱情，是一位老木匠、木匠妻子和一些行为不端的年轻人之间的纠葛，毫无高雅之感。通常，20 世纪前年轻人所读到的《坎特伯雷故事集》(包括我就读的学校收藏的版本，现在回忆起来我还不无愤恨)都是经过严格审查的。

在这 20 多个故事中，回响着许多变革更新的声音，牧师超凡脱俗又十分明智的布道声也恰如其分地混合其中。读罢这些故事，读者们获得极大的愉悦，仿佛可以从坎特伯雷平静地返回各自住地。德莱顿所言极是,《坎特伯雷故事集》包含了世间万象。我们各自的生活亦蕴含其中。

第 6 章

街边的剧场

神秘剧[1]

在 15 世纪末期至 16 世纪伊始，文学世界有幸迎来了印刷术和现代剧场产生的时代。在接下来的 4 个多世纪中，纸张和舞台成为文学展现魅力的两个重要媒介。本章中，我们将着眼于戏剧在英格兰土地上的萌芽之态。值得注意的是，观看的地点并非舞台，而是在英格兰最充满生机的城镇街道上。

那么剧场的雏形最初始于哪里呢？如果你问亚里士多德这个问题，他一定会让你回家看看自己的孩子。因为在他看来，戏剧表演始于人之本性，正如第二章中所探讨过的人类“思维的本能连接”。这种表演欲也正是人之所以为人的原因之一。亚里士多德在其著名的批判论文《诗学》（第 4 章中对这部著作有详细说明）的第 3 章中这样写道：

---

① “神秘剧”（mystery plays），以描写耶稣诞生、受难和复活的故事为主的一种宗教剧。——译者注

模仿是人类自孩童时期就具备的一种能力，这也是人类有别于其他低等动物的优势之一。人类是世界上模仿能力最强的生物，并通过模仿开始学习事物。人类也很自然地从模仿行为中得到乐趣。

亚里士多德文中的“模仿”（拟态）即“表演”之意。例如，一名演员登上舞台表演理查三世[①]这个角色，那么他就必须装扮成理查三世。他当然不是那位2013年在莱斯特[②]一个停车场下被挖掘出骸骨的君王。而假扮或“模仿”，却是戏剧的核心。同时，“模仿”也提出了一种对于观众和演员来说都很奇怪的戏剧体验方式。比如，当我们仔细思考“模仿”这一概念时，我们很清楚地知道伊恩·麦凯伦[③]和阿尔·帕西诺[④]（都曾成功扮演过理查三世）是谁，而当他们“身为”（“身为”一词在此失去了固有的指示含义）理查三世时，他们是在“表演”。我们深知演员是麦凯伦或是帕西诺，演员们也明白自己是在表演。

可是，当我们观看戏剧的时候，作为观众，我们是否被“陶

① 理查三世（Richard Ⅲ，1452~1485），英格兰国王，约克家族的最后一个君主。他将爱德华五世囚禁于伦敦塔，篡夺了王位。莎士比亚著有同名戏剧。——译者注

② 莱斯特（Leicester），位于英格兰东米德兰兹，2013年2月，莱斯特大学考古学家称在莱斯特市一停车场下挖掘出理查三世的骸骨。——译者注

③ 伊恩·麦凯伦（Ian McKellen，1939~ ），英国著名演员。——译者注

④ 阿尔·帕西诺（Al Pacino，1940~ ），美国著名演员。——译者注

醉”了呢？我们是不是如诗人、评论家和哲学家塞缪尔·泰勒·柯勒律治[①]所言，“停止怀疑”了呢？当然，这是“选择被戏剧愚弄”的委婉说辞。我们究竟是对了解之事故作不知，还是心中对正与他人一起坐在影院或剧场，观看某人面涂油彩，口中背诵台词的事实清醒异常？其实，这取决于你所观看的戏剧。但有一点我们十分清楚，观看戏剧的体验要求观众具有某些交互的反应能力：如何回应、欣赏和评价表演。这些能力会随着去剧院看戏的经历的增多而加强。

在莎士比亚的时代，伦敦南岸耸立起雄伟、坚固、以“环球”或“玫瑰”等宏大名词冠名的木结构剧院。这些泰晤士河畔的剧院最多可容纳 3 000 人——大多数人是站着观看的。可早在这以前，剧场已经产生。这些剧场可以供数以万计的观众同时观看戏剧。它们就位于街边，让全镇人在行走或站立的同时，感受到戏剧之美。

在中世纪的一些欧洲国家，表现《圣经》故事的戏剧就被搬上了街边剧场。在英格兰，这些表演最初被称为“神迹剧”（miracle plays）或“神秘剧”。法语中将“mystery”一词称为“mystére”，意为“神秘”。而“mystery”在英格兰还意指“行业”或“手艺”，在法语中写为“métier”。神迹剧或神秘剧都衍生于通俗化的宗教仪式，通常描绘复活节时的场景。那时，按照传统，

① 塞缪尔·泰勒·柯勒律治（Samuel Taylor Coleridge，1772~1834），英国诗人、评论家，代表作有《忽必烈汗》《古舟子咏》等。——译者注

圣会会众可以尽情地演绎大部分宗教仪式。在莎士比亚和其后的许多剧作家出现之前，这些戏剧非常受欢迎。

中世纪的一些行会——早期的同业公会——是神秘剧的赞助者。在那时，包括英格兰在内的几乎所有新兴欧洲国家都在逐渐变得更加城市化。与我们想象的不同，神秘剧并非产生于英格兰城市化程度最高的首都，而是在那些繁荣的市镇里兴起。它们身上充满浓郁的“地方色彩”，而非“都市气息”。发祥于伦敦地区（一直自诩为英格兰文学和戏剧的中心）的文学和萌芽于伦敦以外英格兰其他地区（被伦敦人称为“乡镇”或“边远地区”）的文学之间的相互竞争，一直延续至今。神秘剧就是伦敦以外地区的产物，并以其发祥地为荣耀。

在英格兰的一些大城市里，行会培养了各自行业从业人员的技术（和手艺）。获得同业公会的会员资格也需要严格的审批。入会的人员必须是受过教育并且参加过技能培训的。而当时的大多数人都是文盲，半文盲已经属于较高的文化程度了。同业公会通过师徒制度将本行业的手艺代代相传。师徒制也被沿用至今。行会同样在各自的领域中具有垄断权。比如，除非你属于某正当行会并缴纳“会费”，否则你将无法在像利兹[①]这样的城镇从事建筑工人（泥瓦匠）或者木匠所从事的工作。因此，行会变得财力雄

① 利兹（Leeds），英国英格兰西约克郡城市。——译者注

厚、势力强大。但它们依然保有对社区民众们强烈的公民责任感，因为正是这些人民使行会变得财大势大。

中世纪时期，最具影响力且最为重要的故事莫过于《圣经》。对那时的人们来说，没有《圣经》，连生存本身都变得毫无意义。可大多数人连自己本国的文字都没有掌握，更无法阅读用拉丁文写成的标准版《圣经》。再加上15世纪末期即使有了印刷技术的帮助，购买书籍仍然是非常昂贵的消费。于是，同业公会肩负起了传道的职责——通过街头娱乐的形式来传讲上帝的福音。戏剧成为达成这一使命的完美方式。

每年，基督教历的某些圣日到来之际，激动人心的连台本戏（即讲述整个《圣经》故事）就会被搬上舞台。每个同业公会会赞助一个节日花车。通常，他们会各自挑选与其职业特点相符合的一段《圣经》中的情节来表演。例如，木匠们会选择耶稣基督被钉十字架的桥段（因为十字架是由木头做成的），而船员则会选取挪亚方舟和洪水的故事。对这些行为，英国国教一般采取宽容的态度。那些无疑是社区当中文化程度最高的牧师，甚至会帮助行会成员编写剧本。行会也将大量的服装、道具和剧本储存起来，以供反复使用。许多以城市为单位开展的连台本戏所使用的提词剧本都被保存了下来。其中，考文垂、莱斯特、约克、切斯特和韦克菲尔德等地的剧本被保存得尤其好。

神秘剧在当时那个时代即刻就流行开来，而那个时代在历史上持续了200年之久。毫无疑问，童年时代的莎士比亚在斯特拉特福德[①]就观赏过神秘剧，并且很喜爱它们。其后，莎士比亚一生的创作都深受其影响。在他的戏剧中，莎翁不时提起神秘剧，就好像他的观众都非常了解它们一样。

神秘剧流派中一部甚佳之作是韦克菲尔德连台本戏中表演的《第二个牧羊人剧》[②]。初见标题人们并不会觉得这是一部吸引人的戏剧，可它却自面世起就是一部伟大的作品。《第二个牧羊人剧》大约创作于1475年，在经过详尽的情节安排和局部改编之后，连续几十年在每年5月或6月的基督圣体节[③]被搬上舞台。约克郡的韦克菲尔德在中世纪时期因羊毛和皮革贸易而兴旺起来。当地人民在城镇周边绿草如盖的山坡上放牧羊群和其他牲畜。他们与英格兰其他城市关系良好，并将产出的商品拿到大城市的市场进行贩卖。韦克菲尔德还因在市集和其他公开活动上特别善于表现和自得其乐而美名远播，被称为“快乐的韦克菲尔德”。韦克菲尔德人民也常常开怀大笑，这一点在《第二个牧羊人剧》中就有体现。

整部韦克菲尔德神秘剧的连台本戏共30部，从《创世记》中

---

① 斯特拉特福德（Stratford），莎士比亚的故乡。——译者注

② 《第二个牧羊人剧》（*The Second Shepherd's Play*）中讲到，牧羊人麦克偷了一只羊，回家后藏在妻子吉尔的床上。人们追到家里，以为床上是吉尔生下的孩子，当人们要给孩子一块银币作为见面礼时，却发现是丢失的羊。——译者注

③ 基督圣体节（Corpus Christi），天主教节日，时间是“三一节”后的第一个星期四。——译者注

的上帝造物开始演绎，直至《新约 · 福音书》的犹大被绞死的情节结束。其中共有两部关于牧羊人的剧，以此来赞美使本地经济繁荣的主要物产（羊毛）。其中的另一部剧开篇是关于三位牧羊人在伯利恒的群山上（很显然故事发生的地点是约克郡，而非巴勒斯坦的山中）彻夜看守羊群的故事。

对于在野外照看羊群这件工作来说，12 月是个酷寒的季节。因此，第一个牧羊人愤怒地哀泣、抱怨天气，继而又开始责骂各种压迫行为，包括赋税。当富人们锦衣玉食，舒适地窝在温暖的床榻上时，像牧羊人一样的穷苦百姓不得不承担各种赋税。（同业公会和城镇政府都向人民施加赋税。赋税之于人民，好比一个内部人员才能理解的“笑话”。）

我们不堪重负，被迫规行矩步，
过重的赋税让我们无力承担。
在乡绅面前，我们不得不膝曲腰弯，
因他们的双手榨干我们最后一滴财富，
愿不幸对他们抵死纠缠！
这些人让犁耕暂辍。
人口出之言皆为好意，我们却非如此——
让农民推翻压迫，
此生，

我们将乡绅踩在脚下，

让他们永诀安逸。

这是一种非凡的情感宣泄，它率性地向我们吐露真情实感。这种率直裹挟着强大的力量穿越数个世纪，让今天的我们仍感觉到阵阵控诉声的回响。今天，当你在韦克菲尔德的职业介绍中心门外偶遇当地市民，他们也会犹如遥远的先祖——第一个牧羊人一般抱怨工作的艰辛和不易。当然，他们说话的时候也一定和牧羊人一样，操着一口浓重的约克郡口音。

然而，这部剧并不是沿着愤怒的风格向下发展的。第一位牧羊人直抒胸臆后，紧接着登场的是一段引人发笑的喜剧情节。另一位牧羊人麦克偷走了他的三个同行彻夜忍受刺骨寒冷所看守的羊群中的一只羊羔。麦克带着赃物回家，并把它藏进了婴儿床，伪装成一个刚出生的婴儿。

其他牧羊人追到了麦克的小屋（像《圣经》故事里耶稣基督诞生时，来探访他的三智者），给刚出生的婴儿送来一块银币——对他们来说是相当大的数目。在一番喧闹而又喜感十足的吵闹之后，三位牧羊人发现了婴儿床中“新生儿”的真身。偷羊是项重罪，罪犯可以被处以死刑（因此有了谚语：“一不做二不休”）。但那时时值圣诞节，各种罪行应该得以宽恕和原谅。戏剧由此暗示：耶稣基督正是为了这种宽恕的美德而献身于十字架的。

所以牧羊人们只是将麦克装进袋子，打了他一顿而已。

接着，这部剧回归到了宣扬众所周知的宗教正统观念的轨道上。上帝的天使降临，并教导三位善良的牧羊人礼拜真正的新生者——伯利恒的马槽中那位躺卧在两匹马之间的耶稣基督。

《第二个牧羊人剧》是街边剧场这种先锋式的戏剧形式的最精彩之作。这部作品中体现的力量、活力和“人民的心声”依旧在整部连台本剧中激荡。然而，16 世纪初，神秘剧作为城镇生活重要的组成部分逐渐消亡殆尽，留给人们的只有其悬而未决的消失原因。它们是否演进成为比原形式更为高雅的 17 世纪伦敦剧场的模样，轮番上演着莎士比亚的戏剧作品？抑或是在城市化带来的巨大压力下、在人口流动的大潮中，随着同业公会的衰落、城镇中固定剧院的建立（在潮湿多雨的天气条件下）和接触到印刷版《圣经》的途径越来越便利，街边剧场逐渐萧条凋零？也就是说，在接下来的几个世纪中，人们通过其他的方式接触和阅读《圣经》，因此，街边神秘剧的使命完成，退出了历史的舞台。

无论神秘剧消亡的原因究竟为何，在其长达两个世纪的繁荣发展历程中，我们可以得出一个重要结论。即，我们对于印刷在书本上的文字文学和搬上舞台的表演文学的反应是截然不同的——无论这舞台是颠簸行进的马车还是现代剧场的木质地板。

你可以随时捧起一本书阅读，并随心所欲地合上它。但在剧场，情况则完全不一样：随着演出时间的开始，帷幕准时被拉开，然后在剧目规定的幕间休息时又缓缓被拉上。观众在观看演出时不会离开自己的座位。即使在 21 世纪，人们也更倾向于“穿戴整齐”地去剧场看戏。欣赏戏剧的过程中，他们不会像在家看电视时一样饮食或聊天。如果你折巧克力糖纸时发出沙沙的声音，更糟糕的是你的电话铃音大作，那么他人将会对你投来愤怒的目光。投入的观众们会在同样的时刻哄堂大笑，也会在表演的尾声一起鼓掌致意。

毋庸赘言，观众们的种种表现都好像置身于一个特殊的教堂。礼拜的会众和剧场的观众又有何差别？蜷缩一隅，手捧书卷——阅读，是人类最私人的活动之一。而在剧场中，我们则在大庭广众之下享受文学，仿佛与其他观众组成一个群体。我们共同体验文学，对舞台上的表演做出一致的反应。这就是剧场给人们带来的巨大享受——我们不至于孤单。

神秘剧中那些被传承至今的剧作，比如《第二个牧羊人剧》，以其独特的魅力和英国戏剧史中的其他瑰宝一样举足轻重。然而，对于当今的戏迷们来说，神秘剧题材的历史意义远胜于其文学价值。即便如此，神秘剧依然意义非凡。它时刻提醒着我们戏剧发展的源头。此外，神秘剧更源源不断地向戏剧前进的步伐中注入动力，使其魅力永存、经久不衰。时至今日，虽然我们不再需要站立街边欣赏戏剧，但戏剧依然是一种“大众”文学形式。戏剧来源于人们，是属于人们的文学艺术。

第 7 章

吟游诗人

莎士比亚

无论何种意图选出英语文学史中最伟大的作家的民意调查，最终都会得到同一个结果——莎士比亚。无人可与之匹敌。那么，莎士比亚究竟如何取得如此巨大的成就？这个看似简单的问题却非三言两语就可回答。

史上许多文学评论大家（并非一代又一代去剧院看戏的人们）都试图探求以上问题的答案。但是，没人能够令人信服地解释为何这位生长于埃文河回流区域斯特拉特福德镇的辍学者能在文学界名垂青史。他们也无法说清为何这位穷极毕生时间只为筹集足够退休金的镇上生意人的儿子，能够成为英语国家最伟大的作家。莎士比亚为人所熟知，也将继续被更多的人了解。

试图“分析”莎士比亚是种愚蠢而又徒劳的行为。但这并不影响我们欣赏他的艺术成就。我们可以从了解其生平概略的过程中寻找到蛛丝马迹，来发现他成为最伟大的英语作家的原因，即使这些信息不太完整，不禁令人感到懊丧。

威廉·莎士比亚（William Shakespeare，1564~1616）出生于伊丽莎白一世[①]继位约6年后。在他的成长期，英格兰仍然处于上一位君主玛丽一世[②]统治时所造成的动荡不安中，人民备受煎熬。因此，玛丽一世被人们戏谑地称为“血腥玛丽”（Bloody Mary）。在玛丽一世统治时期，清教徒性命堪忧；而在伊丽莎白一世在位时，天主教徒则危险重重。于是，莎士比亚和他的家人一样，小心翼翼地在两种宗教信仰中游走，如履薄冰。即便如此，仍有一股强烈的批评声浪称莎士比亚终身都是一名隐秘的天主教徒。他在戏剧作品中绝口不谈宗教这一“引火烧身的话题”，因为言辞不慎的后果是被烧死在火刑柱上。

宗教这一禁忌话题的核心问题是，继伊丽莎白一世之后，谁将是下一任王位继承人。在莎士比亚刚开始进入戏剧创作的职业生涯时，出生于1533年的伊丽莎白女王正日渐衰老。然而，这位终身未婚的童贞女王（Virgin Queen）既无子嗣继承王位，又找不到一位法定继承人。在王位传续期间出现空档期是十分危险的。当时，每个思维正常的英国人都在自问：“谁是伊丽莎白一世的后继者？”

---

① 伊丽莎白一世（Elizabeth I，1533~1603），英国女王，国王亨利八世的次女。她恢复英国国教，击溃西班牙无敌舰队，并终身未婚。——译者注

② 玛丽一世（Mary I，1516~1558），英国女王。国王亨利八世长女，西班牙国王腓力二世之妻。在位期间因强行恢复天主教，残酷镇压清教徒而被称为“血腥玛丽”。——译者注

莎翁在许多部戏剧（尤其是历史剧）中，探讨的最重要的一个政治话题是："朝代更替的最佳方式是什么？"（其中当然既包括国王的更替，也包括如克里奥佩特拉[①]这等女王的更替）。莎士比亚在自己不同的戏剧作品中尝试性地提出了改朝换代的不同方式，诸如：《哈姆雷特》[②]中的秘密暗杀；《尤里乌斯 · 恺撒》[③]中的公开刺杀；《亨利六世》[④]所用的内战；《理查二世》[⑤]中的被迫让位；《理查三世》[⑥]所采取的篡位夺权；以及《亨利五世》[⑦]中的合法继位。莎士比亚在王位继承这一话题上费尽笔墨，直至他的最后一部作品（我们这样认为）《亨利八世》[⑧]。整个英格兰王

① 克里奥佩特拉（Cleopatra），埃及托勒密王朝末代女王。其貌美，有权力欲。——译者注

② 《哈姆雷特》（*Hamlet*），创作于1601年，讲述了丹麦王子哈姆雷特为父报仇的故事。与《麦克白》《李尔王》《奥赛罗》合称为莎士比亚"四大悲剧"。——译者注

③ 《尤里乌斯 · 恺撒》（*Julius Caesar*），创作于1599年。以罗马故事为题材，描写了品格高贵但不切实际的布鲁图，因执着于共和主义理想，受人利用，参与了杀害恺撒的阴谋，造成国家与个人的悲剧。——译者注

④ 《亨利六世》（*Henry VI*）组剧，创作于1590~1591年，分为上、中、下三篇。——译者注

⑤ 《理查二世》（*Richard II*），创作于1595年，讲述了理查二世被迫让位给亨利四世的故事。——译者注

⑥ 《理查三世》（*Richard III*），创作于1592年，莎士比亚早期最成功的历史剧。讲述了玫瑰战争末年理查为实现个人野心、僭登王位的故事。——译者注

⑦ 《亨利五世》（*Henry V*），创作于1598年，描写亨利五世善于用兵，出征法国并击溃法军的故事。——译者注

⑧ 《亨利八世》（*Henry VIII*），创作于1612年，讲述了亨利八世统治时期脱离罗马教廷的统治，建立英国国教的事迹。——译者注

国长久以来也为这一问题煞费苦心，并在试图寻找解决方法的路途中被内战带来的恐怖气氛所笼罩。

莎士比亚的父亲是一位小康阶层的手套制造商，同时身兼斯特拉特福德的市议员。相较于莎士比亚，他更可能是一名天主教徒。莎士比亚的母亲闺名玛丽 · 亚登，比她的丈夫出身高贵。可想而知，正是这位出自名门的母亲在她聪慧的儿子的心中种下了出人头地的抱负。年幼的莎士比亚就读于当地的一所文法学校。另一位剧作家（莎士比亚的朋友）本 · 琼生[①]对莎士比亚的打趣是出了名的。他说莎翁“对拉丁文掌握不多”，“对希腊语则知之更少”。然而，以我们的标准看来，莎士比亚所受的教育却是相当优良的，令人敬畏。

莎士比亚十几岁的时候从学校退学。时隔一两年，他开始帮助父亲打理家族生意。据说，他还曾因偷猎而被捕过。18 岁那年，莎士比亚与年长他 8 岁的本地姑娘安妮 · 海瑟薇结为夫妻。那时，安妮已有 3 个月身孕。他们婚后育有两女一子，可惜的是儿子哈姆奈特幼年夭折。莎士比亚在他最为杰出也最为阴郁的巨作中纪念了这个孩子。

有人提出了莎士比亚的婚姻不幸福这一说法。作为例证，他们列举出莎翁戏剧中不断出现的难缠执拗、冷若冰霜又专横跋

---

① 本 · 琼生（Ben Jonson，1573~1637），英国抒情诗人、剧作家，代表作有《狐狸》《炼金术士》等。——译者注

扈的女性形象，例如麦克白夫人。此外，他们还提出莎士比亚夫妇所生育子女的数量（3 名）在当时来说相对较少，也可以证明他们的关系并不融洽。可实际上我们对莎翁的私生活了解甚少。更令人沮丧的是，我们对莎士比亚成长时期的余下一个阶段——1585~1592 年一无所知。或许，他离开了斯特拉特福德镇，在另一个乡村谋得了学校教师一职。关于这所谓的“下落不明的几年”间莎士比亚的行踪还有另一假说：他身处英格兰北部，在一个信奉天主教的贵族家庭当教师，同时吸收着在当时来说十分危险的天主教信条。此外，还有第三种推测认为他加入一个巡回演出的剧团，并毫不费力地学会了一些戏剧技巧。而对于这些技巧的运用痕迹即便在他最初的戏剧作品中也十分显眼。

16 世纪 90 年代初期，莎士比亚作为伦敦戏剧舞台上能写会演的一颗冉冉升起的新星，又重新出现在世人面前。他找到了适合施展自己卓越才华的途径。在泰晤士河南岸，在观看嗾狗逗牛戏的舞台和酒馆客栈旁，日渐兴盛的剧院之间联系频繁，形成了一张密不可分的网络。这一区域与拥有律师学院、议会、耸立着圣保罗大教堂的皇家住所——泰晤士河北岸相比，简直堪称禁区。

同样重要的是，莎士比亚将一种已有但尚未成熟的文学媒介加以修饰，用以施展他卓著的文学造诣。在其之前的剧作家克里斯托弗 · 马洛（Christopher Marlowe，1564~1593）在他的多部作品，包括《浮士德博士的悲剧》[①]中创造了所谓的“雄浑诗句”——无韵诗（blank verse）。那么，究竟何为无韵诗呢？我们可以借由下面这几行诗——或许是英语文学中最著名的诗行来理解。（诗行的背景是哈姆雷特苦于无法按照父亲鬼魂的旨意杀死继父，而在是否自杀的问题上犹豫不决。）

生存还是死亡，这是个问题：
在内心默默忍受残暴命运施加的弓箭，
还是拿起武器勇对苦难的深渊，
直至死亡，
哪一种做法才更加高尚？

这节诗是不押韵的（故称为“无韵”）。它兼具如日常语言般的亲和与诗文的高雅（雄浑）——例如，诗句“拿起武器勇对苦难的深渊，直至死亡”中所体现的复杂内涵。除无韵诗之外，莎士比亚还将另一表达形式运用得恰到好处。这就是“独白”，即人们在独处时与自己对话。但是，实际上，哈姆雷特究竟在说话还是思考呢？在1948年由莎翁此部作品改编成的电影中，劳伦斯·奥利弗（Laurence Olivier，那时最杰出的莎士比亚作品演员）

① 《浮士德博士的悲剧》（*Doctor Faustus*）创作于1589年或1593年，讲述了浮士德博士为了追求知识，用灵魂换取役使魔鬼24年的时间，后被魔鬼劫往地狱的故事。——译者注

在出演这一段独白时，将它处理成了一段画外音。表演时，他双唇未动，面部表情不变。莎士比亚绝妙地创造了这种于舞台上表现人物内心活动的方式。他的所有伟大作品，尤其是悲剧，都成就于独白：人物的内心世界。

1594 年，莎士比亚以演员、剧场合伙人，以及更引人注目的剧作家的身份问鼎伦敦戏剧界。他的作品彻底颠覆了人们对戏剧的固有观念。莎士比亚继续在伦敦生活了多年（同时，他的家人则依旧住在遥远的斯特拉特福德镇），不时涉足商界，让自己的财富大幅增值。在 20 余年的文学生涯中，他创作了 39 部戏剧（偶尔与人合著）和大量诗歌。在这些诗作中，最为著名的是十四行组诗（sonnet sequence）。大约在 16 世纪 90 年代的夏季，当露天剧场照例因瘟疫爆发而被关闭时创作了这组诗。

这些十四行诗向我们展现了莎士比亚人性中鲜为人知的一面。组诗中的一部分被认为是写给一位年轻男子的情诗，而另一部分则可能是写给一位已婚女性（“黑皮肤女士”，the dark lady）的。由此，正如有些人认为莎士比亚既信仰天主教又信仰新教一样，他也有可能是一位双性恋者。这也是我们永远无法肯定的一点。

尽管我们无法确定莎士比亚每部戏剧的具体完成和上演的时间，但是我们很清楚他的戏剧创作经历了几个显著的时期。同样，这些作品也没有一部是在他生前亲自监督下付梓的。在其艺术生涯早期，他的作品大多是“历史剧”，主要讲述了所谓“玫瑰战争”[①]期间的故事。这场发生在15世纪英国，为了争夺王位而产生的斗争最终以伊丽莎白一世所属的都铎家族祖先获胜而结束。

莎士比亚在创作杰出的戏剧作品时（在其20多岁的阶段），便敢于大刀阔斧地改编历史事件。例如，他笔下栩栩如生的阴谋政治家理查三世便和历史上的实际形象截然不同。他的其他作品也都体现了“不盲目忠于历史，让历史为戏剧服务”的信条。当然，莎士比亚也很清楚歌功颂德、取悦君王的重要性。当伊丽莎白一世于1603年逝世时，一位苏格兰国王继承了王位。莎士比亚立即创作出了一部关于苏格兰国王的好戏——《麦克白》[②]。这部戏剧同时还迎合了詹姆士一世[③]对于巫术的痴迷。

莎士比亚创作生涯的中期以喜剧为主。此外，莎翁将所有的喜剧背景都设置在英格兰以外的国度，其中，意大利和虚构之地伊利里亚（Illyria）是最受其钟爱的背景地。因为与其他地区相比，它们为强势女性［我们会立刻想到《无事生非》[④]中的碧翠

① 玫瑰战争（Wars of Roses，1455~1485年），英国内战。因兰卡斯特家族的族徽为红玫瑰，约克家族的族徽为白玫瑰而得名。——译者注

② 《麦克白》（*Macbeth*），创作于1605年。讲述了苏格兰国王的表弟麦克白将军因听信女巫谗言，弑王篡位，屠杀人民，最终被削首的故事。——译者注

③ 詹姆士一世（James I，1566~1625），15世纪苏格兰王国的君主。1603~1625年任英国国王。——译者注

④ 《无事生非》（*Much Ado About Nothing*），创作于1598年，描写的是男女关系中的自我意识以及真诚与尊重。——译者注

丝（Beatrice）］提供了更广阔的发展空间。另一方面，现代读者认为即使在莎士比亚早期创作的节奏欢快的喜剧中，也有一些令人难以置信的情节。与碧翠丝同样能言好辩的，还有《驯悍记》[①]中的凯瑟琳娜。她最后被丈夫羞辱并被残酷地驯服成谦恭的妻子，连尊严都遭到践踏。（她被公然地强迫或“驯服”，臣服于丈夫脚下。）

读者们同样难以欣然接受的还有《威尼斯商人》[②]的“大团圆结局”。剧中，犹太人夏洛克发现女儿被诱拐（被一位非犹太教的情人），财产被充公，在死亡的痛苦中不得不臣服于基督教。读者们不得不阅读些美妙的诗歌来愉悦心灵，以缓解对于夏洛克惨淡结局的抵触情绪。

莎士比亚十分痴迷于罗马共和国——一个没有国王和王后的政体。在《尤里乌斯 · 恺撒》中，莎翁仔细斟酌并探讨了罗马共和国这一话题（涉及“君主”这一常见主题），却并未轻易得出结论。恺撒很可能成为统治者，来保护他的臣民。可布鲁图（Brutus，最高贵的罗马人）刺杀恺撒的行为是否于道德意义上正

① 《驯悍记》（*The Taming of the Shrew*），创作于 1593 年，探索了两性关系及爱情和金钱价值关系。——译者注

② 《威尼斯商人》（*The Merchant of Venice*），创作于 1596 年，莎士比亚讽刺喜剧。——译者注

确无虞呢？《科利奥兰纳斯》[①]提出了一个相似的问题：科利奥兰纳斯这位英雄武士打着拯救罗马的旗号进犯罗马的行为是否正确？反抗究竟是对是错？莎士比亚在其作品中并未明确决断（例如，在《理查二世》中这种行为被视为道德的，而在《亨利四世》中，反叛则被视为不义）。《安东尼与里奥欧佩特拉》[②]中的主人公安东尼为了爱情舍弃了整个世界帝国——究竟是“为了爱，整个世界都迷失了方向”，抑或安东尼是个痴情的傻瓜？

莎士比亚在其创作中期和末期所写的戏剧是十分精彩的。例如《无事生非》和《一报还一报》[③]。在这一创作时期，莎士比亚在继续保持高产的同时，重新定义了戏剧。持怀疑论的人士认为，以莎士比亚早年辍学的背景（并非知名学府），是不可能写成诸多成功作品的。于是，他们根据对莎翁生平的浅显了解，推测了其他可能为那些戏剧实际作者的人。然而，没有一位“替补莎士比亚”看似可信。史证的天平还是倾向于这位斯特拉特福德镇手套制造商的儿子。随着莎士比亚愈渐成熟，其树立的文学体裁——喜剧、悲剧、社会问题剧和爱情传奇剧——均展现出语言

---

① 《科利奥兰纳斯》（*Coriolanus*），创作于1607年，讲述了罗马共和国英雄科利奥兰纳斯因性格多疑、脾气暴躁，得罪了公众而被逐出罗马的悲剧。——译者注

② 《安东尼与克里奥佩特拉》（*Antony and Cleopatra*），创作于1606年。讲述了古罗马大将安东尼和埃及艳后克里奥佩特拉之间的爱情故事。——译者注

③ 《一报还一报》（*Measure for Measure*），创作于1604年，是一部描写爱情与婚姻的喜剧。——译者注

运用和情节设置技法上的逐渐精进。其中，最令世人惊艳的是，他在喜剧中氤氲着一种黯淡的情绪，耐人寻味。

1610 年，莎士比亚达到了自己创作生涯的巅峰（仍是在知天命的年纪）。家底殷实的莎翁决定退休，离开伦敦回到家乡斯特拉特福德去过乡绅的生活。他骄傲地向人们展示着家族勋章。可叹的是，莎士比亚并未能在家乡生活太长时间，便于 1616 年去世了。去世的原因或许是斑疹伤寒症，尽管有一则广为流传（却不大可能）的传言说，酗酒才是导致莎翁英年早逝的真凶。

莎士比亚的文学造诣中，登峰造极之作要数他的四大悲剧：《麦克白》《李尔王》《哈姆雷特》《奥赛罗》①。这些文学史上的伟大篇章也不免染上了萦绕于莎翁创作末期的悲戚之色。而这戚戚然，或许源自于 1596 年失去独子哈姆奈特的锥心之痛。例如，当麦克白意识到自己正面临最后一役时，他的内心独白也透露着浓浓的黯然：

> 人生只不过是行走之影，
>
> 如一名蹩脚的演员在舞台上昂首阔步、烦躁不安。
>
> 而后了无生息。
>
> 生活，是愚人口中讲述的故事，

① 《奥赛罗》（*Othello*），创作于 1604 年，讲述了威尼斯公国勇将奥赛罗听信伊阿古挑唆，掐死妻子苔丝狄梦娜，又在得知真相后，悔恨之余拔剑自刎的故事。——译者注

极尽喧嚣又怒不可遏，

却言之无物，如虚空捕风。

这段文字意味深长。此处，一名演员仿佛代替彼处的莎士比亚告诉我们：大千世界犹如舞台，例如环球剧院的舞台。最后一词（“nothing”，虚空）对生活意义荒凉的否定，有如“砰”的一记关门声，刺痛观众的双耳。同样的否定，在四部悲剧中最为悲怆的《李尔王》中得到了呼应——当年迈的李尔王垂死之时，抱着挚爱女儿的尸首登上舞台，口中念道：

我可怜的愚儿啊，你惨遭绞刑，

不，不，不，可是生活啊！

为什么狗、马，甚至老鼠都有生命，

唯独你却撒手人寰。

愿生命之苦永不复降临，

永不，永不，永不，永不，永不。

末句反复咏叹5次的“永不”，若放在其他语境中，必然显得陈腐且平庸不堪。而在《李尔王》那可怖的戏剧高潮中，它却显得气势磅礴，震慑人心。就连最著名的莎士比亚作品评论家塞缪

尔 · 约翰逊[①]都既无法直面这一幕在舞台上的演绎，阅读时亦难忍这一段文字给心灵带来的巨大冲击。

莎士比亚是否堪称英语国家最伟大的作家？肯定无疑。但整体看来，其作品并非读者看来最易懂，也非阅读感最舒适的。而这些，也是使其作品伟大的部分原因。

① 塞缪尔 · 约翰逊（Samuel Johnson，1709~1784），英国文学评论家、诗人，代表作有《伦敦》《人类欲望的虚幻》和《莎士比亚集》。——译者注

◆

第 8 章
万卷之宗

◆

《钦定本圣经》

阅读《钦定本圣经》[1]（KJB）时，我们并不认为这是一部文学作品。而且，我们阅读此书的初衷也并非欣赏文学。可事实上，《钦定本圣经》却是英语文学典籍。[“canon”，这一词汇偶然来源于罗马天主教，意指“必读书目”中最广为阅读的作品。同样，罗马教廷也列出了一个更加严格的《禁书目录》（*Index Librorum Prohibitorum*）]

《钦定本圣经》仍是全世界最受欢迎的《圣经》译本。你可以在美国任何一家汽车旅馆的床头柜里找到它。这一点全要归功于

① 《钦定本圣经》（*The King James Bible*），于 1611 年出版，是《圣经》的诸多英文版本之一。这本《圣经》是由英王詹姆士一世下令翻译的，故亦称为英王钦定版、詹姆士王译本或英王詹姆士译本等。——译者注

基甸社[1]在传播福音事业上做出的不懈努力。《钦定本圣经》诞生之后广受欢迎，书卷中美妙的文字让其成为人们阅读《圣经》的首选版本，但这一切来之不易。它于1611年首度出版，时值莎士比亚的悲剧作品面世。不难发现，《钦定本圣经》其语言之雄辩、构思之精妙、文字之壮美和莎翁的戏剧一样，皆折英语文学之桂。如此成就，就连其他宗教信徒甚至无神论者都对它评价甚高。《圣经》还有其他版本的译本，其中也有比《钦定本圣经》翻译得更加精准，且用词更加契合现代语言习惯的。可唯独《钦定本圣经》因其语言表达的精妙被人称道。相较于莎士比亚语言对我们的影响，它的表达方式更加深入地、更为隐蔽地渗透到了英语表达中，甚至可以说，影响了我们的思维方式。

若想理解所谓“文学素养”的内涵意义，通过比较下面两段文字让我们来发现结论比用语言进行描述更加生动、易懂。它们出自《圣经 · 新约》，是《马太福音》中的主祷文的节选。其中，第一段出自于《钦定本圣经》，而第二段则选自于美国新近翻译的《福音书》版本。

> Our Father which art in heaven, Hallowed be thy name.
>
> Thy kingdom come. Thy will be done in earth, as it is in heaven.

---

① 基甸社（Gideon Society），国际基甸会（The Gideons International）的旧称。这个组织是由信奉基督教的商界和学界人士建立的，在全球179个国家和地区传递福音，为信众服务。——译者注

Give us this day our daily bread.
And forgive us our debts, as we forgive our debtors.

Our Father in heaven, help us to honor your name.
Come and set up your kingdom, so that everyone on earth
will obey you, as you are obeyed in heaven.
Give us our food for today.
Forgive us for doing wrong, as we forgive others.

我们在天上的父，
愿人都尊你的名为圣。
愿你的国降临，
愿你的旨意行在地上，
如同行在天上。
我们日用的饮食，
今日赐给我们。
免我们的债，
如同我们免了人的债。

以上两段英文选文的用词上，有明显的意义差别——“doing wrong”和“debts”能否表达同一含义？从法律角度上讲，它们的含义绝不相同。你可以身负债务（比如按揭贷款）但毫无过错。当然，上面两段选文哪一段更符合你的阅读习惯是个非常主观的判断。但任何有文学鉴赏能力的人无论用何种文学评论标准加以评判，都不会无视第一段选文更为优美的语言。除了语言本身的美感外，它还在读者脑海中激发了视觉想象：例如“Give us our food for today”的画面感就不及“Give us this day our daily bread”。

我们很难将《钦定本圣经》视为一部文学作品的原因在于它是由一个所谓的委员会共同创作的。它被称为“授权版”，却不见“作者”其人。尽管如此，只需稍作调查我们便发现，《钦定本圣经》仅有一位才华出众的作者——莎士比亚口中那“唯一的促成者”（an onlie begetter）。虽然这本《圣经》被称为“詹姆士王译本”，但其作者并非詹姆士一世本人。在后文中我们将继续讨论这位作者。

政治是出版英文版《钦定本圣经》的主要推动力。詹姆士一世借由此本《圣经》，意欲巩固宗教改革[①]的成果——英格兰摆脱了罗马天主教的统治。他将这本《圣经》定为清教徒礼拜的核心纲领，与罗马天主教徒所使用的拉丁文版《圣经》以及他们的宗教仪式都截然不同。出版《钦定本圣经》在公然宣称英格兰脱离教皇统治的同时，也让民心安定、国家稳固。这是一本“英语”

① 宗教改革（Reformation），16世纪欧洲改革天主教会的运动，结果产生了新教。——译者注

《圣经》，是一本属于英格兰人民自己的《圣经》。

在 16 世纪之前，人们能够接触到的仅有拉丁文版《圣经》。因此，大批基督徒的信仰仅建立在他人口头相传《圣经》的基础上，而自己却无法阅读。马丁 · 路德[①]于 1522 年出版了德语版的《圣经 · 新约》，这是第一部以方言（即本国人民的语言）出版的《圣经》。路德认为，《圣经》应该是全人类的财富。同时，他也宣称信众应该信仰的是上帝，而非那些自诩为上帝语言"翻译者"的人。德语版《圣经》是一部充斥着革新精神的作品。

在马丁 · 路德首创的德语版《圣经》之后，《圣经》的英语译本接踵而至。在众多译本中，自 1525 年至今，影响力最大、文学性最强的要数威廉 · 廷代尔[②]翻译的版本。"廷代尔译本"包括《圣经 · 新约》和《圣经 · 旧约》的前 5 章（即《摩西五经》[③]）。廷代尔和马丁 · 路德一样深信，上帝的话语应该让每一个英国人所阅读和理解。这样的想法无论是在那时的英国还是德国，都显得激进而新颖。

---

① 马丁 · 路德（Martin Luther，1483~1546）出生在日耳曼（今德国）。他是宗教领袖，倡导了 16 世纪欧洲宗教改革，代表作有《九十五条论纲》。——译者注

② 威廉 · 廷代尔（William Tyndale，1491~1536），是 16 世纪的基督教学者和宗教改革先驱。他翻译的《圣经》是直接由希腊文和希伯来原文翻译成英文的。——译者注

③ 《摩西五经》（*Pentateuch*），包括《创世记》《出埃及记》《利未记》《民数记》和《申命记》。这是希伯来《圣经》最初的 5 部经典。——译者注

那么，威廉·廷代尔何许人也？我们对他早期的生平知之甚少，甚至连他的姓氏都不确定——在有些文献中，他是以希琴斯（Hichens）的名字出现的。他就读于牛津大学，就在 1512 年临近毕业之时，又选择了继续留在学校进行宗教研究。这一期间，他通过做私人教师赚取学费。但是，其事业自始就被两个更加崇高的抱负所驱使。而这两个抱负在当时都是极其危险的。16 世纪 20 年代，亨利八世统治下的英格兰仍旧是个信奉天主教的国家。然而，廷代尔却决心公然反对罗马教廷，以及一切与罗马天主教有关的事物，即人们所谓的“天主教（Papistry）教义、规定和习俗”。他迫切地想将《圣经》翻译成自己的母语，即英文。正如廷代尔自己所言，他追求的目标是让农民也可以看懂《圣经》，接受上帝的指引。

1524 年，廷代尔前往德国。他或许见到了自己的导师——路德，我们也愿意这样认为。接下来的几年中，他一直在佛兰德[①]，潜心将《圣经》从希腊文和希伯来原本翻译成英文。他翻译的《圣经·新约》印本是最早被船只运回英格兰的。尽管当权者意欲销毁这些印本，可它们仍然流传甚广。廷代尔在亨利八世离婚的问题上与国王的争执，让他日后返回家乡的计划化为泡影，因为返回英国会招致杀身之祸。而在欧洲，他的行为也引来了激烈的反

① 佛兰德（Flanders），欧洲西部一地区，濒临北海，包括比利时的东佛兰德省和法国北部、荷兰西南部的地区。——译者注

基督教者——神圣罗马帝国皇帝查理五世[1]的注意。在翻译《圣经》的过程中，没有人向他伸出援手。无独有偶，他与佛兰德地区的政府同样争执不断，关系紧张。廷代尔遭遇背叛、逮捕，并因从事异端活动的模糊指控被囚禁于布鲁塞尔北部的维尔福德（Vilvoorde）城堡。他的审讯和执行死刑的过程被记载于用于宣传的同时代作品《福克斯殉道者名录》[2]中。书中内容感人肺腑，用翔实的证据描述了如廷代尔一样的作者为了自己的信仰和作品是如何赴汤蹈火、饱受迫害的。

福克斯在书中写道，有一名律师曾受命为"廷代尔大师"辩护。可廷代尔拒绝了，他坚持用自己的语言为自己辩护。那些曾与他交谈过或是听过他祷告的逮捕者认为，"若廷代尔不是一名虔诚的基督徒，那么就没有人配得上这个称号"。据说，他成功地扭转了监狱看守者及其妻女的宗教观点，让他们接受了自己对宗教的新颖诠释。

可悲的是，威廉 · 廷代尔不曾有机会获得公正的审判，也未曾为自己辩护过。查理五世仅仅简单粗暴地宣判这个找麻烦的人死刑。他还下令，将廷代尔处以自古以来专门处死异教徒的残酷

① 查理五世（Charles V），神圣罗马帝国皇帝，1519~1556 年在位。——译者注

② 《福克斯殉道者名录》（*Foxe's Book of Martyrs*），作者为约翰 · 福克斯（John Foxe）。这是一本基督教新教殉道者的名录，记载了该书出版（1563 年）之前 10 年中为信仰而死的人，其中多数为英国人。——译者注

刑罚：被绑在火刑柱上活活烧死。1536 年 10 月，廷代尔就义于维尔福德。这场火刑的执行者违抗了皇帝的命令，（在那种无法言说的残酷环境下）仁慈地先将廷代尔勒死，再焚烧他的尸体，以减轻他的痛苦。据传说，廷代尔在世的最后一句遗言是："上帝啊！请打开英格兰国王的眼目！"可亨利八世的眼目却未曾被开启，他无法忍受任何人对其婚姻的说三道四。

在亨利八世做出与罗马教廷决裂的重要决定的同时，他下令准备翻译英文版《大圣经》①，并批准使用廷代尔所译《圣经》为其内容的支柱。在这第一本英文《圣经》和 1611 年出版的《钦定本圣经》之间，英格兰历经了狂热的天主教徒玛丽一世的统治。她公开禁止了一切异于天主教的书籍。在玛丽一世 5 年统治期间（1553~1558），英国人遭遇了一场新的宗教恐怖运动。直到伊丽莎白一世继位时，基督教又重新被列为英国国教，包括廷代尔译作在内的众多英文版《圣经》才得以解禁。

继伊丽莎白一世之后，苏格兰国王詹姆士六世（James VI）成为英格兰国王，史称詹姆士一世（James I）。他一直以来都有钦定一本官方英语《圣经》的打算。势力日渐强大，且在政治态度上不轻易服从的清教徒教派同样需要一本翻译准确的《圣经》，而不像以前的数个版本漏洞百出。于是，詹姆士一世于 1604 年在汉

---

① 《大圣经》（*Great Bible*），1593 年科弗代尔（Coverdale）所译的大版本基督教《圣经》。——译者注

普顿宫会议上描述了他的宏伟计划。这一行为昭示了钦定的《圣经》从一开始就不属于任何宗派、教派、精英或特殊利益团体（当然更不可能属于威廉 · 廷代尔），它将只属于詹姆士一世，这位英国国教的领袖。这一本钦定《圣经》在天国神权和尘世王权间锻造了一条纽带，将政治和宗教紧紧地连在一起，也让英格兰永久地脱离了罗马天主教的控制。简而言之，它让英格兰国王对自己国家的统治更加稳固。时至今日，英国新版本的《圣经》只有在君主许可的前提下方可印刷出版。

《钦定本圣经》最终在六方的合作中诞生。它是 50 多名学者专业智慧的结晶。如此庞大的智囊团简直堪称一支军队而不仅仅是个编写委员会。尽管如此，据统计，书中 80% 以上的内容都只字未改地来自于 80 年前廷代尔的译本。我们只需将廷代尔译本与《钦定本圣经》中《创世记》的开篇语稍加对比，便能发现其中端倪。下面两段选文中，第一段来自于廷代尔译本，第二段选自于《钦定本圣经》：

> In the begynnynge God created heaven and erth.
>
> The erth was voyde and emptie and darcknesse was vpon the depe and the spirite of God moved vpon the water
>
> Than God sayd: let there by lyghte and there was lyghte.
>
> And God sawe the lyghte that it was good: and devyded the

lyghte from the darcknesse

and called the lyghte daye and the darcknesse nyghte: and so of the evenynge and mornynge was made the fyrst daye

In the beginning God created the heaven and the Earth.

And the earth was without forme, and voyd; and darkenesse was upon the face of the deepe. And the Spirit of God mooved upon the face of the waters.

And God said,Let there be light; and there was light.

And God saw the light, that it was good; and God devided the light from the darkenesse.

And God called the light, Day, and the darkness he called Night. And the evening and the morning were the first day.

起初神创造天地。

地是空虚混沌，渊面黑暗；神的灵运行在水面上。

神说，要有光，就有了光。

神看光是好的，就把光暗分开来了。

神称光为昼，称暗为夜。有晚上，有早晨，这是头一日。

这样的一致性在接下来的《圣经 · 旧约》中的《摩西五经》中比比皆是，威廉 · 廷代尔的决心和坚持终得证明。若他将《钦定本圣经》的六方编写委员会告上今天的法庭，那么他们将对剽窃——一字一句地模仿——这一指控无可辩驳。

如廷代尔所愿，《钦定本圣经》让农夫以及所有使用英语的人都能自如地接触和阅读上帝的话语。此外，这部1611年出版的《圣经》还成功地达成了詹姆士一世对它的期望。它稳固了英国国教在英格兰的地位。这一宗教基石和君主制以及议会制一起，为日后大英帝国的辉煌奠定了基础。它甚至创造了一种英文，或“方言”，让人们每周至少聆听一次（詹姆士一世将去教堂礼拜定为强制行为）。此后数百年，这种宣讲《钦定本圣经》的每周例行课程深深地嵌入了英格兰文化的肌体中。其中，受影响最深远的便是作家。人们或许不常听到或看到对此种影响的直接表述，可它一直默默存在。

《钦定本圣经》是英国文学史上唯一归功于国王的伟大作品。当我们在赞叹和尊崇其伟大造诣时，不应当忘记威廉 · 廷代尔。有人会说，威廉 · 廷代尔杰出的语言技艺让他和《钦定本圣经》一样享有至高的文学地位，甚至莎士比亚也望尘莫及。

第 9 章

无拘的思想

玄学派诗歌

如果你向诗歌爱好者询问谁是英语文学中最出色的短篇“抒情”诗匠，那么频繁出现的应该是约翰·邓恩[①]这个名字。以邓恩为代表的一批诗人被称为“玄学派”诗人。对于这个名字你大可不必太深究，因为他们缘何得名“玄学派”仍未被研究透彻。若你如大多数文学史学家一样，誓要弄清“玄学派”何解，那么“邓恩学派”便是对他们的平实的诠释，“玄学派”只是个更具趣味的名称罢了。

邓恩作诗时从未曾考虑过后世将用何种眼光看待他的诗作——我们至少在其现今广受赞誉的那些诗作里，如邓恩年轻时写作的爱情诗中不曾发现。而在他创作的后期，即邓恩好友及其

① 约翰·邓恩（John Donne，1572~1631），17 世纪英国玄学派诗人。其代表作有《歌与十四行诗》《挽歌》等。——译者注

传记作者伊扎克·沃尔顿[①]所说的“忏悔的岁月”，当邓恩为自己的年少轻狂、放荡不羁而追悔时，他成为一名令人尊敬的教徒并极力阻止自己早年诗作的流传。正如邓恩自己所言，他将非常乐意见到自己的作品被毁。

晚年的邓恩非常期望人们因为其宗教诗歌而尊敬他。而这些宗教诗歌也确实十分优美，尤其是组诗《圣十四行诗》（*Holy Sonnets*）。其中，最著名的要数《死神，你莫骄傲》（*Death be not Proud*）。诗中，邓恩公然挑战死神，并大胆宣称：真正的基督徒是无惧死亡的，并且应该将死亡视作敌人，直面并打败它。下面的选文就是这首诗的开篇（全诗共14行，故与十四行诗类似）：

> 死神，你莫骄傲。尽管有人说你
> 强大而可怖，但，你并非如此，
> 你自认为打倒了某些人，
> 但是，可怜的死神，他们并没有死去，你亦无法杀死我。

你应该注意到了邓恩所使用的非正式语“你”（“thou”、“thee”）和动词“认为”（thinkst），就像在与孩童或仆人对话。这样的用词在本诗语境中恰如其分地表达了诗人对死亡的蔑视。这种表达效果是“you”或者“you think”无法达到的。如本诗开篇那种

① 伊扎克·沃尔顿（Izaak Walton，1594~1683），英国作家，代表作有《钓客清谈》等。——译者注

“对抗性”的挑战——死神，如果你认为自己如此强大，就来与我战斗吧——也多次出现在邓恩的其他诗作中。这样的对立取决于一种悖反——同时包含矛盾双方的统一体。这种悖反在本诗中的体现是：那些死神“自以为”打败了的人，实际上却通往了永生。故此，死神是战败者，而且永远都将失败。

除了宗教诗歌，邓恩同样希望被人所记住的还有他的布道文和对宗教话题庄严冥想的作品。其中，有些文章构思精巧，我们今日仍有幸领略其完整的篇章。我们也可撇开宗教教义，将布道文中的一部分作为纯文学作品来欣赏，尽管邓恩若泉下有知，会对我们这种处理方式恼怒不已。下面这个长而回环的句子选自《祈祷》第 17 篇（*Meditation XVII*），它很好地展示了邓恩如何一语中的地讲解宗教事实。如此切中要点而无赘言的表达方式，只有伟大的文学作品方能企及。

人都不是孤岛，无法自成一体；

每个人都是组成广袤大陆的一片土地，缺一不可。

如果海浪冲刷掉一块岩土，

欧罗巴的版图就稍稍变小。

亦如海岬被洗刷；

或如自己和友人的家园被毁。

任何人的死亡都使我若有所失，

因为人类皆为一体，难分你我。

所以，不要问丧钟为谁而鸣，

它为你而鸣。

人皆有一死：这世上没有永生的通道。然而，我们不应将死亡视为个人的悲剧，因为死亡是将世间你我联系在一起的共同命运。若如此将这个道理传达出来，你一定会觉得它陈腐老套；若以邓恩的奇思妙喻表述，则十分新颖独到。

与这些宗教诗歌和散文同样卓越的作品，还有邓恩在早期狂放的岁月中所创作的《歌与十四行诗》。这些诗作对后世影响力最大，也最常被收录在诗集中。这些诗最初仅以手稿的形式在邓恩那些志趣相投、才情相符的一小圈朋友间流传。它们极具诗意、精美绝伦，同样具有理解难度。阅读时，读者不时会认为自己并非在欣赏诗歌，而是在解决棘手的谜题。因此，找到阅读它们的正确切入点，方能充分地欣赏诗歌之美，体味其中的乐趣。

人们对玄学派诗人有深入的研究。在他们众多的特点中，机智是最首要的一点。机智，即机灵敏捷，是他们创作的精髓。在玄学派诗人中，论才智机敏无人能及邓恩。他们最为看重的一种写作技艺便是“奇思妙喻”——前人从未有过的大胆想法或观点。有时，这些构思如天马行空般跨越理性的疆界，在感性的天空下自由驰骋。再多的分析也不如直接阅读诗文更能让读者直接感受

到这些奇妙的比喻。邓恩早年的短诗《跳蚤》(*The Flea*)便是个极佳的例子:

> 看,这跳蚤,叮在这里。
>
> 你对我的拒绝多么微不足道,
>
> 它先叮我,再咬你,
>
> 我们的血液就融合在它的身体里。

诗人意欲表达什么?要想解答这个问题,我们首先要阐述诗歌背景。这首诗是写给一位不具名的女士的。我们猜想,或许这位女士固执地拒绝了诗人一次又一次急迫的提议——试图使她答应自己的求爱。而诗人呢,则使尽浑身解数用诗歌来赢得美人心。

诗人设问:两人的结合意味着什么呢?接着,他用一只看似微不足道的跳蚤回答了这个问题——跳蚤吸血仅仅是一件小事,毫不惊世骇俗。诗人指向他刚刚所见的跳蚤(或许跳蚤刚用利嘴刺进他的指甲缝中,吸取血液),又以此强调了自己热切的恳求。诗人认为,跳蚤分别吸取了他们两人的血液,这就意味着他们的体液已然合二为一。在诗中的其他地方也可以找到关于基督教圣餐礼和代表耶稣基督宝血的圣餐酒的近乎令人吃惊、出人意表的暗示。

诗歌机巧地质问了为何二人的血液已融为一体,可他们却不能结合。无人知晓诗歌所致的年轻女士是否被劝说接受那位机智的求爱者。但其中些许代表年轻欲望的意象也获得了颇高的赞誉。

数百年后的我们也可欣然将这首诗看作纯文学作品来赏读了。

在邓恩逝世，以及以奥利弗·克伦威尔[1]为首的清教徒在英国内战（1642~1651）中获得胜利之后，那些歌颂“放荡的”（不道德的）爱情的诗歌遭受到严厉的审查和打压。于是，诗歌《跳蚤》因其描述的男女二人皆为未婚，也被列入了不道德爱情诗的名单。继清教徒统治下的严酷道德枷锁之后，18 世纪以文学对精妙的古典文学（拉丁语和希腊语文学）模式的模仿著称，在文学史上被称为“拉丁文学全盛时期”（Augustan Age）。而在这一时期，玄学派信马由缰般的想象所导致的学术上的疏忽仍屡遭诟病。对于这一时期的读者来说，道德上的失当其实并无大碍。他们批评玄学派的原因仅仅是因为诗中所用的想象和比喻太过疯狂。

塞缪尔·约翰逊是拉丁文学全盛时期最有权威的作家。他批评说，在邓恩的诗中“那些彼此毫不相关的奇思妙想被暴力生硬地捆束在一起”。例如，在《跳蚤》中，邓恩将跳蚤所吸的血与宗教意象联系在一起。在另一个著名的诗例中，邓恩将分离的爱人比作几何学上圆规的两脚，仅顶端相连。这样的设喻显得不甚得体——粗糙而缺乏修饰。如此的比喻在其诗中比比皆是。约翰逊认为诗歌艺术应遵循章法，而非轻视、嘲笑规则。

尽管玄学派诗人遭到种种非难和反对，但他们的声名却在其

---

① 奥利弗·克伦威尔（Oliver Cromwell，1599~1658），英国资产阶级革命家、军事家、政治家。——译者注

后的几百年中逐渐鹊起。他们被视作英国诗歌发展进程中极其重要的推动力量。这股力量不仅在玄学派诗人中激荡着，其影响还波及继承他们风格的现代诗人。这位继承人便是20世纪最伟大的英语诗人T·S·艾略特[①]。他为17世纪的玄学派先驱们大声疾呼，告诉世人他们的伟大与卓著。邓恩便具备艾略特所说的“不游离的感性”。这句看似奇怪的判词意在指出，对邓恩和他的玄学派同侪们来说，不存在可写的“诗歌主体”和不适宜入诗的“非诗歌主体”之分。诗人在描写跳蚤时，亦可以如描写夜莺或斑鸠一样充满诗情画意。艾略特对玄学派诗人们将阳春白雪和下里巴人同时融入诗行中的作为大加赞赏——他们的诗中洋溢着世间万物，无一例外。这一点是包括艾略特本人在内的诗人们可以向玄学派诗人们借鉴的。

到了晚年，当邓恩已经成为拥有体面婚姻的伦敦圣保罗大教堂教长时，他的诗作变得庄严肃穆，不再透露着放荡的基调。即便如此，这些诗依然闪烁着摄人心魄的大胆的智慧之光。约翰逊所说的存在于邓恩诗中的想象“暴力”已经逐渐消退。可是，这种消退仅存在于诗行的表面而非内里。当邓恩临终躺卧病榻之时，他为将要到来的死亡写作了一首《病中赞上帝》（*Hymn to God My God, in my Sickness*）。这首诗不再如往昔一般致年轻的女士，而是

① T·S·艾略特（T. S. Eliot，1888~1965），美国/英国诗人、评论家、剧作家。其代表作有《荒原》等。——译者注

献给在一两个小时后邓恩即将面对的造物主。这首诗描写了邓恩在即将归于永恒的安息时成为圣徒唱诗班的一员，他为了在上帝天国的唱诗班中献诗而进行彩排——以此告诉人们此刻的他并非陷在死荫的幽谷中，而是好似为了衣着得体地步入教堂而在法衣室中整理仪态。下面是诗歌前三节：

此时，我即将步入圣殿，
　那里，有你永恒的圣徒唱诗班。
我将演奏你的圣歌；因此，
　我在走进殿门时，调好了乐器的音调。
　亦在此处，思考了接下来将行之事。
同时，我身边的医师因为爱变成了
　宇宙之学者，而我，则是他们的地图。
我躺卧病榻，看着他们向我展示，
　在我身体的西南方，
　穿过发烧的海峡，我将死在海峡之畔；
我何其欣喜，在这些海峡中我看到了西方；
　尽管海潮从未将任何人送回，
西方会给我带来什么伤害呢？因为无论东方还是西方
　都在平坦的地图上——我便是其中之一——合一，
　所以死亡即是复活。

这首赞美诗与邓恩的其他作品别无二致，都拥有大胆的想象。读者需要费些心思才能紧跟诗行中复杂跳跃的思绪。这首诗中的奇思妙喻被集中地放置在一起，好似罐中的沙丁鱼，让人目不暇接。诗人的死亡将是一场探索的航行——在生命的最后一次旅行中，他跟从的是乘风破浪的水手们。在诗人去世后马上进行尸检的医生们，将发现他的死亡之躯是这次旅行的地图，就像宇宙学家探索浩瀚星海一般。那么诗人去哪儿了？目的地无疑是西方冰冷幽暗的坟墓。然而，他需要穿过东方以及致命高烧带来的炽热海峡，方能达到。在沃尔顿的记忆中，他的朋友“距离死神太遥远了，以至于渴求死亡”。我们只能祈求全能的上帝和我们一样喜爱邓恩美好的诗作。

如若有些读者认为邓恩诗中的复杂意象如一杯太过浓郁的啤酒不方便一饮而尽，那么不妨从欣赏与邓恩同为玄学派诗人的乔治 · 赫伯特[①]的一首简单的诗作开始。与邓恩一样，赫伯特也是位牧师——但并非在教会中担任高等的圣职。他是一位乡村教会的牧师，并写作了一本教导低层的神职人员如何做好侍奉职分的手册。他也创作一些“平实的”诗歌。下面即是他的作品《美德》（*Virtue*）的开篇：

① 乔治 · 赫伯特（George Herbert，1593~1633），英国诗人、演说家、牧师。代表作有《召唤》等。——译者注

甜蜜的白昼，是那么凉爽、平静而光明，

你将天地婚配：

露珠会为白昼转黑而哭泣；

因你终将死亡。

这首诗中的奇思妙喻或中心思想是，黑夜是死亡的传令官。第二层含义是：黑夜是天地的“孩子”或产物（天地在暗夜中结合，在地平线上造出黑夜）。这是个极其新颖的概念。但是，如此奥义却蕴含在了简单平实的语言之中。除了“bridall”［双关语，一意为“缰绳”（bridle），将两匹马与车套连接在一起；另一意为“婚礼”（bridal）］以外，诗人选用的皆是单音节词。

是否意蕴复杂的诗歌都诞生于简单明了的素材？或者，像邓恩的诗作，取材于“低级”的事物呢？艾略特所言不假。玄学派诗歌打破了诗歌创作的层层桎梏，却达到了诗歌成就的顶峰。或许，它们就是最伟大的诗歌。

◆

第 10 章

帝国崛起

◆

弥尔顿和斯宾塞

在伊丽莎白一世这位“英明女王”统治的45年间，一股新的“创作激情”不断注入英格兰文学界：这就是不断增长的民族自豪感和日渐充盈的自信感。英格兰在这期间国力逐渐强盛。有胆识的人们甚至认为，此时英格兰强大的国力可与古罗马帝国媲美。如斯帝国气魄以两种形式在文学领域体现出来：其一是大量的文学作品以描绘英格兰为主题；其二是在其他强大的国家中，英语也作为规定使用的语言出现在某些场合以及那些国家的文学作品中。换言之，民族主义登上了这一时代的中心舞台。

第一首描写英格兰的伟大英语诗歌是埃德蒙·斯宾塞（Edmund Spenser）在1590~1596年创作的《仙后》[①]。该诗写于伊丽莎白一世成年时期，也是献给女王的礼赞。斯宾塞身份众多，

---

① 《仙后》（*The Faeire Queen*），是一部以讽喻传奇形式写作的宗教、政治史诗，全诗共约35 000行。——译者注

他既是朝中之臣，又是皇家士兵，也是一位在权术世界中走钢丝的人。除此之外，他还是位诗人。将这一身份摆在最后，是因为斯宾塞并非职业诗人，且诗人这一职业是他所轻鄙的。舞文弄墨绝非斯宾塞的主要经济来源（尽管在诗作中歌功颂德会赢得赞助者的欢心，从而获得金钱），而成为英国文学巨擘也称不上是他首要的抱负。然而，无心插柳柳成荫，斯宾塞最终却做到了这一点。

埃德蒙·斯宾塞（约1552~1599）是位富庶布商的儿子。他的出身属于地位逐渐上升的中产阶级家庭，在剑桥大学接受教育。他早期的工作是在爱尔兰做殖民官员，主要工作是实施戒严法，铲除暴乱组织与镇压反叛。斯宾塞通常采用残忍的方式有效地完成这些使命。作为奖赏，伊丽莎白女王赐给他位于爱尔兰的房产。

然而，斯宾塞野心勃勃，女王的赏赐也无法满足他的欲望。于是，为了向女王献媚并进一步实现自己的抱负，斯宾塞精心构思了《仙后》。这首诗以写给瓦尔特·罗里①爵士的信为前言。这位爵士同样善于博得君主的欢心。但是与斯宾塞不同的是，他通过让不列颠成为海上霸主而深受女王宠爱。

《仙后》为斯宾塞赢得了一笔小额的养老金，但这并非斯宾塞渴求的巨大财富。随后，斯宾塞的生活陷入失意。他的城堡在1598年被爱尔兰起义者焚毁。据传，在这场大火中，斯宾塞还失

① 瓦尔特·罗里（Walter Raleigh，1552~1618），英国作家、诗人、政治家、探险家。——译者注

去了妻儿。火灾之后斯宾塞返回伦敦，还未到知天命之年便于困境中去世了。

很显然，斯宾塞的政客生涯并不成功，可他作为诗人的成就却举世无双。故此，斯宾塞去世之后被葬于威斯敏斯特大教堂的诗人角，与他的“导师”乔叟同眠于此。当时许多著名的作家（包括莎士比亚）都将纪念诗放于斯宾塞的墓中。人们纪念的不仅是斯宾塞的离世，还有英国文学伟大时代黎明的到来。

《仙后》的主题就是英格兰——光荣的格罗丽亚娜（Gloriana，即伊丽莎白女王）。斯宾塞本打算将这首史诗写成 12 章，但他只完成了 6 章。尽管如此，这首诗仍是英语诗中篇幅最长的几首之一，阅读起来也并不简单。在斯宾塞完成的 6 章《仙后》中，他在每一章中分别提出一个建立国家必须具备的美德。这 6 种美德分别是：圣洁、节制、贞洁、友谊、公正和礼节。斯宾塞用 5 名男性 1 名女性共 6 名骑士形象分别代表这 6 种美德。他们都身披盔甲，踏上匡扶正义的征途，誓要将文明带给这个异教横行且原始粗糙的世界。了解了标题和诗歌的起源，我们尤其对第三章中的那位女性骑士布里托马特（Britomart）感兴趣。布里托马特和在诗中被公开赞颂的童贞女王一样，都是好战贞女的代表。没人可以控制或“拥有”她。如果让伊丽莎白女王来选择《仙后》中她最喜爱的一章，那么描写布里托马特的一章将毫无疑问地当选。

斯宾塞的诗歌是由押韵的诗节组成的，这些诗节在现在也被称为“斯宾塞诗节”（Spenserian stanzas）。他的诗韵脚复杂，极难掌握。此外，措辞也采用被称为“强势语言”的生僻的“诗歌用语”。自《仙后》开始，诗歌语言不采用日常用语，诗歌形式也有别于日常对话。《仙后》的主要诗歌手法是讽喻：用看似毫不相干的此事物来说明彼事物。下面是《仙后》第一节的首句，凸显了斯宾塞对“诗歌用语”和讽喻的运用：

> 一位高贵的骑士在平原上驰骋，
> 他身披万能的甲胄，手持银色的盾牌，
> 盾牌上深深的凹痕累累，还依稀可见，
> 这些残酷的标记来自血腥的战场；
> 但这些武器他还从未使用。

即使是在16世纪，人们在实际生活中也不使用诗中那“之乎者也”的仿古语。（“Pricking”意为用马刺使马匹飞奔。）但这样的用语恰好如斯宾塞所愿，创造了一种“世外桃源”（应了标题《仙后》中的“仙”字）的效果。关于“圣洁”（第1章中的美德），这节诗也意蕴丰富。例如，为何骑士会身披凹痕累累的甲胄？这一细节隐喻着祖先已经为英国人赢得了基督教的伟大战役。因此，英国人无须再成为殉道士，抑或被焚于火刑柱来证明自己的圣洁。实际上，《仙后》的每一节诗都饱含讽喻的含义，充斥着“斯宾塞式”的人造语言。

百年之后，约翰·弥尔顿（John Milton，1608~1674）以其诗作将英语诗歌带上了一个新的台阶。自伊丽莎白一世去世后，英格兰便陷入了宗教斗争的旋涡中。弥尔顿支持克伦威尔父子统治下的英伦三岛共和国，并为其建立做出了积极的努力。英格兰作为一个国家仍处于不断自我完善和定义的过程中。但是，《仙后》中显著体现出的民族自信心却同样激荡在弥尔顿的《失乐园》（*Paradise Lost*）中。弥尔顿于共和国时期开始创作这首诗，直至1667年在查理二世[①]的统治时期方才出版。他毫不避讳地将斯宾塞奉为自己的文学先导（正如斯宾塞将乔叟视为导师一样），并大方承认自己的创作深受斯宾塞的影响。英国文学从此开始有了"传统"。三位诗人承前启后，紧密传承。

弥尔顿创作《失乐园》就好比踏上了一段刺激的冒险之旅。因为他要写下的不仅是诗歌，而且是史诗——试与维吉尔[②]的《埃涅阿斯纪》[③]和荷马的《奥德赛》比肩的作品。正如弥尔顿所言，他写作这首诗意在"向人类证明神的道"。换言之，他将重新讲述

---

① 查理二世（Charles II，1630~1685），英格兰斯图亚特王朝国王。1658年克伦威尔去世，其子无法镇压贵族的反叛，国会遂声明君主制复辟，查理二世得以继承王位。——译者注

② 维吉尔（Virgil，公元前70~公元前19），奥古斯都时代的古罗马诗人，代表作有《牧歌集》《埃涅阿斯纪》等。——译者注

③ 《埃涅阿斯纪》（*Aeneid*），全诗共12卷，写成于公元前19年。它取材于古罗马传说，叙述了特洛伊英雄埃涅阿斯在希腊联军攻破特洛伊城后，率军来到意大利，成为罗马开国之君的故事。——译者注

《圣经》开篇的故事。而他讲述的方式将更好地帮助人们厘清《圣经》曾带来的一些神学迷思。(例如，亚当和夏娃偷吃“智慧树之果”是否真有过错？伊甸园的建成是否没有亚当和夏亚的一丝功劳？亚当和夏娃“结过婚”吗？)弥尔顿努力试图在诗中一一说明这些问题。他所做的工作和神秘剧有异曲同工之妙(那些诞生街边神秘剧的市镇在弥尔顿的时代早已时过境迁了)。尽管如此，弥尔顿所创作的诗歌却和街边文学有着天渊之别。自创作伊始，他便将《失乐园》的读者定位为受过高等教育的群体——若是识得一些拉丁语就更理想了。

《失乐园》是弥尔顿的毕生之作。更令人难以置信的是，弥尔顿是在双目失明的情况下创作它的。可是，在开始写作时，诗人却面临着两重困境。第一是应该以哪种语言写作？毋庸置疑，弥尔顿是位学者，而数个世纪以来，学者所用的语言一直是古希腊语和拉丁语。弥尔顿能够流利地掌握这两种语言并且已经创作了许多拉丁语诗歌。如果这首诗要做到纯正的“维吉尔式”或者“荷马式”，那么弥尔顿为何不用他们的语言？然而，他最终决定用英语写作。但他笔下的英语染上了古英语色彩，读起来神似拉丁语。

弥尔顿面临的第二重困境是应该采用何种“形式”写作《失乐园》。作为一位学究，弥尔顿也沉浸在亚里士多德的《诗学》中，受其影响颇深。他回忆道，这位古希腊文学评论家将悲剧奉为最高尚的文学形式。弥尔顿曾潦草地构思了将他的这首杰作比照索福克勒斯的《俄狄浦斯王》，写成一出悲剧。他甚至深入地为这出悲剧写了提纲，并取名为《被逐出伊甸园的亚当》(*Adam Unparadised*)。如果要将它写成史诗，弥尔顿则会采用一种松散的叙述形式。与荷马的创作初衷一样，弥尔顿写作史诗的主要动机也是要歌颂伟大国家的诞生。在他的眼中，英格兰是与古希腊一样不朽的国家。正是这一信念支撑起了《失乐园》这部著作，并且使弥尔顿所面临的两个困境迎刃而解。

弥尔顿是否成功地重述了《圣经》故事仍颇具争议。尤其在诗歌的前几卷描述撒旦与上帝争战的内容中，当他讲述亚当和夏娃被毒蛇引诱时，弥尔顿逐渐“站到了魔鬼的阵营而不自知”，正如威廉·布莱克[①]所评价的一样。而弥尔顿却不太清楚自己的立场。撒旦是堕落天使，而弥尔顿本人也是位反叛者。他曾以性命冒险反对查理一世[②]。撒旦所言“宁在地狱称王也不在天堂为奴”，这句话在诗中读起来颇具英雄主义色彩。弥尔顿自己也不确定如果身在伊甸园的是自己，他是会不计后果地吃“智慧果”，还是会永远保持天真、无罪、“纯净”和蒙昧的状态。此外，弥尔顿关于两性关系的观点，却从错误的方面启发了许多现代读者。以下选文即是诗中首次对亚当夏娃的描写：

① 威廉·布莱克(William Blake，1757~1827)，18世纪英国诗人，代表作有《天真之歌》《经验之歌》等。——译者注

② 查理一世(Charles I，1600~1649)，英国历史上唯一一位被公开处死的国王。——译者注

两位高贵的形象笔挺而高大，
他们有上帝般的形象，身披初始的荣耀
在赤裸的威严下好似万物的主宰。
上帝赐予他沉思的头脑、英勇的外形，
赐予她柔软的内心、甜美诱人的优雅；
上帝以自己的形象造了他，又在他之中造了她。
他高大的样子和庄严的眼神无不宣告了
绝对的统治。

诗句“上帝以自己的形象造了他，又在他之中造了她”常常阻碍现代读者流畅阅读。插画家根据弥尔顿文字中的线索，通常如此描绘这对夫妇（必然有5片树叶遮羞）：亚当虔诚地仰望天空时，夏娃总会崇拜地看着他的脸。但是，在接下来的诗文中，夏娃却打破了这种绝对的夫权至上和自己作为妻子的从属地位，她执意独自前往伊甸园中的花园。她对亚当的反叛给了诡计多端的撒旦（以毒蛇的形象出现）可乘之机，以引诱夏娃。他劝说夏娃吃掉智慧树上的禁果，来进一步反抗亚当。

另一个争议的焦点是弥尔顿在诗中创造的“英语”。他使用的英语拉丁化程度很高，有时甚至因过于类似拉丁语而显得蹩脚——好像弥尔顿从未彻底打消使用古英语写作的念头。下面一段诗文选自《失乐园》的第七卷，描写了伊甸园中的植物。从中，我们便可对弥尔顿式的拉丁化措辞窥见一斑：

乡野的芦苇挺立向上，
于她的土地上严阵以待：还有卑微的灌木，
有卷曲枝叶的灌木丛：最后
还有玫瑰与参天乔木摇曳起舞，
树木枝干悠然伸展，有蕡其实；
抑或垂坠宝石般的花朵。

这样的语言并非《园艺问答》(*Gardener's Question Time*)节目中用到的专业术语。

如现代诗人艾略特一样，许多人都认为弥尔顿在《失乐园》中体现的拉丁文风在文学与大众之间筑起了一堵令人不悦的“长城”。他们认为文学应采用浪漫主义诗人威廉·华兹华斯[①]所说的“人民的语言”，而非那些以拉丁语思考，再将思想用英语翻译出来的学究们的语言。而弥尔顿有时就是这么做的。尽管如此，对弥尔顿的诗作乃至整个英语诗歌界来说真正重要的，是弥尔顿用自己的选择证明了在如他一样的诗歌巨匠手中，英语也可以被锻造成伟大的史诗。而这些作品，甚至可与古希腊及古罗马时代的巨作比肩。

① 威廉·华兹华斯(William Wordsworth，1770~1850)，英国诗人，代表作有《序曲》等，并在1843年被授予桂冠诗人的称号。——译者注

《失乐园》还引起了许多其他问题。比如，阅读这首诗歌真的可以比阅读《圣经》本身更有助于人们理解上帝的话语吗？对于这个问题，我们无法用简单的语言回答。伟大的文学作品永远不会用简单的方式诠释问题——对于理解《圣经》这样复杂的命题就更不可能轻易给出简明的答案了。《失乐园》只能让我们更加意识到纷繁复杂的问题是永恒存在的。

弥尔顿不无自信地在《失乐园》的首篇诗歌中宣称，他的创作目的是让读者成为更好的基督徒，至少是最博闻强识的基督徒。至于他成功与否我们不得而知。或许，弥尔顿成功地在一些读者身上实现了其崇高的宗教使命。但《失乐园》的成就却主要体现在其文学价值上。它为以英语写作的诗歌以及其他文学作品的发展指明了方向，奠定了基础。从此，在这一基础上演进出的文学便是独立的英语文学——取英国土地上的事物做主题，用英语撰写出美妙的篇章。

第11章

文学谁"属"？

印刷、出版及版权

此时，你手捧的这本书虽非文学佳作，但这也无碍于我用它作为一个简单的事例，说明下面几个问题。我是这本书的作者，所以我的名字就印在书的扉页上，与版权信息同属一行。因此，这是“我的”（约翰·萨瑟兰的）书。然而，这是否意味着你手中的书“属于”我呢？当然不是——这些纸质版复印品并不属于我。因为你的购买，它属于你了。但是，试想，如果有人在我写作的时候闯入我家，偷窃了电脑并找出了这本书的文档，然后，他们以自己的名义出版了这本书，那么，将会产生何种状况？如果我能证明自己是原创作者，我就可以起诉盗贼侵犯了我的版权，即在未经允许的情况下复制我的作品，并将其据为己有（即“剽窃”）。

现代版权法自18世纪诞生以来，随着各种新形式的文学作品逐渐增多，它也得到了不断的发展。版权法被不断更新，与文学领域的科学技术的进步保持同步。这些技术包括20世纪时对文学著作的电影改编（第32章中将谈到），以及电子书和网络图书资源（第40章中将谈到）。但无论形式怎样改变，版权的核心内容始终是："复制权"。

我们之所以将书籍称为"文学作品"，是因为它们实实在在是作者辛苦付出所得。而作者们的智慧结晶在出版商的领域里，则表现为一个个"标题"，意味着所有权。当作品流转到最后印刷待售的环节时，它们则是一本本"书籍"：你手中的正是我作品的印本。不同的流转环节以不同的形式"拥有"这部作品。那么，这个流水线的最后一环——书籍的购买者，会遇到何种情况呢？当书虫们指着自己已经拥挤不堪的书架无比自豪地说："瞧瞧我的藏书吧！"又会引来怎样的回应呢？作者轻扫一眼书架，会欢欣地说"你买了我写的书，还喜欢吗？"。出版商同样检视着书架，然后说"我很高兴你购买了如此多本社出版的书籍"。在某种意义上，他们说的都没错，因为购书者拥有书本这样物件，出版商拥有版式，而作者是书上文字最原始的主人。这个例子指出了现代图书从撰写、出版直至售卖的过程中涉及的方方面面、各色人等。

这本小书的命运始于我与耶鲁大学出版社签订的一纸合约，授权他们将我的文字出版成册。当我将手稿按照合格的标准递交给出版社时，他们即付稿酬，并对书稿进行编辑、设计、排版、印刷，然后装订在精装封面与封底之间。装订完毕的书籍被存于仓库中，等待售卖。出版社支付了整个流程中各个环节的费用，因此，他们对成品书具有所有权。接下来，书本主要被分派给各处的零售商——实体书店和网上卖家，其他一小部分则被分发到各个图书馆。目前，这些机构对图书具有所有权。最后，亲爱的读者们作为消费者，将《耶鲁文学小历史》购回家中。（如果从图书馆借阅，则仍须归还。）现今，图书的出版通常由某出版公司负责，其业务与印刷厂和书商所负责的范围泾渭分明。然而，直到19世纪，出版的业务仍主要由书商包揽。

与图书撰写、印刷及出版发行有关的各个行业历经了数千年的时间，目睹或参与了不计其数的图书诞生之后，才等来了可以规范行业行为、保护各方权益的法律。这些法律颁布后，包含机械化印刷和商业化营销图书的完整产业链才得以发展，同时，有别于手抄书卷、口头故事和民歌民谣等形式的“文学”，也才获得一片茁壮成长的沃土。

与文学领域相关的法律及商业活动的形成均建立在对过往经验的总结之上。要建立文学的商业市场，作品、精通读写的人以及教育机构缺一不可。另一个先决条件是用手抄本的形式代替卷轴（存于历史悠久的古代图书馆，如亚历山大图书馆）来记录文字。手抄本类似于现代书籍，有切割平整并标号的页面（手抄本“codex”在拉丁语中古意为“一块木头”，复数形式为：codices）。

罗马人不仅创造了“手抄本”一词，也创造了将手稿书于册子上的记录方式。关于手抄本的发明缘由，有个十分有道理的说法。当时受迫害的基督徒（与当时的主流宗教天主教不同），在其教义的中心有一部神圣的书籍（福音书）。为了躲避窥探的眼目，他们需要便于隐藏的文本。手抄本以其小巧而便于放置的优点，超越了大幅卷轴，登上了历史的舞台。

早期，创作一本手抄古籍需要耗费大量的劳力。在某些情况下，如果这本手抄本插图精美、内容翔实且装帧精巧，那么通常需要花费数年的时间才得以完成面世。通常，完成这些工序的是手艺极佳的抄写员。他们可以称得上是艺术家，而不仅仅是手工匠人。许多藏于世界著名图书馆的手抄古籍均为孤本善本，由富有之人或者财力雄厚的组织机构（君主、教会、修道院或是贵族）委任编写。制作这些抄本的作坊被称为缮写室或抄写工坊。据统计，直至15世纪，英国可供受过教育的书籍爱好者们阅读的抄本总数不足2 000本。例如，乔叟《坎特伯雷故事集》中的那位牧师已被其他的朝圣者公认为"博闻强识"之士，而他的藏书却也不过寥寥六七本。

书籍如此匮乏使得许多人只能"听书"而非读书，更勿论拥有书了。19世纪的一幅著名画作展示了乔叟于印刷机面世前50年，在讲堂之上为众人诵读其伟大诗篇的图景。这个讲堂仍然存留于大学礼堂之中。最初，这些礼堂被设计为诵读孤本书籍之场所。"演讲"（lecture）一词亦来源于拉丁语词汇"lector"，意为"朗读者”。

图书得以大规模市场化的印刷及出版还得益于一个先决条件，即 13 世纪由东方舶来英格兰的造纸术。在此之前，人们将任何重要的信息都记载于羊皮纸或牛皮纸上（风干的动物腹部皮肤），或者篆刻于木板上。廉价的纸张为 15 世纪末的一场伟大革命——印刷技术，打下了基础。

提及印刷，这一领域的各位先驱者的背景会让我们误认为它诞生于欧洲。例如，德国人约翰尼斯 · 古登堡（Johannes Gutenberg）、英格兰人威廉 · 卡克斯顿（William Caxton）以及意大利人阿尔都斯 · 马努蒂乌斯（Aldus Manutius，斜体字的发明者）都声称发明了印刷术。然而，中国才是印刷术的发祥地。可是中国人在使用印刷术上面临着一个重要的问题——中国的书面语言由两千多个象形文字排列组合而成。印刷时，每个汉字被篆刻在一个方形的胶泥块上然后排版印于纸上。因此，一段短短的文字就需要六十来枚胶泥块，相当于一小面墙的大小了。

而西方的语音字母体系（语音意味着这一体系基于发音而非形象）仅有 26 个字母和 10 多个标点符号。这一点对于印刷工人来说再方便不过了。只需将熔铅倒入不同的字形模具中，便可打造出不同的字体。当字模冷却后，便可将它们储存于箱中（cases）。[在存放时，大写字母被放在上层箱（upper case）中，于是，英语至今仍用“upper case”表示大写字母。] 许多早期的印刷工人都是金匠出身，比如古登堡，他们都惯于摆弄炽热的金属。印刷工匠们将字模排成行，置于书页大小的方框中并在其上涂满油墨。在这些工序之后，工人们可以随时拉下“印刷机”，印出所需数量的纸张。人们并不必为印刷机的体积过大而担忧，其体积很小，约是现代压裤器（工作原理与印刷机相同）的两倍大。

首本印刷书籍与手抄古籍相差无几，其字体精美繁复。若你手捧15世纪的《古登堡圣经》，那么你将很难分辨出它是印刷品还是手抄本。两者虽在外形上十分相像，但制作过程却差别极大。古登堡位于美因茨（Mainz）的印刷厂印制千本《圣经》的时间仅够缮写室誊抄一册。

印刷技术为整个图书行业带来突破的同时，也裹挟了另一些新的问题——其中最紧迫的要数所有权这个老生常谈的话题。英格兰地区最早诞生的一批印刷书籍中，便有卡克斯顿于1476年出版的《坎特伯雷故事集》（明智之选）。他在圣保罗大教堂外的一处摊位上售卖这本书。那时，卡克斯顿不再有机会获得伟大诗人乔叟的许可来印刷和售卖《坎特伯雷故事集》。可是，即使乔叟在世，也不会从卡克斯顿的印刷产业利润中得到一分钱。

一些控制“复制权”的合法机制亟待出台。英格兰在接下来的两百余年里，可称得上是抄袭仿冒者的天堂。尤其是在伦敦，城市化进程的加快带来了大量的图书消费者——“有阅读需求的公众”。于是，伦敦书商们（上文中提到了他们同时也是出版商，在书店的后部拥有自己的印刷机）向议会施加压力，呼吁他们制定和出台规范管理图书出版业的法律。

1710年，议会本着“鼓励学习”这一清晰的要旨，出台了一项设计极其严谨复杂的立法——《安妮法案》[①]。其序文如是说：

“鉴于近来许多印刷公司、书商及其他有关方面频繁在未经书籍或作品作者及所有人同意的情况下，擅自印刷、复印、出版该书籍或作品，并对著作权所有人造成损失，甚至经常毁坏作品。因此，为了预防此类事件再次发生，亦为了鼓励有识之士创作佳品，惠及文化事业……”

《安妮法案》首次指出了作品的原著人——用现代语言来说，即作者，对其“智慧的结晶”享有所有权，并且，作品本身也具有价值。一旦某原创作品被写下（现代常用的方式是用打字机打出或以计算机做文字处理），作者即拥有著作权。而被写出的作品则被称为“知识产权”。这个概念也可以被物化——比如，它可以被印刷成书，或者被制作成电子书，亦可以被改编成舞台剧或者电影。然而，在如此操作之前还有一点至关重要：自1710年后，在著作权法的规定下，任何原创作品均归作者本人所有，其他人仅可在经作者许可后使用其作品。

首部著作权法案即预见了“永久所有权”的危害。作品的创

① 《安妮法案》（*Statute of Anne*），世界上第一部著作权法。——译者注

作者或购买方仅可在一定的期限内拥有著作权（版权）。在这一期限后，该作品的版权即进入一个“通用领域”，不再归属于某特定人，且可被任何人所使用。1710年，著作权的保有期限相当之短暂。随着时间的推移，这一期限也在逐渐变长。而今，著作权被保留至作者去世后70年。

《安妮法案》的另一明智之举是宣布了“不保护想法或理念的著作权”。这一点便将著作权法和专利权法很好地区分开来了，因为后者确实对想法和理念提供保障。下面这个例子或许会让我们更好地理解两种法律的差别。如果我写了一本侦探小说，在最后一页上我公布了结局：杀人者是男管家。之后，你也写了一本侦探小说，巧的是最后的结局和我的一样。只要你的结局不是将我的文字照搬，那么你大可以这么做。著作权法保护的是文字表达，而非文字背后的思想。

出版商所拥有的出版许可让他们可从他人的作品中获利。这种伟大而又受限的出版自由让出版商们仿佛“在未播种的土地上收获”。与此同时，文学作品（尤其是叙述文学）得以发展繁盛。除著作权法外，仍有其他法案组成的一个网络来规范和限制图书行业的行为。《诽谤法》规定，对他人进行不实的恶意中伤是违法行为。数百年来，审查制度一直将每个特定时代所定义的色情文学和亵渎神灵的文字隔绝在读者的视线之外。最近的立法对涉及种族歧视和暴力煽动性的文字进行了出版干预。文学得享今日繁盛之景，还得归功于三百年前让基本出版自由和权益得以实行的智慧的国会议员。

英国的这部著作权法开山鼻祖也为许多其他国家所用，它们在其基础之上建立起适合自身国情的法规。当然，这也需要花费些时日。美国直至 1891 年方才签署了国际著作权保护相关的规定，这意味着在这之前美国可以自由地从英国和其他国家掠夺文学作品。这些强盗行为中最著名的一段公案要数激怒狄更斯的事件了。他恐怕永远都不会原谅这些美国强盗。具体的故事在第 37 章中会有说明。

印刷版书籍已有 500 多年历史。卡克斯顿会认为街道上书店里售卖的乔叟作品都是自己所印制的书籍的现代版本。然而，纸质书籍会否因为电子书的横空出世而被取而代之，终结于 21 世纪，就像手抄本代替卷轴一样？无人能给出确切的答案。可是，两者以某种形式共存似乎是可行的。旧的阅读形式带给人一种美妙的全身心参与感。你迈开步子走向书架，选好书卷伸手拿下，然后拇指食指相对搓动纸张翻页。这种调动全身感官的阅读乐趣是电纸书（Kindle）或平板电脑（iPad）无法带来的。我的想法是纸质书籍带给人们的感觉（触觉甚至嗅觉）仍会使其在人们心目中和生活中，以及文学世界中占有一席之地。即使不能位列榜首，却也不至消失殆尽。

第 12 章

小说之屋

人类天性热爱讲故事，这一点甚至可以追溯到我们的先祖。当谈论小说（fiction）时，你是否会想到长篇小说（novel）？但是，直到18世纪文学史上的一个特定的阶段，人们才开始写作和阅读长篇小说。下一章中我们将会详细探讨与长篇小说有关的话题。在18世纪以前，小说均以其他的形式存在于文学世界中。例如，早在第一本长篇小说面世之前，如果我们细致追索，会发现一种“长篇小说雏形”的文学形式。下面5篇在欧洲大陆上诞生的作品，便可清晰地证明这一点。它们并非长篇小说，但从它们的叙述方式中，我们仿佛可以看见小说的样子正呼之欲出。

《十日谈》，乔万尼·薄伽丘（Giovanni Boccaccio），意大利，1351年。

《巨人传》[①]，弗朗索瓦·拉伯雷[②]，法国，1532~1564年。

---

① 《巨人传》（*Gargantua and Pantagruel*），讽刺小说，全书共5部，借写巨人国王卡冈都亚的故事来讽刺当时的天主教会。——译者注

② 弗朗索瓦·拉伯雷（Francois Rabelais，1495~1553），法国文艺复兴时期的人文主义作家。——译者注

《堂吉诃德》[①]，米格尔·德·塞万提斯[②]，西班牙，1605~1615年。

《天路历程》[③]，约翰·班扬[④]，英格兰，1678~1684年。

《奥鲁诺克》[⑤]，阿弗拉·班恩[⑥]，英格兰，1688年。

薄伽丘（1313~1375）的作品《十日谈》以其巨大的影响力风靡欧洲（对乔叟的影响非常深远），尤其在1470年被印刷成书后，更是家喻户晓。自那以后，《十日谈》中丰富的故事就以不同的面貌不断出现在其他文学作品中，成为大家竞相模仿的典范。其实，《十日谈》的故事框架十分简明，但却扣人心弦。14世纪，黑死病常常肆虐佛罗伦萨这座意大利城市。（正如我们在第6章中曾经看到的，黑死病让1/3的韦克菲尔德人民丧生。）由于那时的医疗技术有限，人们无法治愈这种疾病，唯一能做的就是逃离疫区，祈求不被传染。于是，10名家境富裕且教养良好的男女——3名

---

① 《堂吉诃德》（*Don Quixote*），于1605年和1615年分别出版上下两部，描写了阿隆索·吉哈诺因沉迷骑士故事，与桑丘·潘沙行侠仗义，做出种种匪夷所思的事情。——译者注

② 米格尔·德·塞万提斯（Miguel de Cervantes，1547~1616），西班牙小说家、戏剧家和诗人。——译者注

③ 《天路历程》（*The Pilgrim's Progress*），采用寓言的形式讲述了一个名叫"基督徒"的人知道自己所在的城市将要遭遇灾难，于是踏上艰难的朝圣旅程，以及在路上的所见所闻的故事。——译者注

④ 约翰·班扬（John Bunyan，1628~1688），英国作家、布道家。——译者注

⑤ 《奥鲁诺克》（*Oroonoko*），英国文学史上首部旅行小说。——译者注

⑥ 阿弗拉·班恩（Aphra Behn，1640~1689），英国首位职业女作家。——译者注

男士 7 名女士——便于一座乡村别墅避难 10 天（故事由此得名），等待瘟疫退散。避难期间，为了打发无聊的时光，这支“队伍”（薄伽丘如此称呼他们）决定每人每天讲述一个故事，于是整本书包含了 100 个故事。薄伽丘这位当时意大利最著名的文人专门为书中的 100 个小故事创造了一个名称——“中短篇小说”（novella），在意大利语中意为“新生的小事物”。当然，这些中短篇小故事在此阶段还尚未成为小说。书中的人们讲述这些故事时，坐在橄榄树下，耳听清脆的蝉鸣，手执爽口的饮料，讲述并享受着人世间的温暖。

《十日谈》中各个故事的主题涉及广泛，从妙趣横生的寓言（趋近童话故事）以及新古典主义（创作时汲取了古典文学之精华），到猥亵的故事和喧闹放荡的喜剧，无不着墨于生活的多种形态和无限可能。故事情节构思精巧，而故事基调上却充满了颠覆性。许多故事都讽刺了教会和其设立的统治机构。由此我们可以看出，这部作品是写给年轻人的读物。此外，“中短篇小说”这种体裁随意地打破了文学创作上的条条框框，并无视写作上的种种成规。这也是它新颖独到之处。

拉伯雷的《巨人传》最初是以 5 本各自独立的书籍进行出版的，因此，与《十日谈》相比，它的故事框架并不明晰。它松散地堆砌了许多互相并无关联的逸事以及充满讥讽的笑话。这些内容均是关于两位毫无希望的巨人父子的（从巨人父亲的名字里我们衍生出了形容词“gargantuan”，意为“庞大的”）。这部作品比《十日谈》更加戏谑，或者说行文上更加放肆。故此，数个世纪中，《巨人传》屡屡遭禁。“拉伯雷式的”（Rabelaisian），也成了那些风格类似《巨人传》的、可能遭禁的作品的简称。有时，当社会的道德气候较为严酷时，这一类的文学作品是绝对无法出版的，甚至会遭遇被焚的命运。

尽管屡次被禁，在《巨人传》那充满欢乐的顽皮文风中，实在没有任何污言秽语的存在。相反，其中洋溢着法国人所说的“才智和机敏”（esprit），这个含义在英文中难觅恰当的修饰词，恐怕“高昂的精神”（high sprits）也仅是意义相近。与《十日谈》不同的是，《巨人传》取材于街市，集粗鄙的民间故事和“方言土语”或日常语言的精气神为一体。而这些特点，恰巧是两个世纪后小说必备的组成元素。可是，弗朗索瓦 · 拉伯雷本人却并非出身市井。他是位令人敬仰的饱学修士，在这部漫无边际的幻想作品里，集古典与受世人景仰的文学作品之大成，并将这些精华盘玩于自己的一方创作天地中。这位作家甚至在自己的序言中大胆宣称，给读者带来快乐，才是文学创作要达到的彼岸。拉伯雷亦未食言，他出色地完成了自己定下的目标。

作为上列长篇小说雏形中的第三部，《堂吉诃德》可谓家喻户晓。可现今鲜有人完整地阅读这部作品。米格尔 · 德 · 塞万提斯身兼外交官及军人的身份，拥有不同寻常的丰富经历。人们猜测他创作《堂吉诃德》的想法可能产生于战败被囚的无聊岁月。在这部小说创作的时代，人们并不像今天一样过着繁忙的生活，他们有更多的闲暇时光。这个故事的情节相对简单，实际上可以说毫无情节可言。《堂吉诃德》的出现让各式“流浪汉小说”（picaresque）风靡起来。这种小说形式是随着地点的不断变化而开展叙述。故事的主人公（实际看起来却更加反英雄）名叫阿隆索 · 吉哈诺（Alonso Quijano），是一位住在拉曼查[①]过着宁静退休生活的中年乡绅。然而，这种生活实际上却并非平静如水。阿隆索的脑袋里充斥着古代骑士冒险故事，并深受其害。这些故事宣扬骑士精神和侠义行为。他幻想着自己是故事中的一位骑士——“拉曼查的堂吉诃德”——身着自制的纸板盔甲，踏上了征途。同时，他征召了一名叫作桑丘 · 潘沙的肥胖农民作为自己的扈从，还将一匹衰弱的老马“罗西南特”定为自己的军马。

等待着堂吉诃德的将是一系列富有喜剧性的冒险或者“漫游”。其中，最著名的便是他与风车之战。堂吉诃德疯狂地将风车幻想成一个巨人。在经历了一连串与之类似的灾难之后，堂吉诃德返回了家乡，虽万分沮丧，却好歹心智正常。他再一次变成了阿隆索 · 吉哈诺。临终之时他立下遗嘱，并极力批判了荼毒其思想、蹉跎其人生的骑士冒险小说。

① 拉曼查（La Mancha），西班牙中南部的高原地区。——译者注

然而，在这位身形佝偻、心智蒙昧的老人，他的老马和那位肥胖怯弱的“扈从”勇敢地与风车搏斗的行为中，我们仍旧能体会出一些感人，甚至是可敬的瞬间。与其他伟大的小说一样，《堂吉诃德》让世人久久回味，思考良多。阿隆索·吉哈诺究竟是愚人，还是可爱的理想主义者？这个问题的答案在“quixotic”（堂吉诃德式的）这个出自《堂吉诃德》的形容词中依旧迂回含蓄，耐人寻味。

自300年前《天路历程》出版以来，这部位列第四的长篇小说雏形便成为紧俏的畅销书。它对后世的英语小说创作影响极为深远。其作者约翰·班扬是位地道的工人阶级的孩子。他自学成才，因传播异教（非官方宗教）罪身陷囹圄后，在狱中创作了这部作品。班扬的父亲是位从事流动销售的小贩——身背包袱，手拿货物，疲劳地游走于乡间。这对于班扬来说，就是生活本真的形态。然而，除了人间的疾苦，他同时还被另一种力量驱使着，这就是《圣经》中上帝对公义之人应许的永恒的福分。可是，班扬眼中的公义良善却与权力机构所认为的截然不同。于是，便招致了牢狱之灾。幸运的是，对于我们读者来说，便有了《天路历程》。

和塞万提斯一样，生命在班扬眼中亦是一场征途。但班扬在这场征途中所追寻的却是明确之物——愉悦山上闪闪发光的圣城。他所追寻的是基督徒的自我拯救。在到达这一目的地的途中，人们要战胜的不是仇敌，而是对基督徒的重重试炼中的负面因素：沮丧（“绝望的泥沼”）、怀疑（“怀疑城堡”）、妥协（“两面派先生”），还有最危险的诱惑之城——“浮华市集”。

故事的开场十分具有戏剧性。主人公基督徒正在阅读一本书（我们可以推知这本书是《圣经》，且是英文版《圣经》，见第 8 章）。他所读到的内容引发了他内心一个可怕的疑问：人类要如何被拯救。突然间他跑了出去，并大喊“生命，生命，永恒的生命”。他深知自己应该怎么做，可是妻儿却纷纷阻止他。但他对此掩耳不闻，甩下妻儿，踏上征途。你问他缘何如此狠心？因为每个人唯有自救才能获救，这是基督教的一条中心教义。正如我们将在下一章中看到的，个人主义将成为小说这种文学形式的重要元素，这也是为什么众多的小说作品以其主人公的名字作为书名，如：《汤姆 · 琼斯：一个弃儿的故事》[①]《爱玛》《织工马南》[②]等。

《天路历程》还在其他许多方面为后世几百年的小说创作提供了素材。20 世纪作家 D · H · 劳伦斯[③]将这部小说称为“闪亮的生

---

① 《汤姆 · 琼斯：一个弃儿的故事》（*The History of Tom Jones*，1749），英国首位小说家亨利 · 费尔丁的作品。——译者注

② 《织工马南》（*Silas Marner*，1861），英国女作家乔治 · 艾略特的作品，描写了纺织工塞拉斯 · 马南坎坷的经历。——译者注

③ D · H · 劳伦斯（D. H. Lawrence，1885~1930），英国作家，代表作有《儿子与情人》《恋爱中的女人》《查特莱夫人的情人》等。——译者注

命册”——犹如一本现代《圣经》，献给一个传统宗教经典无法企及的时代。劳伦斯所写的一类小说（如简·奥斯汀、乔治·艾略特、约瑟夫·康拉德[①]的作品一样）探讨的是如何正确地践行生命，完成自我实现——即班扬所说的“自我救赎”。这样的写作风格是由历史环境和个人境遇共同造就的。这是英国小说的“伟大传统”，由《天路历程》开始就一直延续。

5部长篇小说雏形中的最后一部因其作者为女性而更受关注。这个光辉的名字便是阿弗拉·班恩。要知道，那时的女性尚要等待两个世纪才能享受和男性平等的社会地位。仅仅是这一点，就足以令阿弗拉·班恩更加引人注目。但是，令班恩更加光彩夺目的是她极巧妙地让自己伟大的文学天赋在王朝复辟[②]那段动荡的历史岁月中适应并发展。

对当时的历史事件稍加阐述，能让我们更好地理解班恩女士卓越的文学成就。英国内战（1642~1651）结束以及处决查理一世后，凯旋的克伦威尔继续权倾议会并建立起一个称为“英伦三岛共和国”（Commonwealth）的共和政体。同时，他在整个国家中

① 约瑟夫·康拉德（Joseph Conrad，1867~1924），生于波兰的英国小说家。代表作有《黑暗之心》《吉姆爷》《密探》等。——译者注

② 王朝复辟（Restoration），1658年克伦威尔去世后，英国各地议会争夺权力，斗争不断，国内政局动荡。1660年5月，流亡法国的查理·斯图亚特重返伦敦登基为查理二世，史称“斯图亚特王朝复辟”。——译者注

实施铁腕的清教徒独裁统治，由强大的摄政军队（圆颅党人[①]）作为背后支持。在这 11 年的共和政体（1649~1660）期间，国王查理一世的儿子，也就是日后成为国王的查理二世，与朝臣一同避难法国，在那里享乐。

克伦威尔与其政党均是残忍的道学家。在他的统治期间，许多酒馆、赛马场、斗鸡场、妓院均被关停。对人们的日常生活造成最大影响的是，连剧场也难逃劫数，面临被关闭的命运。印制书籍或文字时，也要经过严格的审查。对于文学创作来讲，这是个艰难的时代。在此期间，戏剧绝迹了。

最终，底层人民对于更多自由和欢乐（cakes and ale——莎士比亚笔下人物福斯塔夫[②]的说法）的呼求形成了一股巨大的冲击力，带来了君主政体的复辟。1660 年，查理王子自法国返回英国，并于 1661 年加冕登基。国家与人民在宗教的宽容程度上达成妥协，克伦威尔的尸身也从威斯敏斯特大教堂的坟冢中被挖出，并被碎尸万段。剧场、妓院和酒馆也得以重见天日，并得到了来自皇家和贵族的宽容和赞助。查理二世尤其喜爱戏剧（特别是舞台上的女性演员，最著名的是桂鼐尔，她曾在剧院的乐池边卖橘子），并由皇室出资赞助戏剧发展。

---

① 圆颅党人（Roundhead），英国内战期间的议会派分子。——译者注

② 福斯塔夫（Falstaff），出现在莎士比亚历史剧《亨利四世》和《亨利五世》中的一个丑角。——译者注

杰弗里·约翰逊（Eaffrey Johnson，后自行改名为阿弗拉，婚后姓班恩）恰好成长于内战期间。阿弗拉的父亲是一位理发师，所服务的客人中有居高位的政客贵胄。拜此所赐，他于1663年被任命为英属南美殖民地苏里南[1]的地方长官，在任期间阿弗拉一直陪伴着他。在那里的种植园中，奴隶耕种着蔗糖作物，却被粗暴地虐待。父亲去世后，阿弗拉返回英格兰，脑海中抹不去的却是苏里南奴隶的苦难和基督教奴隶主的伪善。阿弗拉婚后很快守了寡。在17世纪70年代早期，她开始了戏剧创作，成为首位女性剧作家。可是，阿弗拉于1688年出版的小说作品《奥鲁诺克》，亦名《王子的奴隶生涯》（*History of the Royal Slave*），却被公认为她的代表作。阿弗拉去世后，被葬于威斯敏斯特主教座堂（Westminster Cathedral），是首位享此殊荣的女性作家。弗吉尼亚·伍尔夫[2]指出："所有女性都应当向她的坟茔上抛洒缤纷落英……因为班恩为女性们赢得了话语权。"

标题虽宣称《奥鲁诺克》是个"真实的故事"，可它实际上却为虚构。它讲述了一位名叫奥鲁诺克的非洲王子和他的妻子伊莫因达被运到苏里南的种植园做苦力的经历。他的历史被一个不具名的年轻英国女子记下，她是刚刚去世的苏里南副总督的女儿。

---

① 苏里南（Surinam），南美洲国家。——译者注

② 弗吉尼亚·伍尔夫（Virginia Woolf，1882~1941），英国女作家。代表作有《达洛维夫人》《到灯塔去》《墙上的斑点》等。——译者注

奥鲁诺克杀死了两只老虎，并且，他与电鳗（可使人麻木）的战斗也被详细地描述。他组织了一场起义，却因遭欺骗而功败垂成。于是，奥鲁诺克被抓获，并被一群白人乌合之众以残忍的方式处决。《奥鲁诺克》篇幅不长（约 80 页，28 000 字），缺乏复杂的写作技巧和引人入胜的悬念设置。它给读者的平实感不同于 30 多年后丹尼尔 · 笛福[①]所写的《鲁滨逊漂流记》带给人们的刺激感。但是，这依然是一部卓著的作品，并为其作者赢得了先锋小说家的美誉。《奥鲁诺克》虽有差距，可几乎是一本长篇小说。

亨利 · 詹姆斯[②]将长篇小说称为“小说之屋”。这座屋宇建立在 5 位作家所奠定的基石之上，并伴随着《鲁滨逊漂流记》的诞生一同崛起。下一章中，我们将详细讨论《鲁滨逊漂流记》。

---

① 丹尼尔 · 笛福（Daniel Defoe，1660~1731），英国小说家、新闻记者。——译者注

② 亨利 · 詹姆斯（Henry James，1843~1916），英国及美国作家，代表作有《贵妇的肖像》。——译者注

第 13 章
真实的谎言

笛福

第 12 章带领我们完成了一场现代小说的寻根之旅。而本章将要探讨的，可谓是现代小说的第一枚硕果——《鲁滨逊漂流记》。其作者丹尼尔 · 笛福被公认为现代小说流派的开山鼻祖。在 18 世纪早期以及中期，跟随笛福、塞缪尔 · 理查森[①]、亨利 · 费尔丁以及劳伦斯 · 斯特恩[②]的足迹，我们可以看清现代小说是如何从充满人文主义的原初故事讲述中崭露头角的。

一切事物的产生都是有原委的，小说的诞生也不例外。为何我们（而非他人）称之为“小说”的“新鲜事物”会在那个特定的历史时间产生于那个特定的地点（伦敦）？答案是小说和资本主义同时萌芽于同一片土壤。这两件看似毫不相关的事情，却是

---

① 塞缪尔 · 理查森（Samuel Richardson，1689~1761），英国作家及印刷商，代表作有《帕梅拉》《克拉丽莎》等。——译者注

② 劳伦斯 · 斯特恩（Laurence Sterne，1713~1768），出生于爱尔兰的英国作家，代表作有《项狄传》《感伤旅行》等。——译者注

密切相连的。

这么说或许会清楚些。鲁滨逊·克鲁索被流放到荒岛之后，全靠自己的努力积累财富，他便是新兴的经济体制下的新一类人。经济学家们也常常将鲁滨逊视为一个“经济人”，即商人的例子。如果我们用心地阅读笛福的这部小说，将会发现它如一面镜子般真实地反映了同时代伦敦金融界的图景，例如账房、银行、店铺、批发商店、办公室以及泰晤士河畔的码头。这是一个属于敢于冒险的商人、资本主义以及创业精神的时代。你的生活将完全由自己主导。或许，你会像迪克·惠廷顿[①]一样，身无分文地来到伦敦，却发现这里遍地黄金。要知道，在中世纪，没有任何一个佃农会奢望成为骑士。而在现代小说萌芽的时代，社会流动性却成为资本主义这一复杂体系的圆心。在伦敦，即使地位最低微的小职员也有希望成为行业领袖。或者，像迪克一样成为伦敦市长。

在当时的社会中，人们自力更生。每个人都有自己的财产，同时渴望在这个同侪辈（“自我”和“他人”泾渭分明）合作与竞争共存的复杂社会体中拥有更多的私人财产。此时，创业精神正建立在对这样的社会的理解之上。还记得约翰·邓恩的诗句说，人都不是孤岛，也无法单打独斗地过完一生。可是，在《鲁滨逊漂流记》所描绘的那个世界中，人就是孑然一身，遗世独立的。

---

① 迪克·惠廷顿（Dick Whittington），英国民间故事《迪克·惠廷顿》的主角。讲述了孤儿迪克听说伦敦遍地黄金，便只身前往的故事。——译者注

即便那些未曾读过《鲁滨逊漂流记》的人，也对这部小说略知一二。简而言之，故事的梗概是这样的：一位住在萨福克[①]的青年与自己的商人父亲发生争执，于是身无分文地离家出海了。历尽艰险后，他成为一名商人。鲁滨逊的贸易涉及许多方面，如：奴隶、咖啡，以及其他值得在欧洲与美洲之间流转销售的货物。鲁滨逊是个不折不扣的“新人”，一个懂得顺势而为、应时而行的人。

在某次贸易航行中，鲁滨逊所搭乘的船只自巴西返回时，在一场暴风中沉没了。船员全部遇难，而鲁滨逊则漂流至一处荒岛，并在那里一待就是 28 年。他用自己的衣物设法靠了岸，并在岛上开拓殖民地。离开海岛的时候，鲁滨逊已然变得富有。他到底是如何做到这些的？因为鲁滨逊拥有创业精神，他抱着试试运气的心态积极开发岛上的自然资源。此外，尽管经历了种种磨难，他依然笃信上帝，未失信念。实际上，鲁滨逊内心清楚，造物主对他百般试炼，也应许了他这座小岛和他在岛上的作为。这是上帝的奇异恩典，也是鲁滨逊自己的努力成果。

细读《鲁滨逊漂流记》甫出版时（确切地说，出版于伦敦金融商业区）的扉页，我们不难发现，作为一种体裁抑或独特的文学形式，小说是如何发展演进的。1719 年，当这本书的第一批读

① 萨福克（Suffolk），位于英格兰东部的郡。——译者注

者首次翻开扉页时，映入他们眼帘的是鲁滨逊·克鲁索这个名字和“出自他自己之手”的字样。而笛福的名字却没有出现。这样的设计意在宣称这本书是一本关于旅行和冒险的真实故事。于是，许多初读者便掉入了陷阱，相信这世上真有一位鲁滨逊·克鲁索，他在距离南美奥利诺科河[①]河口不远处的一个荒岛上独自生活了 28 年，且在那里获得了财富。

透过《鲁滨逊漂流记》，我们初次得以与一种成熟的叙述方式面对面。这种方式便是“现实主义”——并非描写真实发生的事件，但与之极其相似。具体到笛福的例子，《鲁滨逊漂流记》讲述的究竟是一个真实的故事还是仅仅是写实的叙述？这样的迷思来源于书籍出版前 4 年关于一名水手流落荒岛的畅销故事（和笛福作品讲述的故事类似）。很显然，笛福曾经拜读过这个故事，并巧妙地运用了它。故事终究是故事，尽管鲁滨逊最终成功，可其他流放荒岛的人们没能出人头地，反倒生活悲惨。这就是真实的生活，而非小说。1719 年的读者们却不似我们一般清醒，容易轻信的他们看到书本的扉页便深信这是一位旅行者的“真实”故事。

文学随时间的流逝而变迁，一同改变的还有我们阅读文学的方式。笼统地讲，今天的我们比 300 年前的先人们更精明老练，不再如他们一般容易上当（当然，有时我们也会被蒙蔽——经常

① 奥利诺科河（Oroonoque river），发源于帕里马山脉的南美重要河流。——译者注

会有一些本列在非小说类畅销书单中的读物进入了小说类排行榜，反之亦然）。当初读笛福小说的人们激动地翻开书页，他们中并非所有人都精于“双重思考”这一现实主义文学的精髓。人们将其称为“真实的谎言”。而如今，随着人们越来越多地接触现实主义文学，读者们已具备熟练的双重思考技巧。这一阅读技巧也大大地增加了阅读小说的乐趣。

对寻常读者来说，《鲁滨逊漂流记》平铺直叙式的开篇段落让他们没有理由不相信自己正阅读的就是一部真实的自传。下面正是小说开篇，我们可以试着读一读，并试想自己阅读的并非上帝箴言般真实的东西：

> 1632 年，我出生于约克的一个富裕家庭。但我不是本地人，我的父亲来自不莱梅，他移居英国后，起先住在赫尔市。他做生意起家，然后便放弃了生意，搬到了约克，与我的母亲结合。我母亲娘家姓鲁滨逊，是当地的名门望族，所以我从母亲那得到了鲁宾逊·克罗伊茨内这个名字。但是，这个名字用英文发音实在困在，于是大家就叫我们克鲁索。我于是也这样称呼自己和书写自己的名字。接着，朋友们也索性这样叫我了。

这段话读起来就像个真实故事。一位原名叫作克罗伊茨内的青年，后来改名为克鲁索。

《失乐园》(一种不同类型的故事)自开篇便展示出作者弥尔顿要“歌颂”的意愿(歌唱人类的首次悖逆以及这种行为产生的后果)。阅读《失乐园》时,读者们头脑清晰,角色分明。他们知道自己在欣赏一首诗歌,并随着阅读到的内容即刻调整自己的眼睛、耳朵和大脑。相比之下,笛福则更善于蒙蔽读者的双眼。当我们在阅读笛福时,我们究竟在阅读什么呢?他的书仿佛在暗示我们:书中的一切均为事实,可又仿佛不那么明确。形而上地说,读者此时陷入了一种被作者控制的迷惑中(时而感觉虚假,时而感觉虚幻,实际上是一种真实的虚假),从中,他们获得极致的乐趣。作为一种文学体裁,这便是小说常与读者们做的小游戏。读者也会在阅读中逐渐喜欢上小说。

随着故事的讲述,鲁滨逊经历了许多惊心动魄的冒险(这也是吸引年轻读者的原因之一)。比如,他落水后几乎淹死,被海盗俘虏,做阿拉伯人的奴隶,最终克服种种逆境,成为南美洲富有的种植园主和奴隶主。然而,在一次获得更多金钱的旅行途中,鲁滨逊发现自己独落荒岛,一无所有了。从最基本的叙事水平上说,鲁滨逊的故事十分引人入胜。这么说的原因是,读者们一面思考着鲁滨逊是如何在没有基本生活必需品和他人的帮助下战胜恶劣的自然环境、野兽和食人族的,一面却在心底暗暗希望他做到这一切。然而,在平淡的叙述下,别忘了前文所说的,鲁滨逊终究是个经济人。他的故事实际上是关于财富和如何获得财富的。

任情节何其跌宕起伏，冒险如何惊心动魄，财富的创造才是这本书的主题。

在船只失事不久后，鲁滨逊曾做过多次艰苦的努力，试图在船只破碎以及所有货物倾覆之前回到上面。他将手边的材料当作救生筏，拿回了认为有用的物料。之后，他将拿回的物资列了一个详细周密的清单。毫不掩饰地说，他拿走了船长保险箱里的 36 英镑。他一面心想着这笔钱在孤岛上或许有用，一面又惦念着不请自拿是为窃。在这左右为难的斗争后，鲁滨逊还是拿走了这笔钱。这个小插曲被描写得十分生动。然而，插曲背后的主旋律是什么呢？是金钱，插曲事件意在烘托和渲染这一主题。

接下来的 28 年中，鲁滨逊用他带上岸的物资维持着自己的生活，并开始在岛上耕种。岛上的一切事物都是他的财产。他将自己封为岛主（或岛上的王）。从这一角度来看，我们将《鲁滨逊漂流记》视为一则关于君权帝国和英格兰的寓言。因为此时的英格兰正逐渐侵占世界版图上的大片地区，并将其划为日不落帝国的疆土。

多年之后鲁滨逊获得了一位伙伴。这位伙伴是邻岛的土著，为了躲避食人族而只身逃往鲁滨逊所在的岛。鲁滨逊给这位伙伴起名为“星期五”（因为鲁滨逊在星期五发现了他），并让他成为自己的仆人。更重要的是，星期五是他的奴仆——更坦率地说，是奴隶。在故事的结局中，鲁滨逊卖了星期五（尽管他曾多次救了自己的主人)。这就是对无用之物的处理方式，更何况还能在市场中获得一个好价格，何乐而不为？笛福对如此残忍无情的行为既没有赞同，亦未曾支持，他仅仅阐明了行为本身。

纵观英国文学鳞次栉比的大家，丹尼尔·笛福是其中最有趣，亦是最多才多艺的一位。在他漫长的一生中（那时尚算漫长），笛福做过小册子作者、商人、新兴的证券交易所中的投机者、政府间谍，以及公认的“英国报业之父”。直至笛福晚年开始创作小说之前，报业都是他生计的主要来源。他从未富贵，有时亦触犯法律，在晚年甚至穷困潦倒。笛福创作的书籍、手册以及日报总数多达上百。可是直到年迈之时，笛福才创作了我们现称为英文小说的作品。除了代表作《鲁滨逊漂流记》之外，他还出版了许多小说，可这些作品在那个世纪无一流行。接下来的300年时间，英语小说才成为主流的文学形式之一。直至19世纪，它成为真正的主流文学。就《鲁滨逊漂流记》自身的成就来说，它无疑是一本出色的小说。它彰显了伟大小说所应具备的罕见特点，表达了大多数文学作品所无力表现的主题。它为一些极佳的文学才华敞开了一扇大门，让它们得以生生不息，薪火相传。如果弗吉尼亚·伍尔夫可以让女性们向阿弗拉·班恩的坟冢上撒花，那么我们则可以在丹尼尔·笛福的坟茔上放些英镑和美金。

第 14 章 如何读书

约翰逊博士

我们人生中遇到的首位文学评论家恐怕要数语文老师了。我们在学生时代所遇到的这些前辈帮助我们理解，或者更透彻地赏析文学作品中不易理解的美妙之处。文学作品出自名家，文学评论中亦包含着某种名家之言，是来自比我们更加博学之士的金玉良言。

本章的主角是塞缪尔·约翰逊。他可靠的传记作者詹姆斯·鲍斯韦尔[①]称其为"约翰逊博士"，于是后世通常也沿袭了这一称呼。这一称呼缘何而来？即使如莎士比亚和简·奥斯汀这样的文学巨匠也并未被尊称为"先生"或"女士"。我们称约翰逊为博士就如在学生时代称呼老师"先生"或"小姐"一样。约翰逊如老师一样拥有权威，他了解我们所不知的领域。"博士"这一

---

① 詹姆斯·鲍斯韦尔（James Boswell，1740~1795），英国传记作家，代表作有《约翰逊传》《游赫布里底诸岛日记》等。——译者注

称呼从字面上说明了被称呼者学识渊博。有趣的是，约翰逊博士的第一份正式工作便是教书——一手拿粉笔，一手执教鞭。之后，实际上约翰逊博士从未放下过这些教具，并毫不犹豫地用它们鞭笞低劣文学和不入流的文学思想。这份对文学的勇敢的捍卫之心，使他在读者心目中显得愈发可爱。

正如我们所见，文学（通过史诗和神话的形式）对古希腊及拉丁古典文学的追溯已然足够久远。塞缪尔·约翰逊是英语文学的首位杰出评论家。而他一如自己所教授的“学科”一样，当文学创作的手法已达到先进的历史进程时，约翰逊方才登上文学历史的舞台。约翰逊博士是十分典型的18世纪作家——这个以社交技巧和优雅举止为傲的时代产物。那时的文人将自己视为“奥古斯都时代文学学者”（Augustans）——以奥古斯都皇帝统治下的鼎盛时代中，古罗马文学所达到的顶峰时期而命名。18世纪的作家们以此来明志，誓要复制这一时代的光荣与梦想。也正是在18世纪，一些伟大的社会机构及制度（议会、君主政体、大学、商界和出版业）得以以现代的全新面貌示人。在这其中，便有我们今天所称的“图书世界”。约翰逊在其辉煌的岁月中，执掌着这个图书世界。因此，他亦得名“大可汗”（可汗又称“汗”或“王”）。

我们对约翰逊的生平十分了解。他的年轻好友亦是弟子詹姆斯·鲍斯韦尔为他撰写的传记让我们得以纵观约翰逊的一生。在詹姆斯·鲍斯韦尔的笔下，一个可爱而又生动的形象跃然纸上。

下面的选文记载了詹姆斯·鲍斯韦尔回忆他首次见到约翰逊的情景——这位杰出的评论家正如野兽般尽情饕餮晚餐：

> 他的目光仿佛被钉在了盘中之物上；除非有贵客列席，否则约翰逊飨宴完毕前不会发一言，亦不会注意他人的言论。其进食的过程异常激烈而急促，额头上青筋显露，大汗淋漓。

在这样的首次会面时，约翰逊和鲍斯韦尔享用了两杯波特酒。于是，维系终生的友谊便从那美好的时刻开始了。

塞缪尔·约翰逊出生于一个名叫利奇菲尔德的小市镇。他是位书商的儿子（是书商的老来子）。幼年时，他罹患淋巴结核，因此视力极大受损。但是，约翰逊的阅读水平却相当惊人，尽管他需要十分靠近烛光以至于烧着了头发。

在很大程度上依靠自学的情况下，塞缪尔3岁时即可背诵《圣经·旧约》，6岁时便可将由拉丁文书写的名著翻译成英文。9岁时，塞缪尔在地下室厨房从父亲的书架上取下一卷《哈姆雷特》。书中的文字在这个孩童的脑海里激起了丹麦城市埃尔西诺和鬼魂的幻象。这可吓坏了年仅9岁的约翰逊。于是，他扔下书本，冲到街上，看到身边来来往往的行人这才安心。自这次亲密接触后，约翰逊便开始了他与文学的罗曼史。此后，文学便成了他生命中最重要的事。

在约翰逊童年时期，他的家庭数次徘徊在破产的边缘。可是，一笔意外的遗产，让他得以进入牛津大学。当这笔钱用尽时，他也不得不在未取得学位前离开了牛津大学（半个世纪后，大众出于对他的尊重，给予了他博士头衔）。返回利奇菲尔德后，约翰逊与一位年长的富有寡妇成婚。在这样的情况下，约翰逊成了一位好丈夫，而他的妻子泰蒂则以自己雄厚的资金帮助他开办了一所学校，可无奈只招来了3名学生。在其妻子的葬礼上，他决意与3名学生之一，后来成为著名演员的戴维 · 加里克[①]一同踏上他所谓的“康庄大道”——前往伦敦。约翰逊将当时伦敦莫菲尔德贫困社区里的一条街道命名为“格拉布街”（Grub Street），这条街上住满了以文字为生的寄生虫般的人们。约翰逊将此地称为他的文学世界，并要在其中崭露头角。他不依赖赞助者（并鄙夷他们）或者私人赠予，而是要凭一己之力闯出一片天地。除了其他的成就外，约翰逊还可以自豪地说自己是位自给自足的独立职业作家。

约翰逊也以新古典主义的风格创作了一些优美的诗作。他同样是位散文文体学家，也涉足小说领域，创作了《拉塞勒斯》[②]。约翰逊仅用了两周就匆忙完成了这部小说，只为筹钱给母亲办一

① 戴维 · 加里克（David Garrick，1717~1779），英国演员、作家、戏剧导演，代表作有《妙龄小姐》《邦 · 顿或楼上的高级生活》，也曾多次出演莎士比亚的戏剧作品。——译者注

② 《拉塞勒斯》（*Rasselas*，一译“幸福谷”），讲述了尼罗河畔的王子与同伴跋山涉水，追寻幸福真谛的故事。——译者注

场风光体面的葬礼。（即便葬礼场景悲伤，但排场和效果均是极佳的。）约翰逊对于人之处境的看法总是保持深切的悲观。他相信，人生“有太多需要隐忍，太少值得享受”的地方。他的忧郁在长诗《人类欲望的虚幻》①中，被表现得长阔高深。这样的主题在诗题中便可见一斑。然而，即便约翰逊对生活抱持着悲观萧索的态度，他依然认为人应该充满勇气地活着，正如他自己一样。

在约翰逊的诸多成就中，文学评论是他最受尊崇的一个领域。作为一位评论家，他将两股清泉注入了人们对文学作品的理解和赏析的汪洋中。其一是“秩序”，其二是“常识”。约翰逊眼中的常识是具有传奇色彩的，这一点在他与鲍斯韦尔的一段对话中有生动的体现。这场交谈发生在他们散步的途中，约翰逊表达了自己的新潮观点：任何事物都不存在，宇宙中的万事万物仅是意象，是假象。之后，这一观点因为哲学家伯克利主教（Bishop Berkeley）的传播而广为流传。鲍斯韦尔认为约翰逊的理论从逻辑上是不可辩驳的。对于鲍斯韦尔的赞同，约翰逊的反应却十分激烈，他一边用脚踢着横在路中的大石头，一边激烈地大声喊叫道：“那么我反对这一观点！”

在文学评论方面，约翰逊秉持着同样的常识。他自称愿意与大众读者观点一致。他从不因博学而对普通读者盛气凌人，这只

① 《人类欲望的虚幻》（*The Vanity of Human Wishes*），作于 1749 年。——译者注

是约翰逊的魅力之一。更有趣的是，他十分尊重年轻人的思想，这一点在文学评论界是十分不寻常的。在与约翰逊的另一次交谈中，鲍斯韦尔问这位前校长，哪些学科最适合刚开始学习的孩子们？约翰逊却认为这一点无关紧要，并回答说："当你还在两门学科中选择先教你的孩子哪一门的时候，另一个孩子已经把它们都学会了。"

在约翰逊的成就中，影响力最为经久不衰的要数他为文学鉴赏引入的秩序和可操作的流程。这一点体现在两部不朽的巨著中：一部是其编纂的《英语大辞典》[①]，另一部是其选集《诗人列传》[②]。1745 年，一群书商蜂拥而至，争相为约翰逊提供资助。于是他开始研究和酝酿编纂《英语大辞典》。直到后来赞助者们纷纷离开，约翰逊仍笔耕不辍地单独完成了这本辞典的编纂工作。这项工作几乎耗费了他 10 年的光阴，消减了他本就微弱的视力。成书之时，政府授予他每年 300 英镑的养老金。这项奖励可谓实至名归，因为这本辞典服务的是英国人民及整个国家。

甫出版之时，这本包含两卷的《英语大辞典》有小型咖啡桌那么大。辞典中的许多古怪但充满机智的词条注解极负盛名（如"赞助人：通常指卑鄙之人，他们以傲慢资助，受助人却要以奉承

① 《英语大辞典》(*Dictionary*)，编纂工作开始于 1747 年，直至 1755 年完成，开创了英语词典学的新阶段。——译者注

② 《诗人列传》(*Lives of the English Poets*)，约翰逊生前最后一部重要著作。记录了 17 世纪起至约翰逊同时代的诗人共 52 位。——译者注

报答”)。可是，这部辞典的深层创作原则却是雄心勃勃的，这一点从扉页上的完整描述中便可知晓：

> 这是一部用英语写成的辞典：其中，词汇由词源被演绎而出，它们的不同含义由名家笔下的最佳使用范例解释。辞典前附有《英语语言史》及《英语语法》。塞缪尔·约翰逊编著。

约翰逊不仅在辞典中给出词汇的解释，而且还追溯了词义如何随时间的推移而演变的过程。此外，他还列出了词汇所有的歧义和因使用场合、时间和方式的不同而造成的一词多义现象。他用大约 15 万个历史事例展示了这样的复杂性。

为了让读者对上述内容有更好的理解，我们可以以约翰逊所选择的名家笔下的最佳词汇使用范例之一，也是当时震撼了 9 岁约翰逊的作品——《哈姆雷特》为例来进行说明。当溺水身亡的奥菲莉娅被埋葬时，格特鲁德一边向坟墓中抛撒了些什么，一边说“美好的祝福给甜美的人，别了！”(“Sweets to the sweet. Farewell!”)。可格特鲁德究竟向墓中抛撒了些什么呢？是巧克力、饼干，还是方糖？都不是，她撒的是鲜花。对于伊丽莎白一世时期的文人来说，形容词“甜”(sweet)首先意味着人们可用嗅觉感知的气息，而非一种舌头品尝的味道。而后者才是我们今天多用的词义。这一早期的使用方式和其他许多类似的例子一样，被约翰逊一一记录。约翰逊通过《英语大辞典》证明的最重要的一点是：语言，尤其是作家使用的语言，绝不是一成不变的。语言是有生命的有机体，时刻都在不断变化。

约翰逊的另一巨著是《诗人列传》。这本书出版于1779~1781年间，它的扉页同样启迪人心：

> 本书记载了最杰出英语诗人的一生，以及塞缪尔·约翰逊对他们作品的评论观点。

约翰逊借由对书中52位杰出诗人的生平和作品的讲述，意在说明鉴赏文学时，需要将有价值的部分和不太有价值的部分区分开来。在英美许多著名国家图书馆中，藏有数以百万计被归为“文学类”的作品。在我们有限的生命中，该如何在浩如烟海的群书中选取值得阅读的书籍呢？文学评论可以为我们提供一份“书单”（学校规定我们必读的书目）和一个“标准”——这是优中选优后的结果。

但是，我们是否应该不加选择地赞同文学评论的观点——逆来顺受地臣服于评论家的权威？当然不是。我们可以用一个心理游戏来加以说明。设想一下，全班30名学生都在解一道代数方程题。对代数学来说，任何问题都有一个正确答案。再设想一下，下节语文课上，同样的班级被问及“《哈姆雷特》这部戏剧讲述了什么”，那么，老师将会得到五花八门的回答，从“何为认命国王的最佳方式”到“自杀在何种情况下才是适当的决定”。如果学生们只是简单地对他人的回答人云亦云，那将是思想的灾难。

约翰逊深知，从采纳他人对文学作品的评论，到权衡这些评论，再到形成自己的观点，这3步之间有着复杂的界限。他曾经说过，文学评论的过程应该如同羽毛球运动，而最后形成的观点应当像羽毛球一样被来回掂量，反复斟酌，方得共识。在这一点上，我们亦可以持有与约翰逊不同的观点。他尊崇莎士比亚并编辑了他的戏剧作品（编辑是文学评论家可做的最有价值的事情）。在约翰逊眼中，莎士比亚就是天才。他对莎翁的敬仰，在他对其作品的编辑和评注中随处可见。而这些编著和评论也使约翰逊成为英国伟大作家之一。尽管如此，他仍认为《哈姆雷特》的作者缺乏世故和优雅——未受过教育，甚至思想简单。莎士比亚缺乏约翰逊及其侪辈作家所奉为圭臬的东西，那就是礼仪。莎士比亚所生活的那个未开化的时代造就了他的作品。我们中大多数人或许不会赞同约翰逊对于莎翁的这一评论。提出异议是最慷慨大度、思想开放的文学评论家约翰逊所赋予我们的特权。他授人以渔，教会我们如何锻造属于自己的思想。

第 15 章
浪漫主义的革新者

作家们的文学生涯不是都可作为素材拍成引人入胜的电影的。因为作家们的日常工作便是在草稿纸上潦草创作，这显得毫无新意，更勿论戏剧性了。可是，约翰·济慈（John Keats, 1795~1821）却是个例外。2010年的一部电影佳作《明亮的星》（*Bright Star*），讲述的就是济慈短暂的一生。电影名称取自一首十四行诗——“明亮的星，愿我如你一般坚定”。这是济慈于1819年写给心爱之人范妮·布朗（Fanny Brawne）的。诗中，济慈有这样的渴望：

> 愿在我爱人的酥胸上枕卧，
>
> 永远感受它柔软的起伏，
>
> 在甜蜜的不安中永远清醒，
>
> 安静地，安静地聆听她温柔的呼吸，
>
> 要么永生——要么在喜悦中死去。

可叹的是，济慈从不曾有机会愉快地枕卧爱人的酥胸。范妮的母亲认为她太过年轻而不适宜结婚（济慈时年25岁，范妮19岁）。更何况范妮的家世比济慈的显赫，社会地位高于济慈一两个阶层。如此一来，如果范妮决定结婚便是“下嫁”济慈。济慈出身贫寒，父亲是马厩的雇工领班。他学医失败，在诗界又尚未声名鹊起。更糟糕的是，他还有许多持有危险政见的激进派朋友。于是，范妮的寡母对此保持着警惕。当知晓济慈还有肺结核的症状时，她对于二人婚姻的反对显得更加明智。济慈的兄长汤姆不久前刚因罹患肺结核去世，而他的母亲亦是死于此种疾病。于是济慈前往罗马，希冀着治愈自己的肺疾。然而，济慈没有想到自己的诗句“在喜悦中死去”（swoon to death）早已一语成谶。他在罗马这座不朽之城中逝去了，永远地保留着对范妮至死不渝的爱。济慈为何要围绕“明亮的星”（北极星）这个意象来编织对范妮的爱呢？这是因为他在暗指时运不济、命运多舛的（star-crossed）爱人罗密欧和朱丽叶，好像早已预料到了自己和范妮将会面临相同境遇一样。

上文已经总结了济慈的一生，因为他的人生就是一个浪漫的故事，这个故事也被搬上了电影舞台，依旧感人至深。但是，当我们细数济慈、华兹华斯、乔治·戈登·拜伦[①]、柯勒律治和珀

① 乔治·戈登·拜伦（George Gordon Byron，1788~1824），英国19世纪初浪漫主义诗人，代表作有《唐·璜》《东方叙事诗》等。——译者注

西·比希·雪莱[1]这些浪漫主义诗人时，我们所指的浪漫却并非他们指天誓地、缠绵悱恻的爱情故事（虽然这些故事大多跌宕起伏）。这里的“浪漫”所指的是一个流派的诗人们，他们具有与众不同的特质，并代表了西方文学史上一个发展演进的伟大时代。

简言之，所谓“浪漫主义”是指1789~1832年间涌现的一些文学作品。这样一来，我们通常会发现简·奥斯汀和其他浪漫主义作家们被划归到了一起。可实际上，这位《傲慢与偏见》的作者笔下驰骋的，又是另一片文学疆域，而在这片疆土上诞生的文学之花却是与诸如雪莱之辈的杰作完全不同的。雪莱抛弃已孕妻子（她随后自杀），与当时年仅15岁的少女（即玛丽·雪莱[2]，数年后写出了小说《科学怪人》[3]）私奔。这位狷介之士的文风必然与简·奥斯汀的大相径庭。

为何浪漫主义时期的起点是1789年？因为浪漫主义的开端恰巧与一世界性的历史事件吻合，那就是法国大革命[4]。浪漫主

---

① 珀西·比希·雪莱（Percy Bysshe Shelley，1792~1822），英国19世纪初浪漫主义诗人、散文家、小说家和哲学家，代表作有《西风颂》《致云雀》《解放了的普罗米修斯》等。——译者注

② 玛丽·雪莱（Mary Shelley，1797~1851），英国小说家，诗人雪莱的第二任妻子，著有小说《科学怪人》，被誉为“科幻小说之母”。——译者注

③ 《科学怪人》（*Frankenstein*），玛丽·雪莱著于1818年，是文学史上第一部科幻小说。——译者注

④ 法国大革命（1789~1799），法国资产阶级革命。在这次革命中，统治法国多年的君主制、封建制和贵族被自由主义、天赋人权和三权分立的民主思想所取代，革命直至1830年七月王朝建立才结束。——译者注

义是首次核心具有意识形态的文学运动。此时的意识形态是一系列的信仰，人民和各民族秉持着这些信仰恣意生活。纵观以往文学史，每个时期总有些文学作品是具有政治色彩的：比如，约翰·德莱顿论及“国事”之诗和乔纳森·斯威夫特[①]所写的《格列佛游记》[②]中涉及辉格党[③]的片段。此外，莎士比亚的《科利奥兰纳斯》(*Coriolanus*)亦可以被解读成政治剧。政治与统治城邦(源自古希腊对于“城市”一词的称呼)紧密相连。意识形态意在改造世界，而浪漫主义的核心价值里也有这样的一种雄心和冲劲。

“意识形态的”所言之物和“政治的”意义截然相反，这一点可以从两位同样战死沙场的伟大诗人菲利普·西德尼爵士[④]和拜伦勋爵(Lord Byron)的经历中清晰地显示出来。西德尼由于在荷兰抗击西班牙人时受伤而死于1586年。根据一则著名的传说，在其垂死之际，西德尼将本来给他的水壶递给了另外一名伤员，并说“你远比我更需要它”。这一举动被后世奉为传奇。西德尼去世时年仅32岁。你若问他缘何如此勇敢地英年早逝？西德尼一定

① 乔纳森·斯威夫特(Johnathan Swift，1667~1745)，英国/爱尔兰作家，代表作有《格列佛游记》《一只桶的故事》等。——译者注

② 《格列佛游记》(*Gulliver's Travels*)，著于1726年，根据格列佛医生4次出海航行的经历写成，反映和讽刺了当时的英国社会。——译者注

③ 辉格党(Whigs)，英国政党名，产生于17世纪，标榜“自由、开明”，反对君主制，拥护议会制。——译者注

④ 菲利普·西德尼(Phillip Sidney，1554~1586)，伊丽莎白一世时期的政治家、诗人和学者，代表作有《爱星者和星星》《诗辩》等。——译者注

会回答说“为了女王和国家的荣誉”，“为了英格兰”。

而拜伦勋爵（1788~1824）则在自愿帮助希腊人抗击土耳其人的入侵时，死于希腊米索朗基（Missolonghi）的疆场，时年36岁。那么拜伦为何献身？为了实现一个“目标”，而这个目标是“自由”。他并非为国捐躯，因为这种行为在拜伦看来是不自由的，显得何其悲哀。那么“自由”为何物，自由是美国人书写在1776年《独立宣言》[①]中的条款，是1789年巴黎民众攻陷巴士底狱时的激昂斗志，也是1824年希腊人抗击土耳其入侵时的顽强不屈，还是拜伦愿意为之放弃生命的力量源泉。

与西德尼不同，拜伦未曾为了“英格兰的荣誉”而死。相反，他因为在长诗佳作《唐 · 璜》[②]中宣扬和赞颂性解放这一当时被认为可耻的信条，而遭英国政府流放。在拜伦的分析中，唐 · 璜并非传说中的性爱狂魔（亦不似莫扎特歌剧《唐 · 乔凡尼》[③]中的人物），而是一位在性方面获得解放的人物。在这一点上，拜伦认为自己和唐 · 璜一样。拜伦在希腊被奉为英雄（希腊每座城市中均有一条以拜伦名字命名的街道和一座拜伦的雕像），而在英格兰，“拜伦现象”却困扰了这个国家百年。直至1969年，英国政

---

① 《独立宣言》（*Declaration of Independence*），为北美13个英属殖民地宣告独立，并宣明此举正当性之文告。——译者注

② 《唐 · 璜》（*Don Juan*），拜伦的诗体小说，讲述了生性风流的主人公唐 · 璜的诸多浪漫奇遇，描写了欧洲的世间百态。——译者注

③ 《唐 · 乔凡尼》（*Don Giovanni*），莫扎特作于1787年的歌剧。——译者注

府才认为在威斯敏斯特大教堂的诗人角树碑纪念拜伦是合适之举。人们猜想，拜伦本人或许更偏爱宣扬自由与解放的“摇摆的60年代”，而非诗人角的那块石头。

简言之，西德尼的捐躯充满了爱国情怀，感人肺腑；拜伦的牺牲饱含自由意志，令人动容。当我们读到拜伦以及其他浪漫主义作家的作品时，我们应当将情绪和心境调整到他们写作时或采纳，或提倡，或斟酌，或反对，抑或质疑的种种意识形态立场（他们的目标），才能与之产生共鸣。正如今天的俗语所言，他们创作的源泉究竟在何处呢？

具代表性的苏格兰浪漫主义作家有罗伯特·彭斯[①]和沃尔特·司各特爵士[②]。彭斯的代表作《致小鼠》如此开篇：

> 你这皮毛光滑、胆怯畏缩的小兽，
>
> 哦，你心中何其恐惧！

彭斯是位佃农，在一次劳作时将犁耕入了田鼠窝。低头看到被他毁掉的小生命，彭斯不禁反省道：

---

① 罗伯特·彭斯（Robert Burns，1759~1796），苏格兰农民诗人，代表作有《友谊天长地久》《致小鼠》等。——译者注

② 沃尔特·司各特爵士（Sir Walter Scott，1771~1832），出生于苏格兰爱丁堡的英国小说家、诗人。代表作有《艾凡赫》《罗布·罗伊》等。——译者注

人类的统治打破了自然秩序，

我对此深感抱歉。

诗中的“小兽”并不仅仅指老鼠，也包括如彭斯本人一样遭遇“社会不公”的人——“你我同出于泥土，互为伙伴/我们终有一死！”。诗中，彭斯对低地苏格兰语的选用更加体现了这首诗是人民的语言，而非皇家使用的正统英语。如此一字一句都代表了苏格兰的民族之魂。

沃尔特 · 司各特的首部具有影响力的小说是《威弗利》[①]。小说的核心内容是1745年那次起义。一支苏格兰高地的起义军在“幼僭王”查理 · 爱德华 · 斯图亚特（Charles Edward Stuart）的带领下，胜利横扫了整个苏格兰，挥师直至英格兰北部，意欲复辟苏格兰王国的统治。如今想来，如果那时的起义军获得了胜利，那么整个大不列颠的历史将被彻底改写。作为一位坚定的联合主义者[②]，司各特相信苏格兰和英格兰可以维持良好的伙伴关系。因此，他对小王子查理抱持着十分复杂的看法。这位小说巨匠自己也说，理性上他是汉诺威王室的拥趸（即英格兰国王乔治二世的支持者），而情感上却又是詹姆斯二世的追随者（即苏格兰幼僭王的支持者），实乃左右为难。即便如此，司各特在小说《威

① 《威弗利》（*Waverley*），创作于1814年，取材于苏格兰历史。——译者注

② 联合主义者（Unionist），支持北爱尔兰继续属英国所有的人。——译者注

弗利》中极富意义地将1745年的这次起义描绘成了一次不成功的革命，而非一场发生在实力相当的两方之间，一方意欲征服另一方的失败。换言之，司各特更倾向于将这次起义看作两种意识形态的碰撞。

在英国文学的浪漫主义思潮中，最具影响力的革命宣言非华兹华斯和柯勒律治合著的《抒情歌谣集》[1]（1798）以及华兹华斯为其书写的极富争议的序言莫属。他宣称：

> 这部诗集中诗作的主要目的是：选取日常生活中的事物和场景，尽可能地通过人民的语言来描述他们之间的关联。

诗集中收录的诗作被称为“歌谣”，是为了纪念它们的来源：由大众百姓口口相传，而非由某位具体的作者记述。这些传统的歌谣代表了一种文学的团结精神——即法语中所说的“博爱”（Fraternity）。或许这一词汇的选用会因其追溯了法语词源而招致华兹华斯诸如“激进主义”的评语，但这并不影响我们对于民谣胸怀博大、代代传承的理解。

塞缪尔·泰勒·柯勒律治用其仿中世纪风格笔调写作的长篇叙事歌谣《古舟子咏》[2]为《抒情歌谣集》所要达到的目标增添

---

① 《抒情歌谣集》（*Lyrical Ballads*），宣告英国浪漫主义开始的诗集，用平实的语言描绘自然事物。——译者注

② 《古舟子咏》（*The Rime of the Ancyent Marinere*），著于1798年，讲述了罪与赎罪的故事。——译者注

了浓墨重彩的一笔。在这首诗中，柯勒律治试图展示：如哄孩童入睡时哼唱的平庸韵律般简单的文学方式即可表达生与死的复杂情结。而柯勒律治笔下的简单韵文就是叙事歌谣。

浪漫主义作家们关注的并不仅是意识形态，他们亦对影响人类生存状态的心理以及情感充满关怀。例如，华兹华斯自言钟爱“喜悦带来的惊喜”。而喜悦这一主题则贯穿了他数首主要诗作。同时，浪漫主义作家们同样着迷于“喜悦”这一情感的对立面，即“忧郁”。例如，济慈的数首颂歌中，便有一首是致忧郁的。在其他浪漫主义诗人中，对人类情感状态进行深入探讨的著名典范便是柯勒律治和《一个吸食鸦片者的自白》[①]的作者托马斯 · 德 · 昆西[②]。与众不同的是，他们在麻醉毒品的帮助下探究人类情绪和心理状态。鸦片及其衍生物（后来的诗人们使用的吗啡）赋予了诗人们探索自我内心深处的非凡勇气。这场精神的航行比柯勒律治《古舟子咏》中叙述的“古代水手”的航行更加大胆。那时，获取麻醉毒品本身并非难事，因为它们是公开售卖的，且价格低廉。人们可以从任何一位药剂师手中买到它们。你甚至

---

① 《一个吸食鸦片者的自白》（*The Confession of an English Opium Eater*），于 1821 年发表于《伦敦杂志》，讲述了吸食鸦片者的心理和潜意识活动。——译者注

② 托马斯 · 德 · 昆西（Thomas de Quincey，1785~1859），英国散文家和批评家，代表作有《一个吸食鸦片者的自白》《自传》《来自深处的叹息》等。——译者注

可以一手端着一品脱鸦片酊（用酒精溶解的吗啡制剂，可作为止痛剂），一手拿着一本《抒情歌谣集》从书店满意而归。

危险的是，若你效仿某些浪漫主义诗人，如德·昆西的作为，你便堕入了一片“浪漫主义的疾苦”。意即，那些尝试使用鸦片以激发创作灵感的诗人们，都冒着丧失创造力乃至生命的危险。如世人所公认，柯勒律治共创作了三首伟大的诗篇，其中的两首都未全部完成，致使存世的断章吊尽读者胃口。最令人遗憾而不得的是本可称为柯勒律治巨作的《忽必烈汗》①。正如柯勒律治在诗中所言，在吸食鸦片后的一场梦境中，整首诗已然都镌刻在他脑海里。可惜此时敲门声起，诗人惊醒，无奈残梦难续，只留断章。

对于诗人应如何自我培养这一主题，威廉·华兹华斯思考良多。与其他浪漫主义代表诗人的昙花一现不同，华兹华斯生活节制而自律，在英格兰湖区得享长寿，因此他有许多时间来思考诗人的自我修养。他也是湖区最著名的诗人。或许有人会认为，当华兹华斯晚年被维多利亚女王封为桂冠诗人时，其作品才备受欢迎。可是，人们普遍认为他早期的诗作方为佳作。年轻的华兹华斯在法国大革命时期于法兰西亲历此次变革。蓦然回首，他在《序曲》②中追忆了那些颠沛流离的岁月：

① 《忽必烈汗》（*Kwble Khan*），作于1798年，讲述了蒙古大汗忽必烈的丰功伟绩。——译者注

② 《序曲》（*The Prelude*），创作于1805年，华兹华斯用韵文写作的自传式的心灵成长史。——译者注

黎明破晓时生命尚存便是恩赐，

年轻即是极乐天堂！

年轻的浪漫主义诗人固有某种难言的魅力。人说，唯有年轻时的生命才最有价值，绚烂至极。雪莱航行时殒命于一场突如其来的风暴中，时年 29 岁。吞没他的狂风巨浪犹如他 1819 年所写下的《西风颂》[①]中狂傲的西风。济慈 25 岁时在罗马去世，在此之前，他早已说过自己的墓碑上应该镌刻上的是“年轻的英国诗人”而非自己的名字。经典的浪漫主义诗人们身上都有一种明确的矛盾——他们如运动员一样，或英年早逝，或早年成名。

我们如此谈论浪漫主义诗人，似乎是将它们视为一个群体，因相同的文学创作形式而被组织在一起。然而，实际上并非如此。尽管他们是同时期的诗人，但彼此之间仍有嫌隙。例如，拜伦轻鄙且嘲讽“湖畔派诗人”。这个称呼也是他对华兹华斯、柯勒律治、罗伯特·骚塞[②]以及他们的追随者的戏谑。湖畔派诗人对潮湿氤氲的英格兰北部山区的痴痴凝望之态是拜伦所不屑的。另一方面，司各特和他的苏格兰诗人圈却鄙夷伦敦诗人济慈及其资助者利·亨特（Leigh Hunt）。众多浪漫主义诗人似乎均未对一位

① 《西风颂》（*Ode to the West Wind*），为雪莱“三大颂歌”之一，诗人借写西风来表达自己自由的灵魂。——译者注

② 罗伯特·骚塞（Robert Southey，1774~1843），英国诗人、散文家，代表作有《圣女贞德》《审判的幻境》等。——译者注

与他们同时期的，我们现在看来同样伟大的侪辈威廉·布莱克的存在有过深刻印象。许多布莱克执笔或制作的辉煌作品在当时的销售数量仅能勉强达到两位数。他的《天真与经验之歌》①以神秘而异质的视角探讨了生命和宗教的话题，在现今广为流传，接受人们的阅读和研究。论及将视觉感受融入文字表达的功力，任何时期的任何作家都无出其右。布莱克的诗歌［如《老虎》（*The Tyger*）］可供阅读，更可供视觉欣赏。

尽管浪漫主义诗人之间存在个人风格差异、相互竞争和思维盲区，但他们都为重新定义文学及其功用贡献了自己的一份力量。浪漫主义诗人们用作品告诉世人，文学作品除文艺美学之外，尚有改造社会，甚至如某些乐观的浪漫主义诗人所认为的，有改变世界的作用。由此看来，本章标题中所出现的“革新”二字并非夸大其词。浪漫主义运动如烟花般燃烧得过于极致以致未能持久。在英国，这一时期于1832年结束，以司各特的去世以及首部改革法案的颁布为句读。浪漫主义永久地改变了文学创作和阅读的方式。它传承给后世作家的是一种精神力量，而这种力量亦需后继者善加利用。这种新的力量并非明亮的星，而是一颗熊熊燃烧的星。

---

① 《天真与经验之歌》（*Songs of Innocence and of Experience*），威廉·布莱克诗集，讲述了诗人从天真的孩子般的思想走向成人般成熟思想的苦涩历程。——译者注

第 16 章
最精明的头脑

简·奥斯汀

相当长一段时间之后，我们方才意识到简·奥斯汀是出类拔萃的英语小说家之一，甚至有人会认为她是英语小说家中的翘楚。而我们之前之所以忽视了她的文坛地位，是因为奥斯汀小说中营造出的世界是狭窄有限的。肤浅的读者会认为，其 6 部小说中均横亘着的一个重大问题就是，“女主人公会嫁给谁呢？”或许这样的问题在有些人看来并非微不足道，然而我们不得不承认它背后蕴含的绝不是任何性命攸关、震慑人心的伟大命题。显然，并不是所有人都偏爱诸如列夫·尼古拉耶维奇·托尔斯泰[①]笔下《战争与和平》[②]一般厚重的战争题材（尽管实际上奥斯汀的小说作品

① 列夫·尼古拉耶维奇·托尔斯泰（Lev Nikolayevich Tolstoy，1820~1910），俄国小说家、剧作家、评论家及哲学家，代表作有《战争与和平》《安娜·卡列尼娜》《复活》等。——译者注

② 《战争与和平》（*War and Peace*），出版于 1865~1869 年，以俄国卫国战争为中心，涵盖了 1805~1820 年间的重大历史事件。——译者注

均创作于战争时期——现代英国所经历的持续时间最长的战争）。

在1816年写下的一封信中，奥斯汀以她独具特色的讽刺笔调将自己的小说比作幅幅袖珍画："在作画时，用一杆精良的画笔添加了少许（两英寸宽）象牙白色。"夏洛蒂·勃朗特[①]采用了相同的意象来评奥斯汀的作品，并将其沿用得更具批判性：

> 画作中有种中国式的忠诚，这是种微缩式的精致。她从不用激烈的手段触动读者，亦没有任何深奥的内容困扰读者。奥斯汀不知激情为何物：她甚至会用那种激愤的姐妹关系拒绝一位泛泛之交。

勃朗特语带讥讽，辛辣直白，但却与大众对奥斯汀作品的一贯评论相一致。这位《简·爱》的作者（勃朗特以男性的假名写作）暗示道，奥斯汀是位不知如何在男性世界中怡然自处的作家。对一些稍显严苛的女读者来说，她便显得过于温驯。用勃朗特的话说，就是"不够泼辣"。

那么，文学的伟大之处究竟能否体现在奥斯汀笔下那两英寸宽象牙白色的柔美间？文学的伟大之处又能否容身于奥斯汀选材狭窄，集中讲述女性，尤其是中产阶级生活经历的小说作品中？现代读者会毫不犹豫地给出肯定的回答。尽管解释其中缘由稍显

---

① 夏洛蒂·勃朗特（Charlotte Bronte，1816~1854），英国女作家，"勃朗特三姐妹"中最著名的一位，代表作有《简·爱》。——译者注

棘手，但我们仍旧可以从肯定奥斯汀作品的文学价值入手，开始探究它们的伟大之处。

简·奥斯汀出生于一个乡村牧师家庭，小富即安，受人尊重。她从小生活的家庭氛围愉快，有兄弟姐妹相伴。其中，她与姐姐卡珊德拉的关系尤为亲近，以至于二人许多年都分享一张床铺，在无数个深夜互诉姐妹心事。可叹奥斯汀英年早逝，若不是从其兄长亨利对妹妹的美好回忆和奥斯汀写给姐姐卡珊德拉的信件中（其中大多数信件被有意损毁），我们很难对这位大家的生平了解一二。尽管知之甚少，但我们仍可以保守估计奥斯汀的生活中不会波澜四起，亦少有跌宕起伏。

最初，奥斯汀创作小说仅为了悦己。其兄长不无愉快地回忆道，当任何人走进她的房间，奥斯汀就会将正在创作中的小说藏于她带抽屉的写字台上的吸墨纸中。她会告诉你："请不要偷看。"家人们不会偷看，但是会在奥斯汀创作停当时聆听她诵读小说。这样一来，小说最初的读者便是奥斯汀的家人。年轻而才华横溢的奥斯汀正是将自己小说的初稿《第一印象》（*First Impressions*）读给家人们听，而这本小说也在多年后的 1813 年以书名《傲慢与偏见》出版面世（熟悉小说的故事的读者一定会感知到小说的场景设置是在出版日前 15 年）。读者们需要费些心思才能发现小说中的班奈特先生和班奈特太太是以奥斯汀的父母乔治·奥斯汀牧师及其夫人为原型创作的。这两个角色在奥斯汀的叙述中显得并不那么和谐。或许奥斯汀的父母在听小说故事时会轻声窃笑，不无紧张。

奥斯汀一生中出门旅行甚少。读者们也会发现她笔下的女主人公亦倾向深居简出，而不喜外出游玩。奥斯汀一家曾经在巴斯居住过一段时间。可奥斯汀似乎并不喜欢这个摄政温泉小镇和婚姻市场。她曾经造访伦敦，却不曾在那里居住，在奥斯汀的小说中亦鲜少出现对伦敦的描写。这座城市曾出现在《理智与情感》[①]中，却被奥斯汀描绘成一个缺少慷慨和美德的地方。小说中的“故土”多被设置在汉普郡，这也是奥斯汀自己的家乡。有一点听起来似乎很奇怪，奥斯汀对家乡本土的板球队“汉普郡绅士队”十分忠诚。

人们从搜集到的蛛丝马迹中推断出，奥斯汀应该是位魅力非凡的女子（没有可靠的奥斯汀的肖像画现存）。美人如斯，她也收到过求婚。她曾答应过求婚，却在第二天便收回了自己的应许。尽管奥斯汀所有的小说都以女主人公的婚姻问题为主线，可作家本人却从未婚配。至于奥斯汀为何终身未嫁，读者们也只能猜测了。无论原因为何，奥斯汀小说的爱好者们都应该庆幸 1802 年奥斯汀那个决定命运的悔婚的夜晚。因为如若奥斯汀步入了婚姻的殿堂，作为妻子和母亲，她将不会有时间创作 6 部令她声名鹊起的小说。最终，奥斯汀的归宿一如她小说中那个最令人唏嘘叹惋

① 《理智与情感》（*Sense and Sensibility*），以两位女主人公择偶的经历为主线，讲述了女子为了获取经济保障而选择婚姻的恶习。——译者注

的角色，以老姑娘的身份与世长辞。

或许这个称呼中的“老”字用得不甚恰当，因为奥斯汀去世时才 42 岁。与她生命中我们无从得知的事情一样，我们同样不清楚究竟是何种疾病夺去了奥斯汀的生命。但这场疾病并非突然而至，在她创作最后一部小说时，奥斯汀便忍受着疾病导致的与日俱增的身体虚弱。了解了这一事实之后，读者们便会理解缘何奥斯汀的辞世之作《劝导》[①]会染惹着一层黯淡感伤。读到这本小说的结尾，人们甚至能听到奥斯汀竭尽全力书写完最后一笔后，因衰弱而突然落笔之声。最终，奥斯汀也没能将《劝导》修改至满意，便离世了。

在小说中，奥斯汀塑造的女主人公无一例外地拥有两名追求者，一位两情相悦，一位则是襄王有梦而神女无心。《爱玛》（*Emma*）中的女主人公爱玛 · 伍德豪斯究竟应与弗兰克 · 邱吉尔结婚，还是该成为年长而无趣的奈特利先生的妻子？《傲慢与偏见》中的伊丽莎白 · 班奈特应该为了挽回家族财产而接受柯林斯牧师的求婚，还是应该固执己见，（在经历达西先生姨母凯瑟琳 · 德波夫人的反对后）成为达西太太？面临同样抉择的还有《理智与情感》中的玛丽安，她应该屈服于拜伦式的浪漫男人威洛

① 《劝导》（*Persuasion*），讲述了贵族小姐安妮与军官温特沃斯的恋情因门第悬殊遭到安妮父母反对，她听从父母“劝导”，放弃爱人。多年后温特沃斯衣锦还乡，二人最终得成眷属的故事。——译者注

比,还是试着去发现无趣但门第相当，身着法兰绒马甲的布兰登上校的优点（他因上了年纪而害怕寒冷）？无论情节如何改变，所有的小说故事均以女主人公做出明智选择，有情人终成眷属，于教堂中奏响《结婚进行曲》而告终。

世人皆知，简·奥斯汀小说中描写的言行从未僭越一位旧时名门女性应有的得体规范（奥斯汀还在其匿名出版的第一部小说《理智与情感》的标题下写上了“一位女士所写”的简介）。奥斯汀的小说中不乏男性角色，可她从未描写过没有任何女性在场时男性聚众谈话的场景。除了《曼斯菲尔德庄园》[①]中的托马斯·贝特伦爵士和《劝导》中的瓦尔特·艾略特爵士外，奥斯汀笔下鲜少出现显赫的贵族形象，且这两位人物都未在王国贵族的谱册中身居高位。同样，奥斯汀亦未在小说最显要的位置安排任何劳动阶级的角色。“穷酸却硬要装点门面的”形象已经是奥斯汀小说世界中的社会最底层的人物代表。即便是在这样的家庭中，仆人们也是随处可见的。我们熟悉此类人物的一些代表（如《爱玛》中的马车夫詹姆斯）。可是仆人们却生活于另外一个世界，一个奥斯汀小说从不碰触的世界。

然而，我们有时也能从奥斯汀小说试图描绘的那个世界中，窥见一幅更加艰难的社会图景。例如,《爱玛》中，简·菲尔费

① 《曼斯菲尔德庄园》(*Mansfield Park*)，以范妮和埃德蒙的婚姻为主线，讽刺了英国上流社会的虚伪和矫揉造作。——译者注

克斯身处一个难以决策的残酷困境。尽管才华横溢却经济拮据的她必须在现实社会只身闯出一片天地。婚姻或许是缓解此种生活压力的途径之一，可是她深爱的男人（也是那个残忍地占尽她便宜的男人）似乎对爱玛·伍德豪斯更感兴趣。简唯一可以获得经济来源的方式便是成为一名家庭教师。这份工作虽名为家庭教师，但实为“管家”。简拿着仅够糊口的微薄收入，却忍受着这一职位带来的屈辱。她甚至将谋求家庭教师这份工作的过程描述成竞拍台上努力等待被拍卖的经历。夏洛蒂·勃朗特或许就是根据这一情节创作《简·爱》的。可对于简·奥斯汀来说，这一片段仅仅是辅助主要情节的边线。奥斯汀并不想分过多的笔墨在简的困境上，以免分散了读者们对主人公的注意力。

简·奥斯汀小说不涉及的话题不胜枚举。她生活和写作的时代中，贯穿了许多伟大的历史巨变——比如美国及法国革命、拿破仑战争。她的小说中的确出现过与之有关的人物，例如水手（奥斯汀的兄弟在海军服役）和军人（《理智与情感》中的布兰登上校以及《劝导》中的海军英雄费德里克·温特沃斯）。但是，这些人物仅作为女主人公或合适或不合格的追求者潦草出场。试想，如果霍雷肖·纳尔逊[①]亲自出现在奥斯汀的小说中，那么可想而知，小说中关于他的唯一悬念将是：纳尔逊是否是女主人公

① 霍雷肖·纳尔逊（Horatio Nelson，1758~1805），英国海军将领、军事家。——译者注

的“真命天子”。

诸如曼斯菲尔德庄园这样偌大的家族，依靠拉丁美洲西印度洋群岛上由奴隶耕种的糖料种植园来支撑其经济开销。小说中仅是暗指了这一事实，而没有详细说明。又或者，读者们根本不曾考虑过西印度群岛上种植园里发生的事情。奥斯汀的政见及宗教信仰与其所属的阶级一致，即使在其后期创作的小说中，这些观点变得更加冷酷。她的小说中会出现一个鲜明而虔诚的英国国教徒形象，但奥斯汀从未移步带领读者真正进入教堂，或者试图探讨任何神学命题。似乎对奥斯汀来说，这些事物只属于礼拜日，而不是小说所应涉及的恰当话题。

鼎盛于 20 世纪 60 年代的女权运动者们是奥斯汀小说坚决的拥趸。至于奥斯汀对于这批近现代拥护者持何种态度则无法测度。她的小说从未质疑过男性作为两性中优越一方的地位。由于那时的女性毫无产权，甚至连自己智慧的结晶亦无法拥有，奥斯汀的小说出版合约均要由其父亲或兄长代为与出版机构谈判。对此奥斯汀是否憎恶，我们亦未可知。她笔下的女主人公中最富有的要数爱玛，当她年满 21 岁时，拥有大约价值 3 万英镑的财产（从现代价值来计算是笔更大的数目）。可一旦爱玛嫁给了奈特利先生，这一切则属于他了。从小说中我们看不出奥斯汀对此的反抗情绪，作者也好，主人公也罢，都平静地接受了这一事实。

奥斯汀对于文学的看法与其社会信仰一样保守。尽管她成名的时间恰巧在浪漫主义运动时期，且常常被划归为浪漫主义作家，可她的文风更倾向于比浪漫主义更早出现的那个更稳定的时代。因为奥斯汀的小说将这一时期的价值观全部兼收并蓄。反观与奥斯汀同时代作家的小说，尤其是恐怖小说，干犯了她心目中文学应有的庄重和体面。这一点也体现在《诺桑觉寺》[①]中。这部作品中的女主人公凯瑟琳·莫兰德就因为对现代小说的痴迷而在道德上遭到了毒害。

综上所述，我们不难发现简·奥斯汀的创作具有局限性。其小说的选材甚至可以称为微不足道的。可是，为何奥斯汀的小说又能获得如此高的成就呢？原因有二：其一，奥斯汀对其擅长的小说类型有极高的写作技艺，特别是她对反讽的运用，极好地展现了人物性格；其二，是其小说作品的道德严肃性，尽管世事繁杂，奥斯汀仍可以明确有力地告诉人们该如何过好自己的人生。我们同样可以说，奥斯汀才思敏锐，对人性的弱点观察得细致入微，且怀着一颗悲天悯人之心。

若论构架情节的精巧手法，能与奥斯汀比肩者甚少。奥斯汀的书迷很难回想起初读其作品的感受，因为实在是对其小说太过了解。奥斯汀的书迷被称为“简·奥斯汀的崇拜者”（Janeites），他们每年都会重温奥斯汀的6部作品，视之如《圣经》般宝贵。

---

① 《诺桑觉寺》（*Northanger Abbey*），讲述了凯瑟琳与亨利的爱情故事。——译者注

可对于初读者，奥斯汀的小说可谓引人入胜，其悬念的设置让人爱不释手。读者们会跟随情节的发展产生重重思考，诸如：爱玛（还有伊丽莎白、凯瑟琳和埃莉诺）究竟会不会做出正确的选择？读者们始终焦虑不安，担忧着书中人物的命运，直至最后的章节。

没有任何一位作家可以如奥斯汀一样熟练地在小说中使用散文的技法。此外，她还具有让读者超常地调动自身技能来理解小说的能力。这一点可以从《爱玛》的开篇中看出：

> 爱玛·伍德豪斯英气逼人，聪慧而富有。她生活优裕而性格开朗，好像蒙受了上帝许多的眷顾。爱玛整整21年都生活得安宁美好，不知世间烦恼为何物。

这一段选文中的两个词令人兴趣盎然。第一个是“handsome”，这难道不是一个更适用于男性的形容词吗？用“pretty”或者“beautiful”来形容爱玛的外表是否更加合适呢？奥斯汀对女主人公的称呼是其全名“Emma Woodhouse”（你是否注意到这里没有用“小姐”之类的敬称），我们由此想到，爱玛是位个性鲜明、有独立人格的姑娘，而不是温顺的小姐。文中第二个令人回味的词是“seemed”。这个词的使用警醒我们，说爱玛“蒙受了上帝许多的眷顾”的自信是需要验证的。而随着故事的发展，这些眷顾都将被一一摧毁。另一个词“vex”（而非“upset”）的使用,给读者营造了一种傲慢的感觉，仿佛爱玛正骄傲地等待着烦恼的降临。

仅仅一句话，便激起了些许讽刺和对即将发生之事的预测。

奥斯汀对散文风格的掌控以及高超的叙事技巧与其极高的道德严肃性紧密相连。她的作品绝不仅仅表现了少女在走向婚姻殿堂时因途中所犯的些许错误而担忧的道德觉悟。奥斯汀笔下的女主人公无一例外出身名门，品行端正，势要规行矩步，绝不行差踏错。她们毫无社会经验，内心纯真，这些性格特点有时会被夸张地表现为做事欠考虑且固执己见。性格的缺陷导致她们遭遇到生活的艰辛和危险。换言之，她们要为自己的错误负责。这种种压力和重重苦难将她们锻造成思想上成熟的成年人。奥斯汀的小说试图告诉我们：若想怡然地生活，你必须首先具备生活经验。生活是对生命的教育。在此，奥斯汀（与其高超的小说技艺一起）再次被奉为继承英国小说"伟大传统"的先锋。这一传统一路传承，从乔治 · 艾略特、勃朗特三姐妹（尽管夏洛蒂对奥斯汀不乏微词）、狄更斯、亨利 · 詹姆斯直至D · H · 劳伦斯。他们写作的开端都起始于这位在汉普郡牧师家庭中笔耕不辍的端庄女性。世界给予她的十分有限，而她却创造出了对世界无限的理解。

奥斯汀的小说作为优秀的典范向我们昭示着：文学作品并不以篇幅论成败。还记得奥斯汀笔下那两英寸宽的象牙白色油彩吗？只要笔刷和油画布掌握在天才手中，那两英寸的象牙白色就能包含大千世界，述尽世间百态，人情冷暖。

第 17 章

为你写的书

不断变革的读者群

阅读自古以来都是件极个人化的行为。即使是在由数人组成的阅读小组中，各个成员也是将自己对书籍的独特见解在读书会上发布及分享。但阅读过程本身是不被共享的。尽管如此，读者们购买、乞求、借阅，甚至偷窃书籍的全部行为构成了文学演变历程中的重要组成部分。众所周知，市场的需求决定产品的性质。而从广义上来讲，这个由数以百万计读者个体所组成的市场造就了 “阅读大众”。相比同类的群体，诸如选民大众，阅读大众对书籍的选择并不比选民们对总统的选择更好预测。但这两个群体都在各自的领域中具有决定权。读者亦是消费者，他们的选择总是正确的。读者产生阅读需求，继而作家、出版商和经销商纷纷响应他们的需求，进行产品供应。在书籍市场中，忽视读者需求的商家必定会走上破产之路。

18 世纪，伴随着城市化水平的提升和经济的繁荣增长，读者群作为一股新生力量产生于大众对文学作品的喜爱，继而又作用于文学作品的产生（详见第13章）。与此同时，这一群体中逐渐产生了一种有趣的现象——在阅读大众中又萌生出新的、范围较小的读者圈子。例如，这一时期有一个不断增长的，由富裕的中产阶级女性组成的阅读圈。她们能够阅读，即便不能流畅地书写也十分不俗，要知道在那个时代，女性是不能够在家庭以外的场合展示自己这方面才华的。她们代表的一个阅读群体直到现今才被逐渐发现。那时的女性读者对小说类的文学作品最感兴趣。例如，18世纪中期烜赫一时的塞缪尔·理查森（Samuel Richardson）的小说《帕梅拉》[1]（1740）和《克拉丽莎》[2]（1747~1748）即选取如书中女主人公一般，年轻得体、善良贞洁的中产阶级女性为目标读者。她们往往渴慕婚姻，或者已然享受着婚姻的甜蜜。理查森最大的文坛对手是亨利·费尔丁。费尔丁亦常常挖苦理查森的小说作品。与理查森不同的是，他的小说《汤姆·琼斯：一个弃儿的故事》（1749）的目标读者群则是那些偏爱粗鄙猥琐故事的年轻男子。年轻男读者们是众多各异的阅读大众之一，他们有自己的阅读喜好及品味。

为女性而写、由女性创作，以及书写女性故事的小说也是在

① 《帕梅拉》（*Pamela*），讲述了善良的女佣与其雇主的儿子间的爱情故事。——译者注

② 《克拉丽莎》（*Clarissa*），全书共7卷，是英国最长的一部小说，以书信体写成。——译者注

这一时期立定根基的。因此，这一时期从任何意义上说都意义非凡。现代文学评论家伊莱恩 · 肖沃尔特[1]将这一时代以及其后产生的文学作品称为“她们自己的文学”，因为当女性通往屋外世界的道路闭锁，且聚会交谈的条件有限（除了在教会中，或与宗教有关的活动中）时，她们可以在这些作品中自由交谈，交换思想。这些小说为后世女性主义的兴起奠定了基石。（第 29 章将会详细谈到女性主义及有关作品。）

然而，对于那时的女性来说，文学创作需面临一个重要障碍：教育的缺陷。有优秀的读写能力是女性创作的前提。因此，她们的家中需有大量的书籍，且父母或监护人愿意培养她们的创作天赋。勃朗特姐妹（见第 19 章）和简 · 奥斯汀（见第十六章）便是她们中的幸运者，和少数能阅读文学作品的女性一样，她们享有家庭藏书以及注重培养其文学素养的父母。而大多数女性却没有这样的条件。即便到了 20 世纪，弗吉尼亚 · 伍尔夫为女性知识解放所做的小册子《一间自己的房间》（*A Room of One's Own*）开篇即描写了其被剑桥大学图书馆拒绝进入的经历。那里的一位伙计告诉伍尔夫，因为她不是男性，所以不得进入。当然，这是具有象征性的一幕，证明伍尔夫不属于男性所有的阅读世界（当然，仅仅是“还未”属于）。剑桥最初的两所女子学院开设于

① 伊莱恩 · 肖沃尔特（Elaine Showalter，1941~ ），美国女权主义学者、文学评论家。——译者注

19 世纪末，在伍尔夫去世前，她已经作为被录取的学生站在这所学院的台阶上了。

乔治 · 艾略特（原名玛丽安 · 伊万斯）在还是个小女孩儿时就被允许自由地进出附近一处乡村别墅的图书馆，因为她的父亲在那里工作。她仅仅受过最基础的学校教育，但通过其勇敢的自学过程和朋友的帮助，她掌握了德语，并开始翻译复杂的神学及哲学著作。这就是艾略特写作生涯的开端。后来，艾略特成为那一时期首位女性高级记者。这一殊荣对当时的男性来说都很难超越。在艾略特将近不惑之年时，她以《亚当 · 比德》[①]转向小说创作界（使用了一个男性化名）。此时，艾略特已然出落成一位自力更生的女性，她自学成才，和那些敢于自我教育和自我完善的女性一样，成了一位“女学者”。她的成就鲜少有人能够企及。艾略特深知大多数女性喜爱阅读的小说类型，并且对这一类型的小说好感全无。她将它们称作“女小说家写的浅薄作品”。当然，男性也会阅读一些肤浅的作品，可他们相较于女性来说可以更加自由地接触到高雅文学。但情况时时都在变化。时至现代，诸如艾

① 《亚当 · 比德》（*Adam Bede*），创作于 1859 年，艾略特的首部小说，根据其姑母讲述的故事写成。——译者注

丽丝·默多克[①]、玛格丽特·阿特伍德[②]、乔伊斯·卡罗尔·欧茨[③]、托妮·莫里森[④]和A·S·拜厄特[⑤]一样的女性作家都登上了大学讲坛。她们的读者是一群受过良好教育的知识分子，其中，女性的数量甚至多过男性。这样看来，阅读大众中的男女比例似乎平均了。

不论从历史上的任何时间点或角度来看，“阅读大众”都并非像足球观众一样庞大且形成整体。在我们生活的这个时代，“阅读大众”就好似一幅巨大的马赛克作品，由许多形态各异的阅读圈子宽松地交织而成。当你无意中走进任何一家大型书店时，都不难发现这一点。在其间随意漫步，你会发现不同的图书“分类区”（体裁）。读者们各有所好，他们会从青少年、古典、同性色情、浪漫、恐怖犯罪等各类小说抑或儿童读物中选取自己所需要的书籍。

通常，在书店鲜有人至的一隅，放置着诗歌作品。毋庸置疑的是诗歌不会吸引那些流连于书店门前畅销书的读者。这些畅

---

① 艾丽丝·默多克（Iris Murdoch，1919~1999），爱尔兰女性小说家，代表作有《钟》《网之下》等。——译者注

② 玛格丽特·阿特伍德（Margaret Atwood，1939~ ），加拿大女性小说家、诗人，代表作《盲刺客》获得英国布克奖。——译者注

③ 乔伊斯·卡罗尔·欧茨（Joyce Carol Oates，1938~ ），美国女性小说家，被誉为“女福克纳”，代表作有《表姐妹》《他们》《人间乐园》等。——译者注

④ 托妮·莫里森（Toni Morrison，1931~ ）美国女性黑人小说家，代表作有《最蓝的眼睛》《所罗门之歌》等。——译者注

⑤ A·S·拜厄特（A. S. Byatt，1936~ ），英国女性小说家，代表作有《太阳影子》等，其中《拥有》获得布克奖。——译者注

销书在最为显眼的展示台上堆叠如山。诗歌就好像是文学的一位“穷亲戚”，其受众群相对较小。正如诗歌巨匠弥尔顿对其读者群的描述，“虽少而精”。他对生意经兴味寥然，以至于将《失乐园》的手稿以10英镑的价格卖出。这样的低价即便是在17世纪也令人叹为观止。讽刺的是，高等教育使诗歌这种阳春白雪的文学形式飞入寻常百姓家，弥尔顿继而有了更多的读者。年复一年，《失乐园》雄踞畅销书的榜单，作为一部经典著作，也将持续散发其魅力。诗歌本是奥斯卡 · 王尔德[①]最初的创作兴趣，可懂得审时度势的他及时将写作重心转向了受大众喜爱的舞台喜剧。他的笔尖追逐着经济利益在纸上游走。王尔德大胆发问：“我为何要为子孙后世写作？”他也不无嘲弄地反诘：“子孙后世又为我做过什么呢？”然而，也有一些诗人始终坚持为那一部分“虽少而精”的读者进行创作。畅销诗歌似乎是个自相矛盾的名词。要打消这种感受，我们恐怕要将民谣歌手鲍勃 · 迪伦[②]和戴维 · 鲍依[③]也囊括进诗人的行列。

图书产业的从业人员会支付高昂的费用对“读者喜好”做严格的市场调查。这些调查为他们提供了一些普遍规律。比如，科

① 奥斯卡 · 王尔德（Oscar Wilde，1854~1900），英国诗人、剧作家、散文家，代表作有《自深深处》《道林 · 格雷的画像》《诗集》等。——译者注

② 鲍勃 · 迪伦（Bob Dylan，1941~ ），原名罗伯特 · 艾伦 · 齐默曼，美国民谣歌手、音乐家、诗人。——译者注

③ 戴维 · 鲍依（David Bowie，1964~ ），英国摇滚音乐家。——译者注

幻小说广受那些接受过大学教育的年轻男性喜爱，他们大量购买图书，且是品牌的拥趸。他们通过网上的《爱好者杂志》①时时关心这一题材图书的出版动向，和同好沟通交流。

与科幻小说迷稍有不同的是一群聚集在漫画小说（漫画绘本的现代版）四周的读者们。这批读者也相当年轻。当僵尸和吸血鬼游荡在科幻小说想象的边缘，女性读者更偏爱的是茱利 · 迈尔森②的作品。恐怖小说是另一个边缘地带，喜爱这一类型小说的读者中有许多也钟爱科幻小说和漫画，尽管他们相对于纯科幻迷来说往往年纪偏大。男性的惊险动作小说（过去常讲述西部故事，而现在以战争题材居多）往往会吸引那些曾经历过战争年代洗礼的男性读者。而侦探推理小说也更受年龄大的读者们的喜爱。男性和女性读者都喜爱这种文学流派。早先有侦探小说女王阿加莎 · 克里斯蒂③，现今有声势更盛的派翠西亚 · 康薇尔④笔耕不辍。

言情小说的主要读者群则是中老年女性。奇怪的是，目前兴

① 《爱好者杂志》（*Fanzines*），指业余爱好者、科幻小说迷等创办的网络杂志。——译者注

② 茱利 · 迈尔森（Julie Myerson，1960~ ），英国作家及文学评论家，代表作有《失落的孩子》《窒息》等。——译者注

③ 阿加莎 · 克里斯蒂（Agatha Christie，1890~1976），英国女性侦探小说家，一生共创作 80 余部侦探推理小说，其中代表作有《东方快车谋杀案》《尼罗河上的惨案》。——译者注

④ 派翠西亚 · 康薇尔（Patricia Cornwell，1956~ ），美国女作家，以其法医经历写作了许多侦探小说，代表作有《尸体会说话》《验尸》《首席女法医》等。——译者注

起的电子书也正是由这一读者群体所带动的。何类人读何种书。例如，母亲们更多的时间会待在家中，而且推着随时会啼哭的婴儿进入书店也没有进入超级市场那么容易。

目前，书店都设有电子销售点。购买数据在那里被分析并传输给库存部门。如果某本书的销售速度很快，那么书店就会拿来更多本以填满逐渐变空的书架。当你使用电子书店时，诸如此类的检索系统可以适用于读者们个性化的购买要求。如果你经常浏览亚马逊网上书店或者在其上购买过图书，你的阅读偏好就会被网站描绘出来。继而，在浏览网站时就会有适合你阅读品味的书籍广告不时跃入你的眼帘。正如我们拥有各异的指纹一样，每个人的阅读偏好也是不尽相同的。图书出版行业已经史无前例地将“阅读大众”进行了更细致、更精确的归类。然而，这些数据并不能预测读者接下来会购买何种书籍，它们能做到的只是更迅速、更高效地满足读者的购买需求。

总体而言，阅读大众所期望的总比他们能够轻松获得的书籍材料更多。纵观历史，当文学以书籍的形式承载以后，它就成了一种奢侈的享受。是两项伟大的革新才让书籍走入了寻常百姓家，让普罗大众能够容易地接触到文学，并有机会欣赏更多的文海精粹。

上述两项伟大的创举中，第一项便是图书管理系统。简·奥斯汀笔下的两位如饥似渴的读者凯瑟琳·莫兰德和伊莎贝尔·索普（《诺桑觉寺》中的人物），正是从巴斯当地的收费流动图书馆中借得了“恐怖的”哥特式小说。在这个流动图书馆中，图书可以在许多读者间流转。据图书管理员估计，一册硬封面精装本图书在借阅 150 次后仍可保持良好的品相。出借费用也可以随着出借次数的增多有相应幅度的减少。到 19 世纪中期，有一些大型的都市商业图书馆（被称为“利维坦”）出现在英国，以服务维多利亚时期的读者们。直至 20 世纪上半叶，英国的大小城镇都设有街角的“两便士”图书馆。在那里，畅销小说和香烟、糖果以及报纸一同被售卖。20 世纪 50 年代，英国法律规定所有的市议会均有义务通过一项综合公共图书服务向当地民众提供书籍，且这项服务是免费的。

第二项创举便是售价低廉的书籍。他们是机械化改进后的出版方式以及造价低廉、以植物为主要原材料的纸张的共同产物。当然，对现在影响最大的还是发生于 20 世纪 60 年代美国的书籍平装革命。时至 21 世纪，电子书大量普及，且几乎每个网站都提供电子阅读材料。

试想，如果现今的阅读大众选择面更广，获得的资源比想要的更多，那么这是一件好事吗？不见得每个人都会给出肯定的答案。有些人甚至会宣称“选择越多越糟糕”。有些人会认为只有控制书籍数量方能产出精品，我也持这一观点。阅读大众越庞大，这一群体才能更健康地发展。这就好像布丁越大，里面包含的李子才越多。

第 18 章
巨匠

狄更斯

如果说查尔斯·狄更斯（Charles Dickens，1812~1870）是最伟大的英国小说家，应该很少有人质疑。我们可以说这一点是不争的事实。狄更斯给自己起的绰号为“伟大而独特者”（狄更斯自称伟大）。任何人即便仅仅是在心中萌生对狄更斯伟大地位的质疑，都会因其想法的鲁莽不当而招致愤怒的鄙夷，更勿论是斗胆提出这样的疑问了。

当狄更斯的形象被镌刻于文学的支柱上且被印在邮票上时，其他小说家的形象都在哪儿出现过？当狄更斯的小说作品频频被搬上大荧幕和电视屏幕时，其他小说家有多少作品被改编成电影抑或电视剧？当狄更斯的作品直至今日仍以每年百万册的数目售出时，其他维多利亚时期小说家的作品销量又如何呢？2012年庆祝这位文学巨匠诞辰200周年时，当时的英国首相以及坎特伯雷大主教都宣布，狄更斯在文学上的地位可与莎士比亚比肩。话已至此，谁还会对狄更斯的成就争论不休呢？

然而，究竟是狄更斯 12 部作品中的哪些特质为他赢得了至高无上的一致认可？这是个棘手的问题，且回答起来需要考虑诸多方面。纵观历史，这一问题的答案不尽相同。比如，如果你向甫读完《匹克威克外传》[①]的狄更斯同时代的人们发问："你认为博兹（Boz，狄更斯早期创作时使用的笔名）伟大在何处？"他们一定会回答："他的小说带给我其他小说无法给予的快乐。"如果 8 年以后，你再问狄更斯同时代的人们"《老古玩店》[②]中的哪些因素让狄更斯如此成功？"想想书中著名的小耐儿的惨死，他们会回答："读其他小说时我从未流过如此多的眼泪。狄更斯比任何作家更令我动容不已。"

总体而言，19 世纪的读者与我们对于小说的反应截然不同。他们不认为压抑和克制自己的情感是种义务。我们会认为自己的内心是由更加坚韧的材料制成的。相比 19 世纪的读者，我们更加饱经世事，成熟老练。因此，有了奥斯卡 · 王尔德俏皮的妙语广为传颂："铁石心肠的人才能在读到小耐儿死去的场景时忍住不

① 《匹克威克外传》(*Pickwick Papers*)，出版于 1836 年，通过描写匹克威克及其 3 个朋友的旅行经历，展示了当时英国的风土人情。——译者注

② 《老古玩店》(*The Old Curiosity Shop*)，发表于 1840~1841 年间，讲述了老古玩店主吐伦特及其孙女小耐儿相依为命的故事。——译者注

笑”[①]。或许我们在读到狄更斯小说中有趣的段落（比如米考伯先生与收账人员间不断的周旋）时会忍俊不禁，在看到悲伤的场面（例如保罗 · 董贝饱受折磨、不得善终的痛苦）时会不禁眼含热泪。尽管如此，我们仍会矜持地控制自己的种种情感。这样的自持让我们在评论文学作品时能做到更加客观和理性。我们会否因此而更深刻地理解作品？可以说答案是否定的。

我们虽不是维多利亚时代的人，但仍有 5 点理由让我们这些现代读者接受狄更斯是有史以来最伟大的小说家这一观点。

理由一是狄更斯自开始创作小说起，在其漫长的写作生涯中始终保有一颗创新的心。当狄更斯方才 20 岁出头时，他的首部小说《匹克威克外传》便获得了成功。与他的其他小说一样，这部小说起初也以月度连载的形式出现。1836 年 4 月，它首次以《匹克威克俱乐部的遗稿》（*The Posthumous Papers of the Pickwick Club*）这一标题面世。技艺拙劣的作家们会沿袭匹克威克故事的主线衍生出一系列的小说。而狄更斯这位最不安于现状的作家在《匹克威克外传》大获成功后立即笔锋一转，开始创作一类完全不同的小说，其代表为《雾都孤儿》[②]（1817~1838）。这部作品基

---

① 即便与狄更斯同时代的读者们都认为小耐儿的故事无比感人，但王尔德却认为这个故事过于多愁善感以至于显得滑稽可笑，故出此言。——译者注

② 《雾都孤儿》（*Oliver Twist*），讲述了在孤儿院长大的主人公奥利弗在经历了学徒、逃难和误入歧途等艰难险阻后，最终查明身世，获得幸福的故事。——译者注

调阴暗，充满愤怒感且与当时的政治状况相关，与匹克威克先生的滑稽冒险大相径庭。作者书写时的愤怒直指当时的英国政府与阅读大众。这部讲述出身于济贫院，后沦为扒手和强盗的男孩儿的故事开创了狄更斯社会问题小说之先河。在这类小说中，狄更斯针砭时弊，痛斥当时社会对下层人民的残酷压榨。在其后创作的小说中，狄更斯又不断尝试了许多新的小说类型。此外，英语小说中塑造的首位侦探形象便出自《荒凉山庄》[①]，此后，侦探小说开始崭露头角。

狄更斯首开“自传体小说”之先河，在诸如《大卫 · 科波菲尔》[②]（1849~1850）和《远大前程》[③]（1860~1861）这类作品中，他将自己作为主人公。从这两部小说中，我们了解到了 80 余部狄更斯传记都无法展现的其人其貌。

狄更斯笔耕不辍，他笔下诞生的一部部小说让我们看到了他创作技艺的不断精进，尤其是他在情节设置上的炉火纯青。正如狄更斯同时代的小说家威尔基 · 柯林斯[④]所言，狄更斯这位连载

① 《荒凉山庄》（*Bleak House*），发表于 1852~1853 年间，揭露了英国法律制度的黑暗。——译者注

② 《大卫 · 科波菲尔》（*David Copperfield*），狄更斯的第 8 部长篇小说，融入了作者的许多经历，讲述了一个被成人遗忘的儿童世界。——译者注

③ 《远大前程》（*Great Expectations*），狄更斯写于晚年的教育小说，透过书中孤儿皮普的故事讲述了作者对人性和生命的看法。——译者注

④ 威尔基 · 柯林斯（Wilkie Collins，1824~1889），英国侦探小说家，代表作有《月亮宝石》《罗马的陷落》《贝锡尔》等，与狄更斯熟识。——译者注

小说作家的格言是："让读者欢笑也让读者流泪，更让读者意犹未尽地等待。"在狄更斯写作生涯的中期，他费尽心思地构思创作。这一过程锻造了他设置悬念的高超技艺。他深谙如何让读者苦苦等待，急切地购买下一周或下一个月的刊物，去发掘上面刊登的连载小说。狄更斯在他创作后期的一部小说《小杜丽》[①]中，技法娴熟地牵引着读者，引人入胜；而读者们也很享受被这位情节大师牵着鼻子走。据说，连纽约港的码头工人都迫不及待地冲着装载《老古玩店》早期印刷本的船只大声询问："她（小耐儿）死了吗？"

多年来，狄更斯的小说基调随着作者的情绪改变而不断变化着。总的来说，喜剧的成分越来越少，而这一点也是为当时读者所抱怨的。他们希望有更多的作品像《匹克威克外传》一样带给人快乐。随着其作品基调不断黯淡，狄更斯越来越崇尚在作品中运用象征主义的手法。如此一来，他的作品变得更加富有"诗意"。例如，在其创作生涯后期写作的小说《我们共同的朋友》[②]（1864~1865）中，泰晤士河就是一项主要象征（之后，每部小说都有各自的象征物）。泰晤士河涨潮为伦敦施洗，退潮时河水又裹

---

① 《小杜丽》（*Little Dorrit*），发表于 1855~1857 年，小说的上半部分讲述了威廉 · 杜丽全家因无力偿还债务而先后被囚禁于监狱；下半部分讲述了杜丽一家变得富裕之后的故事。小说讽刺了英国官僚主义。——译者注

② 《我们共同的朋友》（*Our Mutual Friend*），发表于 1864~1865 年，狄更斯的最后一部长篇小说。——译者注

挟着这座城市一天之中产生的污秽物（暗指城市的原罪）而去。故事的主人公在泰晤士河中溺亡，却又在相同的河水中重生（重获新的身份）。狄更斯在创作晚期为世人贡献的这些小说中富有诗意的一隅极大地丰富了其文字的美感。更重要的是，此举为后世的小说家开辟了一条可沿袭亦可探索的道路。与其他文学巨擘一样，狄更斯不仅能够写作杰出的小说，还为其他小说家创作伟大作品提供了可能。

狄更斯不仅是将儿童作为自己小说的主人公（诸如《雾都孤儿》），而且让读者们欣然接受其笔下儿童孱弱且容易受伤形象的第一人。他用自己的描写让世人看到孩子看待这个世界的眼光和成人的视角是何其不同。这是狄更斯之所以伟大的原因之二。尚年轻之时，狄更斯便似乎预料到自己不会长寿而终（事实证明确实如此）。于是，他便让自己的密友约翰 · 福斯特（John Forster）为其著书立传。狄更斯交给福斯特些许文稿，描述了他“灵魂的隐秘痛苦”。这些纸张上记载了狄更斯童年时代的痛苦遭遇。狄更斯的父亲是位海军职员，他挥霍无度，无从储蓄，最终被拘禁于马歇尔希负债者监狱（Marshalsea）。11 岁时，狄更斯便对这一监狱地点熟知，而这里也成了《小杜丽》的背景设置。当他的家人正为父亲的遭遇借酒消愁、颓废不已时，狄更斯却被送到泰晤士河畔的一家鞋厂做学徒，负责贴商标。狄更斯为了每周 6 先令的薪水，忍受着这家工厂老鼠横行的恶劣条件。生活如此残酷，更重要的是，这些耻辱的遭遇仿佛烧红的烙铁烙印在童年狄更斯的心中，而疤痕却久久无法愈合。狄更斯是这些学徒中最聪明的。而他的聪慧却从未来自于学校教育。他的学习生涯因重重阻力而被搁置，15 岁时狄更斯便草草辍学。缺少教育的羞耻同样成为狄更斯肩上无法卸下的重担，他常常因此而备受同侪们的忽视，被他们贴上“低俗”和“市井”的标签。即便是刊登在《泰晤士报》上的狄更斯的讣告，也逃不出这两个标签式的修饰语。从表象上看，狄更斯在其小说中表现了对孩子的无限关怀。而潜藏在这种关怀之下的，是狄更斯的坚定信念，他坚信孩子们不仅是年幼的成人，而且孩子们身上还有一些品质是成人应该立志重新拥有的。狄更斯［写下了《耶稣生平》(*Life of Christ*)］坚定虔诚地信仰基督耶稣的教义。他时刻记住耶稣基督的话语：“你们要像小孩子，才能进入天国。”

实际上，除了那些艰难遭遇，狄更斯的年轻时代写满了自我教育和自我改善的英雄业绩。他找到一份在办公室做文员的工作，在这期间他学会了速记，并且受雇作为通讯员报道英国下议院议员们的辩论。狄更斯的经历就像一面镜子，映照着他所处的那个变革的时代，这也是狄更斯的第三个伟大之处。没有第二位作家能像狄更斯一样对自己所处的时代有如此敏锐的感知。纵观历史，伦敦在狄更斯所处的时代经历了爆炸式的发展。每 10 年，伦敦人口就翻一倍。与发展同时到来的，既有物质生活的突飞猛进，亦有日益凸显的社会矛盾。我们会发现狄更斯12部主要的小说作品中，有11部的故事背景都设置在伦敦。唯一例外的是《艰难时世》[①]（1854）。作者将这部讲述冲突和罢工的小说背景设置在了曼彻斯特（Manchester，当时被称作"世界工厂"）。狄更斯的每部小说都切中当时英格兰时事的命脉。他深切地意识到，19世纪40年代纵贯英国的铁路交通网将给英国带来巨大变革。铁路代替了陈旧的（对狄更斯来说也是浪漫的）公共马车。《董贝父子》[②]便围绕火车带来的这个具有毁灭性，却又紧密相连的新世界展开。

狄更斯不仅用小说简单地反映这个变革的世界，而且是首位相信小说可以改变这个世界的作家。这也是狄更斯的第四个伟大之处。小说可以启蒙人的思想，可以揭露社会弊病，还可以倡导正义之音。一部相当出人意表的作品可以很好地展示狄更斯作为社会改革家的一面。在《马丁·翟述伟》[③]的序言中，狄更斯宣称在其所有的小说作品中，他都在向人们展示"改善公共卫生"的重要性。这一点对于即将开始阅读诸如《荒凉山庄》等小说的读者来说十分奇怪。然而，看看下文《荒凉山庄》的著名开篇，你便不会再觉得奇怪了：

---

① 《艰难时世》（*Hard Times*），讽刺了从实际出发的功利主义。——译者注

② 《董贝父子》（*Dombey and Son*），发表于1848年，讲述了贪得无厌的董贝将妻子儿女都作为谋取财富的工具，后被骗悔悟的故事。——译者注

③ 《马丁·翟述伟》（*Martin Chuzzlewit*），讲述了年迈的马丁·翟述伟在选择遗产继承人时的一系列故事。——译者注

> 这就是伦敦。米迦勒节刚过，大法官就坐在林肯大学的大厅中。此时正值英国典型的11月，天气不佳。街上泥泞不堪，水就像刚从地球表面退去一样。如果你恰巧遇上一只40多英尺长的斑龙像巨蜥一样摇摆着攀上霍尔本山，那么你一点也不应该觉得奇怪。烟囱顶上飘出阵阵的烟气低垂，随风飘散就像降下了黑黢黢的细雨。煤烟灰末很大，飘在空中就像大片大片的雪花——人们想象着，这就是太阳毁灭后的悲怆。

一言以蔽之，伦敦这座城市中充满“污秽”（文中说的街道上的“泥泞”多半是马粪和人们丢弃的垃圾）。空气中也弥漫着废气，以至于遮蔽了太阳。疾病永远与污秽并生。小说中病疫肆虐，夺去了以清扫街道为生的可怜孩子乔的生命，毁坏了女主人公的美丽外表。《荒凉山庄》的首部分册于1852年面世。6年后，工程师约瑟夫·巴泽尔杰特（Joseph Bazalgette）设计出了密布于伦敦街道下的污水管道系统。从此，街道上的“泥泞”消失了。狄更斯虽然未曾为这个地下管网系统的建设铲过一锹泥土，担过一块石头，抑或焊接过一片金属零件，可我们仍可以毫不夸张地说，他在维多利亚时期的环境卫生革命中功不可没。至今，我们仍然在阅读《荒凉山庄》。每家伦敦的书店中都有许多本这样的书在售卖。居住在这座城市的人们，大多无意识地每天行走于这个维多利亚时期的祖先为他们构筑的排污系统之上。

狄更斯的小说作品能够永葆无穷的吸引力，最后也是最重要的一个原因是，他的作品中流露出狄更斯对人性本善的不渝信念。他相信我们都是善良的。我们当中当然不乏恶人（若想为凶残的比尔·塞克斯辩护无疑是困难的），但是狄更斯仍然对人性持有坚定的信念——他总是相信人们在心底都是善良纯真的。对人性本善的信念是狄更斯另一部重要作品《圣诞颂歌》①的中心要素。书中的埃比尼泽·斯克鲁奇（Ebeneger Scrooge）是个铁石心肠的吝啬鬼。他对街上无家可归的人们的生死毫不在意。如果你质疑他，他会问："难道没有济贫院吗？"然而，即便吝啬如埃比尼泽·斯克鲁奇，当他的心灵被触动时，他也会变成一个乐善好施的人——他视瘸腿的小蒂姆如自己的孩子，并且十分大度地雇用了蒂姆的父亲鲍勃·克拉契。这种"良心发现"的过程几乎在狄更斯所有小说中都是至关重要的时刻。如果你问狄更斯为何作此安排，他会给你一个直截了当的回答：无论写小说也好，报章杂志也罢，他写作的唯一目的便是使人良心发现，或者至少要"软化人们的内心"。在完成这一目标上，他比大多数作家都要成功，直到今天我们仍然可以这么说。

狄更斯恐怕是首个敢于承认自己在任何方面都不完美的人。

① 《圣诞颂歌》（*A Christmas Carol*），发表于1843年，告诉人们只要积德行善、乐善好施，就能获得无穷无尽的幸福。——译者注

尽管他的大多数小说均以美满的婚姻结尾，可狄更斯自己却并非最好的丈夫和父亲。当发妻与他携手走过 20 载，为他生下 10 个孩子时，狄更斯却抛弃了她，选择了一位比自己年轻 20 岁的女子。狄更斯认为这位女子更适合自己。即便以维多利亚时期的标准来衡量，狄更斯也会时不时地在其社会观点、态度和偏见上行差踏错，刚愎自用。然而他的种种固执己见所带来的影响全然不及狄更斯那值得尊敬的信念。这信念是对进步和人类创造崭新世界的能力的坚信。他相信，如果人们专心致志，一定会完成世界的伟大变革。我们身处的世界之所以变成今天的样子，一个比昨天更好的样子，在一定程度上要归功于查尔斯 · 狄更斯。这一功劳反过来也成就了其小说的伟大。这位"独特的伟大人物"要是听到了世人对他如此评价，一定会说"没错，正是如此"（可是如若你胆敢给出相反的评价，狄更斯定会让你领教其乖戾的脾气）。

第 19 章

以文为生

勃朗特三姐妹

勃朗特三姐妹——夏洛蒂、艾米丽[1]和安妮[2]的生平即足以为成为一部感人肺腑的小说的情节。她们的父亲名叫帕特里克·普朗提，出生于一个赤贫的爱尔兰农民家庭，是家中 10 个孩子之一。他以自力更生而闻名，凭借与生俱来的聪明智慧，勤奋努力，并得幸运之神的频频眷顾，进入了剑桥大学深造。毕业之际，他被任命为英国国教的牧师，并因此慎重地将自己的姓氏改成了勃朗特，因为这是纳尔逊勋爵的数个称谓之一。那时，并非所有的英国人都接受并喜欢爱尔兰人，因为北爱边境上不时爆发起义，造成流血和杀戮。勃朗特牧师收获了一段美好的婚姻，于 1820 年在约克郡奔宁山脉沼泽之上，距离基斯利不远的一个生产纺织品

---

① 艾米丽·勃朗特（Emily Bronte，1818~1848），英国女性小说家，代表作有《呼啸山庄》。——译者注

② 安妮·勃朗特（Anne Bronte，1820~1849），英国女性小说家，代表作有《艾格妮丝·格雷》《威尔德菲尔庄园的房客》。——译者注

的工业城中谋得生计（获得了宗教职位）。这个家庭生活在浓浓的乡野之意和轰轰烈烈的工业革命所营造的夹缝之中。

可这份“生计”却不似听起来那么光鲜。这处位于霍沃思的牧师住所却笼罩着一层死亡的阴云。帕特里克的妻子因6次怀孕生产而不堪重负，在35岁左右便撒手人寰，彼时，安妮还尚在襁褓之中。牧师夫妇的头两个女儿在童年期便夭折。三姐妹中唯一幸存的也没能活过40岁——夏洛蒂是寿命最长的一个孩子，可也没能度过自己39岁生日。这个家中的儿子布兰韦尔承担着家庭的殷切期望，却缠绵病榻，酗酒吸毒，不到而立之年便癫狂而死。这些孩子不是夭折，就是先天孱弱，饱受肺部疾患——肺痨（那时对肺结核的称呼）的折磨。诸如此类的疾病成为夺去他们生命的主因。讽刺的是，饱受数次丧子之痛的帕特里克，却比他的孩子们的寿命都长。或许正是出于这一点，在数次白发人送黑发人之后，他才用鞋带结束了自己的生命。

如果勃朗特三姐妹如其他健康、快乐、祥和的牧师家庭出身的孩子一样，例如简 · 奥斯汀（终年41岁），那么若再给她们10年生命，她们未曾有机会创作的小说将会以何其不同的面貌展现于世人面前！虽然不可能有机会看到，但我们不可否认的是，那些小说将与她们之前创作的有着非常不同的基调和风格。因为勃朗特姐妹的文学造诣以惊人的速度不断精进，直至她们昙花一现的短暂生命的最后一刻。

霍沃思的牧师住宅、教堂和毗邻的墓园构成了勃朗特姐妹小说中的小世界和笼罩其上的氛围。她们三人都没能走出霍沃思的围墙外，终生都在其父亲的教区内生活。从她们的作品中，我们可以明显地看出勃朗特姐妹对教区外的大千世界知之甚少。以艾米丽·勃朗特的《呼啸山庄》①（1847）为例，整部小说所有的情节都发生在以呼啸山庄为中心，10 英里（约 16 公里）半径的范围内。如此有限的故事背景设置给小说的叙述留下了些许漏洞。例如，在《呼啸山庄》的开篇，恩肖先生步行往返于山庄与利物浦之间（来回各 96 公里），并带回了一名弃儿——也就是注定要推翻这个养育他的家庭并霸占呼啸山庄的希斯克利夫。彼时，他还是个婴儿。其他的小说家会在此时回溯一些关于这名身世奇怪的弃儿的“背景故事”，或者至少要着些笔墨在恩肖先生在利物浦的贫民区发现这名弃婴的场景。对于这一切是如何发生的，读者的感觉与书中肖恩先生的感觉一样，都是难以置信。希斯克利夫究竟是不是一位吉卜赛女人的私生子？艾米丽是出于何种原因对此毫无半句说明呢？

最有可能的原因是艾米丽根本对利物浦一无所知，亦不愿意在小说中对一座陌生的城市进行过多的描写。《呼啸山庄》在情节

① 《呼啸山庄》（*Wuthering Heights*），描写了弃儿希斯克利夫被老庄园主收养后，忍辱负重，外出闯荡致富后，对与其女友凯瑟琳结婚的地主林顿及其子女进行报复的故事。——译者注

设置上最大的漏洞是希斯克利夫那“不为人知的几年”。当希斯克利夫无意中听到凯瑟琳对耐莉（耐莉是故事的许多讲述者之一）说要嫁给林顿时，他并未收拾任何行囊，就身无分文地离开了呼啸山庄。3年后，希斯克利夫衣锦还乡，这时的他富有而教养十足，活脱脱一位“绅士”。读到此处，人们不禁要问，这一切是如何发生的？这一切天翻地覆的变化都是在何处发生的？小说对此也未着一墨。

我所指出的这些“情节上的漏洞”亦可被看作作者刻意为之的艺术技法。很显然小说中有许多类似的写作技巧使之引人入胜。然而，这些漏洞同样告诉了读者，这本小说的作者是位身居乡野、不谙世事的女性。她对诸如希斯克利夫一样的无知乡村少年在何地于何种条件下出人头地，得以衣锦还乡的情况一无所知。

与姐姐艾米丽的深居简出稍有不同，三姐妹中最小的安妮曾经去过伦敦几日（为了证明她本人就是其首部小说的作者）。她的两部小说（其价值通常被世人低估）最大限度地体现了其有限的生活经历。安妮曾经在约克附近的一户人家中做了两年家庭教师。她根据这段经历创作了《阿格尼斯·格雷》[①]（1847）。这部作品是维多利亚时期揭露中产阶级家庭中“管家”所经受的羞辱和挫折的经典之作。此外，她对另一件事的了解也甚于同时代的其他

① 《阿格尼斯·格雷》（*Agnes Grey*），讲述了出身富贵家庭的少女阿格尼斯·格雷因家道中落被迫外出做家庭教师而饱尝生活艰辛的故事。——译者注

女性。那就是酗酒。因为安妮患有哮喘，大多数时间她不得不深居简出，因此脾气秉性也比姐姐们更加顺从温和。孩提时代的安妮曾因“品行端正”而获得奖牌。相反，你却很难想象夏洛蒂抑或艾米丽能够获此嘉奖。因此，在兄长布兰韦尔震颤性谵妄病发和酒瘾发作时，照顾他的重任就落到了安妮身上。这一经历构成了其另一部小说《威尔德菲尔家的房客》①（1848）。这部小说极精确地表现了饮酒狂，即维多利亚时期人们所说的酗酒症患者痛苦内心世界。

人们常常会忘记勃朗特三姐妹都是牧师之女这一事实。这一家庭背景渗透进了她们的笔端，而随之流淌出的文字常常于无形中体现她们这一特点。大多数读过《简 · 爱》②（1847）的读者一定记得书的第一行［“那天，出去散步是不可能的”（There was no possibility of taking a walk that day）］、恐怖的“红色房间”（red room），以及可憎的里德夫人。然而，读者们总是难以回忆起小说的最后一句：“阿门；我愿你来，主耶稣！”

当我们阅读勃朗特三姐妹的小说时，应该记住的重要一点是她们实际上未曾受过学校的制度化教育。她们在专门招收神职人

① 《威尔德菲尔家的房客》（*The Tenant of Wildfell Hall*），一译“女房客”，讲述了一位神秘的女子带着孩子来到村庄隐居，后被一位绅士打动而说出自己为躲避丈夫才来到此地的故事。——译者注

② 《简 · 爱》（*Jane Eyre*），讲述了自幼丧失父母的简 · 爱成为家庭女教师，并与主人罗切斯特相恋的故事。——译者注

员女儿的考恩布里奇学校的经历犹如灾难一般，且导致了她们大姐的死亡。夏洛蒂复仇一般地使这个可怕的地方永载史册，犹如《简 · 爱》中的洛伍德。即便在时过境迁 15 年之后，夏洛蒂仍能感受到这个虐待孩子的学校曾带给她以及她的姐妹们的锥心之痛：

> 我们没有靴子可穿，雪落进我们的鞋子里，然后融化了。因为没有手套，我们的双手冻得麻木，生满冻疮，脚上亦是如此。每当夜晚到来，我那发炎红肿的双脚带来的不适感就会让我烦躁不安，这种感觉直到现在都记忆犹新。我同样难以忘怀的还有每天早晨把肿胀破皮而又僵硬的脚趾硬塞进鞋子里的痛苦。

在一场斑疹伤寒症肆虐考恩布里奇后，勃朗特三姐妹的父亲决定关闭这间学校，并一力承担起教育幸存的三个女儿的工作。他在家中辅导三姐妹，且成效出人意料得好。接受家庭教育的这 5 年，或许也是三姐妹最开心的时光。她们可以肆意地徜徉在藏书丰沛的牧师住所图书馆。书籍激励着勃朗特三姐妹的成长。其中，司各特的浪漫小说和拜伦的诗歌对她们的影响尤其显著。

大约在 1826 年，年轻的三姐妹和兄长布兰韦尔开始秘密地创作连载小说。他们用小到难以辨认的字迹来书写自己想象中的世界。这张“童年的网”最初始于布兰韦尔的玩具士兵带来的启发。他们用笔下的故事描绘直至非洲的宽广疆域，描写拿破仑以及惠灵顿[①]式的英雄们。他们杜撰出的世界安格里亚和冈德尔岛中超级英雄的形象逐渐演变成后来小说中的各种人物，比如爱德华·罗切斯特和极富魅力的希斯克利夫。其中，希斯克利夫的个性中兼容了艾米丽最钟爱的沼泽地区特殊风貌的特点——石楠和绝壁。它们都冷酷而不近人情，恰好代表了希斯克利夫的性格。

聪慧如勃朗特三姐妹一般的女性长大后又会有何作为呢？你或许会说，她们当然会成家。她们的父亲去世后，三姐妹将会身无分文。勃朗特三姐妹为数不多的肖像画和仅有的一张照片（夏洛蒂的）证明她们相貌美丽，魅力十足。那时，她们身边也有许多年轻般配的牧师可供选择。但是，三姐妹的志向不止于婚姻。夏洛蒂就是个很好的例子，她曾经拒绝了两次求婚。三姐妹决心将父亲对她们的家庭教育传递下去。因此，她们都成为家庭教师：艾米丽和夏洛蒂的教师生涯短暂而不愉快，安妮却更长久地从事了这一职业。

1842 年，艾米丽和夏洛蒂背井离乡前往布鲁塞尔，在当地的一家女子寄宿学校担任教师。她们此行的目的是学法语。并且，她们相信这段经历会对日后自己创办学校有所帮助。在布鲁塞尔的岁月里，艾米丽因为远离了熟悉的约克郡沼泽地而长期郁郁寡欢。她和自己笔下的希斯克利夫与凯瑟琳一样，钟爱“茫茫荒

① 惠灵顿（Wellington），英国陆军元帅。——译者注

野”。《呼啸山庄》中，最美妙的场景之一是年轻的凯瑟琳和希斯克利夫对他们最喜欢的夏季进行的比喻。夏季之于凯瑟琳，犹如风吹云动，阳光透过云朵投射在地上的斑驳光影。而对于希斯克利夫来说，夏天则显得更加直接，是静止、闷热而无云的。这样的描写在夏洛蒂的小说中是难觅踪迹的，因为她对沼泽高地没有太深切的情感。

艾米丽以最体面的状态尽快离开了布鲁塞尔，回到霍沃思。她对那片异国土地毫无牵挂。夏洛蒂在妹妹离开之后又继续在布鲁塞尔生活了一年。然而，这一年的经历对夏洛蒂来说犹如一场灾难，她深深地陷入了与学校校长康斯坦丁 · 黑格（Constantin Heger）的爱恋中。这场恋爱对文学来说却是一件幸事。在这段关系中，康斯坦丁 · 黑格依然举止得体，规行矩步；而夏洛蒂却被激情充斥，举止不算过于不羁，却也是不顾一切地投入。对黑格的爱恋是夏洛蒂一生中最伟大的爱。虽不能说夏洛蒂的小说完全来自于她的爱情故事，但这段不幸的爱情经历至少构成了小说的主要素材。例如，《简 · 爱》中罗切斯特与家庭女教师间挑逗的猫鼠游戏就是这一经历的体现。而在她的另一部小说《维莱特》[1]中，黑格以更贴近现实的形象出现。故事中，露西 · 斯诺是一位在布鲁塞尔女子寄宿学校教书的老师，而她爱上的那个人的原型，

① 《维莱特》（*Villette*），夏洛蒂 · 勃朗特最长的一部小说，讲述了露西独自前往法国生活的经历。——译者注

就是黑格。这部小说以女主人公的第一人称口吻叙述（“我”的叙述方式），这一点更加凸显了小说的自传性质。纵观文学历史，在以不幸的爱情故事为依托写成的小说中，很难再发现比夏洛蒂的作品更优秀的。作为读者，了解小说背后的故事和渊源，能帮助我们更好地体会作品的伟大之处。

在布鲁塞尔的经历之后，三姐妹在霍沃思重聚。此时，她们都已是 20 多岁的年纪。不论是家庭教师的工作还是比利时的生活，都并不成功。可是此时，她们仍不愿意走入婚姻，决心一同赚取生计，自力更生。这一点对于维多利亚时代早期的女性来说，实属不易。

她们决定，以写作为生。三姐妹认为，有朝一日她们可以用写书赚得的利润开办一间学校。为了能只身闯入男人一统天下的写作和出版界，勃朗特三姐妹以男性笔名开始了文学之路（她们分别取名为科勒、埃利斯和阿克顿，姓氏为贝尔）。她们以笔名自费出版了一卷诗作。待书籍面世后，她们对大众的反响翘首以盼。然而，销量仅为两册。后人对她们的诗歌进行了些许润色，尤其是将艾米丽判定为主要作者。

1847 年，勃朗特姐妹迎来了各自事业上的丰收之年。她们均在这一年出版了自己的一部作品。但成功并非即刻随之而来。伦敦一家最不守诚信的出版商接受了艾米丽的《呼啸山庄》和安妮的《阿格尼斯 · 格雷》的稿件（各自以男性笔名写作）。在他的不公对待下，这两部作品石沉大海，稿酬无着。在两位女作家身故后许久，这两部作品方才得见天日，被认定是维多利亚时期的小说杰作。尽管如此，这样的殊荣对作者来说亦未免为时过晚。

相对于两位妹妹，夏洛蒂的境遇稍好。出版商拒绝了她交来的首部作品，但却寄语期待她的第二部小说。于是，尽管匆忙，夏洛蒂还是在几周内按时完成了《简·爱》。这部小说果然不负众望，成为畅销作品。而“科勒·贝尔”（夏洛蒂不久后就不再使用这个笔名了）也成为当时炙手可热的小说家。与当时的民众一样，W·M·萨克雷这样的文学巨匠也连夜阅读这个讲述年轻的家庭女教师饱受世间疾苦，最终赢得自己所爱之人的故事。罗切斯特为了她在合宜的情形下摆脱了阁楼上那位疯癫女人（其前妻）的困扰。在此过程中，他如力士参孙一般双目失明，且失去一只手臂。因此变得“温驯”的罗切斯特最终得以与简·爱相濡以沫。

数月之后艾米丽离开了人世，去世时尚不满30岁。她构思的第二部小说也没能完成。艾米丽去世后仅5个月，安妮就在28岁的年华时也离开了人世。可叹她的第二部小说《威尔德菲尔家的房客》也没逃离与第一部小说一样被出版商糟蹋的命运。两姐妹均死于肺结核。

失去挚爱的妹妹后，夏洛蒂又在世上度过了6年光阴。她接受了其父亲助理牧师的求婚，成为勃朗特家族中唯一成家的孩子。只可惜好景不长，婚后不久她便因妊娠并发症去世了，时年 38 岁。她被葬在位于霍沃思的家庭墓园，身后留下一部永存后世的小说杰作。

◆

第 20 章

毛毯下的小世界

◆

文学与孩子

让我们在文学的世界里玩一个捉迷藏的游戏吧。你能找到《哈姆雷特》中的儿童角色吗？《贝奥武甫》中的孩子形象又藏在何处呢？《傲慢与偏见》在2012年被评为英语文学作品中最有影响力的一部。在这样的小说中，你可曾发现孩童的身影？尽管你大声呼喊着："出来吧，孩子们，你们都藏在哪里？"可最终将发现自己只是在徒然地寻找。

如果在传统父母的眼中，理想的孩子应该是"乖乖地待在你身边却不哭闹的"，那么，在数百年悠长的文学历史中，人们既看不见孩子的形象，亦未闻孩子的声音。然而，他们的确存在。

儿童文学这称谓语生歧义：既可理解为"写给儿童阅读的文学"，亦可被解释成"书写儿童的作品"。它是19世纪的独特产物。将"儿童"选为有价值的创作题材以及潜在目标读者群的文学思潮，要归功于浪漫主义运动的两位先锋人物：让–雅克·卢梭[①]和威廉·华兹华斯。卢梭的《爱弥儿》[②]（1762）是一部理想的儿童教育手册。卢梭在其中阐述的观点与华兹华斯在19世纪创作的自传式长诗《序曲》（*The Prelude*）中所表达的主题一致：儿童时期是人类性格思想形成的阶段。正如华兹华斯所言："儿童是成人之父。"童年期对于人类整个生命历程来说并非无足轻重，相反，其价值是举足轻重的。

华兹华斯对于儿童话题的热切喜爱原因有二。其一，童年经历是人类性格的"形成"因素（若人们的童年不幸，那么这样的经历同样可以是给人带来创伤的，甚至破坏掉本可以形成的良好性格）。在《序曲》中（童年本就是人生乐章的序曲），华兹华斯宣称我们正是在童年时期与周身事物以及大千世界建立了联系。就诗人自身的经历而言，童年的华兹华斯就形成了与大自然之间的亲密关系。

华兹华斯之所以钟爱童年，原因之二是出于他的宗教信仰。华兹华斯认为，儿童因降生不久，方获得上帝的同在与眷顾，因此他们的内心比成人更加纯洁。他也在诗歌《不朽颂》[③]中宣扬了这一信仰。诗人坚定地认为，我们"一路踏着云彩的荣耀"，降生于世。而如此殊荣随着人们年岁渐长便逐渐消散了。一般情况

① 让-雅克·卢梭（Jean-Jacques Rousseau，1712~1778），法国启蒙思想家、哲学家、教育家。代表作有《社会契约论》《爱弥儿》等。——译者注

② 《爱弥儿》（*Émile*），一部关于人类天性的哲学论文。——译者注

③ 《不朽颂》（*Ode: Intimations of Immortality*），创作于1807年。——译者注

下，当我们谈论“成长”一词时，语义中总附带着如是暗指：我们变得更强壮、更有知识，技能也得到了增长。这也是为什么我们直到一定年龄，足够成熟时，才可以看某些电影、饮酒、驾车、结婚，以及在公开选举中投票（在美国和英国情况皆如此）。而成长在华兹华斯眼中，则别有另一番光景。他认为，成长并非获得，而是失去了某些更重要的东西。

正如我们在第 18 章中所看到的，就童年时期在人类整个生命历程中的重要地位这一信仰而言，继承华兹华斯衣钵的便是查尔斯 · 狄更斯。在其第二部小说《雾都孤儿》中（创作于狄更斯 20 岁出头的年纪，1837~1838 年），他抨击了当时新颁布的立法制度，因为这一法律让依赖公共救济为生的穷人更加痛苦，以此让这些所谓的“社会闲散人员”自谋职业，以减轻社会支付的负担。福利国家这一政治思想是循环反复产生的。

即便如此，狄更斯又是如何构建批判残酷英国的框架的呢？他批判的笔迹追踪着一个孩童从孤儿到进入济贫院，后成为扫烟囱的童工，最终尝试犯罪的成长经历。你是否想弄明白这个社会为何成为现在的样子？那么，首先为教育孩子的方式自省片刻吧，因为人们常说，“嫩枝弯折，树得其形”。狄更斯认为自己为人的性格以及在艺术上的风格均形成于 13 岁之前。他也叮嘱了为他写传记的作家将这 13 年的经历详细清楚地记载下来。

华兹华斯关于儿童时期经历影响人的一生的观点在《雾都孤

儿》中体现后的很长一段时间，许多后来的作家亦在他们各自的作品中探讨了这一问题。诸如夏洛蒂·勃朗特（体现在其最著名的作品《简·爱》中）、托马斯·哈代(《无名的裘德》[①])、D·H·劳伦斯[《儿子与情人》[②]（1913）]。华兹华斯这一观点的影响之深远，威廉·戈尔丁[③]的《蝇王》[④]以及莱昂内尔·施赖弗[⑤]的《凯文怎么了》[⑥]（2003）依然有所体现。

一言以蔽之，人们终于在19世纪找到了藏于文学作品中的那个孩子。自此，便再未失去对于儿童话题的创作热情。

谈了这么多，我们的讨论涵盖了那些成人所写的、写给成人的作品以及描写儿童的书籍。那么，是否有那么一类书籍是成年读者和儿童都喜爱阅读的呢？尽管这些作品的初衷并非将成年读

---

① 《无名的裘德》(*Jude the Obscure*)，出版于1895年，是英国作家托马斯·哈代的封笔之作。讲述了出身贫寒的乡村青年裘德立志要成为一名牧师，却壮志未酬，最终郁郁而终的故事。——译者注

② 《儿子与情人》(*Sons and Lovers*)，故事的主人公莫瑞尔太太将自己的热情和抱负都倾注在儿子保罗的身上，而保罗直至母亲去世才得以自己选择生活的道路。——译者注

③ 威廉·戈尔丁（William Golding，1911~1993），英国小说家、诗人，代表作有《蝇王》《继承者》等，获得1983年诺贝尔文学奖。——译者注

④ 《蝇王》(*Lord of the Flies*，1954)，小说以孩子的故事讽刺了成人世界的险恶斗争。——译者注

⑤ 莱昂内尔·施赖弗（Lionel Shriver，1957~ ），生于美国的英国小说家、记者，代表作有《凯文怎么了》《新共和》《生日过后的世界》等。——译者注

⑥ 《凯文怎么了》(*We Need to Talk about Kevin*)，获得了2005年度的橘子小说奖。——译者注

者定位为目标读者群。我们不禁会发现，身边还是不乏这样老少咸宜的书籍的。例如，刘易斯 · 卡罗尔的《爱丽丝梦游仙境》、马克 · 吐温[①]的《哈克贝利 · 费恩历险记》[②]（1876）和约翰 · 罗纳德 · 瑞尔 · 托尔金[③]的《指环王》[④]。成年读者可以将这些小说读给孩子听。当然，孩子们也可以自己阅读。说到这里，我们应该提醒自己意识到“儿童”应该是十分宽泛的概念。一个 5 岁孩子的读、听和理解力程度与一个 10 岁出头的孩子是截然不同的。针对这一点，你会发现书店为他们设置了各自的大型图书区域，以飨不同年龄的儿童读者。无论我们多大，过生日的时候蛋糕上会插着几根蜡烛，可我们的心中仍旧住着一个孩子。正因如此，你会发现上至 70 岁，下至 7 岁的读者都很喜欢阅读或者欣赏这三部作品的有声版。

刘易斯 · 卡罗尔是牛津大学的一位数学家，同时也是一位牧师。他创作“爱丽丝”系列作品是为了送给朋友年仅 8 岁的聪慧

---

① 马克 · 吐温（Mark Twain，1835~1910），美国小说家，原名塞姆 · 朗赫恩 · 克莱门斯（Samuel Langhorne Clemens）。代表作有《哈克贝利 · 费恩历险记》《汤姆 · 索亚历险记》《百万英镑》。——译者注

② 《哈克贝利 · 费恩历险记》（*Huckleburry Finn*），讲述了白人少年哈克贝利与黑奴吉姆的历险故事。——译者注

③ 约翰 · 罗纳德 · 瑞尔 · 托尔金（J.R.R.Tolkien，1892~1973），英国牛津大学古英语学家作家，代表作有《霍比特人》《指环王》等。——译者注

④ 《指环王》（*Lord of the Rings*, 1954~1955），分为《魔戒同盟》《双塔殊途》和《王者归来》三部。——译者注

女儿们。在一个夏日的午后，刘易斯·卡罗尔和他的小朋友们乘船顺河流而下时，他创作了爱丽丝的故事。起初，故事的雏形是一个身形可以变小的女孩儿追寻着一只白兔而落入兔洞，最终来到一个地下世界。在这个地下世界中，爱丽丝误吃了一块蛋糕，于是变得身材巨大。漫游过程中，她周围一直围绕着许多奇怪的成年人（他们中的有些人看起来十分恐怖——就像那些为了让孩子停止哭闹而把胡椒面撒进他们眼睛里的母亲）。很显然，卡罗尔讲述的这个故事就是一则关于孩子“成长”过程中所经历那些磨炼和苦难的寓言。因此，正在经历这一痛并快乐着的时期的年轻读者总是对这本书十分着迷。深藏于这部小说中的无数情节都引人发笑且耐人寻味。同时，它们也引发了卡罗尔大学同事的兴趣。他们尤其对经典诗歌在书中的诙谐改编（包括一首对华兹华斯关于成长话题的诗歌的滑稽演绎）以及一些哲学难题兴致勃勃。

马克·吐温所著的《哈克贝利·费恩历险记》是以儿童为主题的美国小说中最受推崇的，但是其故事却极其简单。在写作《哈克贝利·费恩历险记》前，马克·吐温创作了汤姆·索亚这个人物，而哈克正是他的朋友。他和非裔美国奴隶吉姆一同踏上了逃亡之路。他们二人临时搭建了一只竹筏，顺密西西比河而下，最终想达到吉姆能够获得自由的地方。他们在旅途中历尽艰险，白人儿童哈克也学会了对黑奴吉姆以同怀视之。在小说尾声极度滑稽可笑的几章中，汤姆·索亚终于出场了。书籍出版之后，马

克 · 吐温收到了如雪片般飞来的信件。这些都是年轻读者们写给“哈克和汤姆”的，读者中既有年仅 9 岁的儿童，也有 12 岁左右的少年。即便年龄有差异，但他们都无一例外地钟爱汤姆和哈克这两个小伙子的种种传奇冒险故事。《哈克贝利 · 费恩历险记》在年轻读者中实在是太过流行了。你或许想不到，这本书曾经在全美的图书馆中遭禁，原因是因为孩子们盲目地模仿哈克那种不合文法的说话方式和爱说谎的坏习惯。即便如此，特别是在 1964 年颁布《民权法案》[①]后的数年中，成年读者也开始关注这部小说，并对其中马克 · 吐温对白人少年哈克与非裔美国人吉姆之间关系的微妙描述深感兴趣。同样吸引他们的，还有年轻的主人公是如何一步一步打消对黑人伙伴的种族歧视的。与二人的冒险经历相比，这便是小说的成人主题。即便有些沉重严肃，但这一主题仍旧与小说中的欢乐场景浑然一体，和谐共存。

《指环王》则深入思考了善恶间的永恒矛盾冲突。同样探讨这类主题的还有菲利普 · 普尔曼[②]与泰瑞 · 普莱契[③]较为近期的作品。这两位的作品的主要受众群是成年读者。而托尔金史诗般

① 《民权法案》(*Civil Rights Act*)，美国于 1964 年颁布的禁止种族隔离，并将对黑人、少数民族以及妇女的歧视定为违法行为的法案。——译者注

② 菲利普 · 普尔曼（Philip Pullman，1946~ ），英国作家，代表作有《黑暗物质三部曲》《雾中红宝石》等。——译者注

③ 泰瑞 · 普莱契（Terry Pratchett，1948~ ），英国作家，代表作有《猫鼠奇谭》《碟形宇宙》等。——译者注

的叙述还有另一层面的意义。他的《指环王》主要围绕黑暗魔君索伦在征服中土的过程中与保卫家园的精灵族、矮人和人类族群之间的争斗展开。托尔金是那一时期最受敬仰的中古英语文学评论大家，同时，他在《贝奥武甫》（详见第 3 章）研究方面也颇有建树。《指环王》的卓越魅力在于在无数个夜晚，让儿童读者们彻夜秉烛夜读。此外，它也撩拨着托尔金的学者同僚们的阅读兴致。正是在牛津一家氛围宜人的小酒馆中，托尔金首次对他的同事们大声读出了《指环王》的故事。

第 21 章 颓废之花

王尔德、普鲁斯特和惠特曼[①]

当时间走入 19 世纪末期，在法国及英国文坛中，作家们开始以一种全新的形象示人——他们是“花花公子”式的作者。霎时间，他们不再单纯背负作家的盛名，而且身披着“名人”的荣光。他们的着装风格以及言谈举止的模式成为大家竞相学习和效仿的对象。此外，这些偶像作家们的妙语警句也纷纷流传。读者们敬重他们的作品，亦倾慕他们的为人。另一方面，作家们也使尽浑身解数以不辜负自己名人的声誉。正如王尔德在其以道林 · 格雷为主人公的一部小说中嘲讽的，“这世界上只有一件事比被人议论更糟糕，那就是没有人议论你”。

纵观历史，拜伦（第 15 章中那个“疯狂、风流和危险”的形象）以其标志性的衬衫领和狂傲自大，堪称首位因生活方式和外

---

① 沃尔特 · 惠特曼（Walt Whitman，1819~1892），美国诗人，创造了“自由体诗歌”（Free Verse），代表作有《草叶集》等。——译者注

在形象而声名狼藉的作家。尽管如此，他的诗作却广受尊崇。19世纪末，随着维多利亚时代的严谨之风渐消，“拜伦式”的风格又重获生机。同时，尤其是从法国传来的文学、文化和艺术的新思潮逐渐跨越海峡袭来，侵蚀着英国中产阶级身上原有的沉稳。

这一时期，在英国文坛上大放异彩的“时髦文学”的狂热之风，在一位出挑的作家身上表现得淋漓尽致。他就是奥斯卡·芬葛·欧佛雷泰·威尔斯·王尔德。王尔德的艺术生涯是异常精彩的。作为名人，没有任何一位作家在自我造势上能出其右。但是，盛名之下王尔德的最终归宿也向世人昭示着：作为作家，在生活方式及行为上太过于背离常伦，行差踏错，是会给自己带来危险的。提及王尔德，时髦、颓废、堕落这样的词汇便会跃然于公众的脑海中。王尔德行为越轨，但这一切都发生在他声名鹊起之后。

客观地说，王尔德的文学成就并非名垂青史，令人仰止。但值得赞赏的是，他仍有一部未受争议的作品，那就是戏剧《认真的重要性》[①]（1895）。此外，他还出版过一本哥特式小说[②]《道

① 《认真的重要性》（*The Importance of being Earnest*），喜剧作品，王尔德借此挖苦了19世纪英国虚假的认真态度。——译者注

② 哥特式小说（Gothic Novel），属于惊险、恐怖及神秘小说的一种。——译者注

林 · 格雷的画像》[1]（1891）。这部小说在其诞生的时代感动了大批读者，在今日却因其蕴含的同性恋潜台词而显得十分有趣。这部小说在情节上让人想起了浮士德博士与魔鬼梅菲斯特签订的“灵魂契约”（Faustian Pact）。因为主人公道林 · 格雷（Dorian中的“d'or”为法语，意为“纯金打造的”）同样与自己的肖像画达成了协议，使自己金色的韶华永驻，而深藏于阁楼中的那幅画像（那个“晦暗”的格雷）的容颜在不断衰老和凋零。其他的作家在驾驭这一主题的技法上显得比王尔德纯熟，但却没能比王尔德更能煽动读者的情绪。

生于爱尔兰都柏林，成长于一个教化良好的家庭，王尔德的父亲是一位卓著的外科医生，而他的母亲本身就是位作家。就社会阶层来看，王尔德的家庭属于“英裔爱尔兰”统治阶层，即清教徒殖民者阶级（当然，王尔德在弥留之际转信了天主教）。在爱尔兰都柏林圣三一学院读完古典研究后，他继而在牛津大学莫德林学院（Magdalen College）接受教育。也正是在那里，王尔德深受唯美主义运动（对美的狂热）领袖沃尔特 · 佩特[2]的影响。佩

---

① 《道林 · 格雷的画像》（*The Picture of Dorian Gary*），讲述了相貌英俊的伦敦少年道林 · 格雷请求画家霍尔沃德为其画一幅肖像画，且向画作许愿自己青春永驻，而自己的老去和所犯罪恶都由肖像画承担，最终离奇死亡的故事。——译者注

② 沃尔特 · 佩特（Walter Pater，1839~1894），英国作家、文学评论家，代表作有《文艺复兴》《享乐主义者马利乌斯》。——译者注

特对门生们的教诲是，他们都应“永远炽热地燃烧自我，升起宝石般的烈焰”。在这些学子中，没人能绽放出如王尔德一般忘我绚烂的焰火。佩特关于“为艺术而艺术”（art for art's sake）的教诲在王尔德之后的一句妙语中得到了淋漓尽致的体现：“我想指出的仅是一条普世真理，那就是艺术对生活的模仿远不及生活对艺术的模仿多。”

在王尔德心中，即便是宗教也只能位列艺术之后。他放言：“我将主耶稣基督列在诗人之中。”他的言辞丝毫不顾及拘谨的基督徒们的想法。在别处，王尔德还发表过更具煽动性的言论：“最终被揭露出的真相是谎言，即讲述不真实却美轮美奂的事物，这才是艺术应该到达的彼岸。”将律师们听闻此言的感受置于脑后。在这些大胆狂放的言论中，王尔德的思想逐渐趋近于一种后期被称为“现象学”[①]的哲学思想。其名虽听来深奥，但其实却相对简单。以现象学的观点来看，我们正是通过艺术的形式，将周遭无形世界有形化，并理解它。在王尔德看似浮夸的表现形式中，有一颗马修·阿诺德[②]（王尔德最景仰的诗人）所说的庄严性的内核。他是行为乖张的花花公子，却绝非脑中无物的愚人。

王尔德离开牛津时，读写能力极强，且文化底蕴深厚。可他

① 现象学（Phenomenology），20世纪流行于西方的一种哲学思潮，认为现象是意识的本质。——译者注

② 马修·阿诺德（Matthew Arnold，1822~1888），英国诗人、评论家，代表作有《文化与无政府主义》。——译者注

却派头十足地不拿自己的学识当回事（一如他剪裁精巧的服饰）。王尔德投身伦敦文学界，当他身处巴黎或者纽约时，也会成为当地引人趋之若鹜的人物。人们纷纷试图一睹王尔德的真容，若是有幸听到他最新的妙语警句（比如，王尔德立于尼亚加拉大瀑布上时所说的："真是对水源的巨大浪费。"），便更好了。

除开这一切不说，王尔德还将自己置于公众的眼皮底下，铺天盖地都是关于他的谣言、报道和照片。在当时，他的形象几乎与维多利亚女王一样家喻户晓（人们怀疑女王并非王尔德的拥趸，而当时的另一位诗人阿尔弗雷德 · 劳德 · 丁尼生[①]才更受君主的青睐）。王尔德扣眼中点缀的颜色诡异的绿色康乃馨、阳刚不足而阴柔有余的天鹅绒夹克衫、飘逸的头发，诸如此类的装扮均被他称作新希腊主义[②]。他和佩特崇尚的是古代雅典的精神和柏拉图式的精神之爱。王尔德是那耳喀索斯[③]和"千金之子"（纨绔子弟）的化身。而且，随着年岁消逝，他逐渐成了千金之子的保护者。

《道林 · 格雷的画像》出版后的几年，王尔德迎来了自己创作生涯的巅峰时期。当时，他笔耕不辍，正在为伦敦戏剧界贡献戏剧作品。于是，戏剧成了王尔德思想智慧机锋的最佳载体。在

① 阿尔弗雷德 · 劳德 · 丁尼生（Alfred Lord Tennyson，1809~1892），英国诗人，代表作有《悼念》，1850 年获得桂冠诗人的称号。——译者注

② 新希腊主义（Neo-Hellenism），一种崇尚古希腊文化和思想的风潮。——译者注

③ 那耳喀索斯（Narcissus），希腊神话中自恋的美少年。——译者注

他的作品中，公认的代表作是《认真的重要性》。正如标题所暗含的狡黠意味，这出戏剧是对维多利亚时期道德正统的辛辣讽刺。[(戏剧面世后，欧内斯特（Ernest）这个名字一时间都变得不再流行。] 剧中滑稽情节的设置技艺高超，而且几乎每一场的台词中都有令人眼花缭乱的语言换用现象：

> “我衷心希望您过的不是一种双重生活。一方面故作邪恶，另一方面却总行好事。如若如此，就真叫虚伪了。”

眼看着自己的戏剧在伦敦赫马基特剧院上演时座无虚席，王尔德却和路西法①一样从天堂堕落。他被自己年轻爱人阿尔弗雷德·道格拉斯（Alfred Douglas）的父亲指控为一个“鸡奸者”。王尔德并不接受指控，并且指控道格拉斯的父亲诽谤。结果，王尔德输了官司，随即便被指控“妨碍公共教化”。他被证明有罪，且被判入狱服了两年苦役。这两年，他不再是奥斯卡·王尔德，而是犯人C.3.3 号。刑满释放后，王尔德写下了《瑞丁监狱之歌》（*The Ballad of Reading Gaol*）（1898）。诗中再难见王尔德原来时髦的文风。这首诗以阴郁的基调结尾，满是对背叛自己的爱人的激烈控诉：

① 路西法（Lucifer），《圣经》中被逐出天堂前的魔鬼撒旦。——译者注

人皆亲手摧毁所爱之物，

他们所拿的武器却不相同，

有人用惊鸿一瞥，

有人舌灿莲花。

懦夫以亲吻杀人，

勇士则挥剑毙命。

狱中，王尔德为自己的生命写了一封道歉信，题为“自深深处”[①]，意为由心底发出的声音。这部作品的一个版本于 1905 年出版。然而其完整版则被认为在某些细节上有诽谤性，所以直到 20 世纪 60 年代才得以出版面世。

刑满释放之后，王尔德避走法国，而他在公众面前鲜少曝光的妻儿却并未同行。王尔德于 1900 年去世，时值维多利亚时代接近衰败的时期。这是个他终生都在冒犯以及嘲弄的时代。弥留之际，王尔德说：“在这个世界上生活过是件罕有的事，因为大多数人只是来这个世上走了一遭。”尽管肉身逝去，奥斯卡 · 王尔德的名字却留在了文学历史上。他将自己的一生过成了一件精美的艺术品，并且留下了一些确实值得后世一读的作品。2012 年，人们向政府请愿，在王尔德死后宽恕他的罪行，可时值我执笔撰写本书时，这封请愿信仍未获得政府的回应。或许，王尔德理应得

① 《自深深处》(*De Profundis*)，一译“深渊书简”。——译者注

到这样的结局。

文风时髦的风气在法国被查尔斯·波德莱尔[1]上升为一种宣言，且在其作品集《现代生活的画家》[2]（1863）中的一篇散文中有所提及。（有趣的是，波德莱尔是首位给"现代主义"下定义的作家。我们将在第28章中探讨这一文学思潮。）对波德莱尔而言，时髦的文风堪比"一种宗教"，也就是"唯美主义"，是存在于所有事物中的艺术美感。同样，波德莱尔也会将耶稣基督看作一位诗人。对于时髦文风的这一定义，已经俨然超越了文字外在的矫饰之美和作者时尚衣着的简单层面：

> 和许多头脑简单人士的想法正好相反，浮华矫饰甚至与对优雅服饰和物质的过分喜爱根本沾不上边。对于最善于耍弄时髦的作者来说，那些浮夸的外在物质仅仅是其贵族般优越思想的体现。

波德莱尔同样洞察到，在时髦的作者看似高贵的头脑中，还隐藏着一个悲伤的内核：

① 查尔斯·波德莱尔（Charles Baudelaire，1821~1867），法国现代派诗人，代表作有《恶之花》《巴黎的忧郁》等。——译者注

② 《现代生活的画家》（*The Painter of Modern Life*），波德莱尔阐述现代美学的著作。——译者注

> 矫饰的文风犹如落日；还似沉星，它何其壮美，却又凛冽阴郁。

之所以阴郁，是因为颓废之花总在事物凋零时盛开，带着腐朽的特殊香气。我们身处一个朽坏的时代，可即便在腐烂之物中，我们仍能发现美；同样，诗歌艺术也可以在腐败的土壤中萌芽。这种对颓废的狂热崇拜也被许多法国作家所吸纳。然而，正如波德莱尔的经历一样，选择追求颓废之美意味着以生命犯险：由于种种放纵行为而导致的英年早逝，被政府起诉以及被贫困所困扰。波德莱尔说，放纵是唯一的出路，即便这条路通向的是自我毁灭："喝醉吧！这样就不用做时间的奴隶，备受役使和折磨，喝醉吧，酒杯别放！任你为美酒，为美诗，或为美德。"

在波德莱尔看来，诗人的姿态（或者说是"默认姿态"）应是"厌倦"（ennui）。其英文中的同义词"无聊"（boredom）都无法将其中的精髓之意表达出来。波德莱尔在另一处解释说，诗人应是浪子（flaneur），这个词同样难以简单地在英文中找到对应的翻译。我们可以把它理解成，诗人应闲庭信步于街边，看街上川流不息的人潮。波德莱尔将"浪子"更形象地描述成一个"充满激情的旁观者"：

> 人群是他赖以生存的必需品，就如空气之于鸟儿，水之于鱼类。他的热情和宣言就如人群这一肉身的一部分。

这一时期，有一位美国诗人十分契合波德莱尔对于现代诗人的定义，他就是沃尔特 · 惠特曼。他有一首诗名为《我漫步在曼哈顿街头，沉思》[①]，其中大都会的名字亦可换成巴黎，属于波德莱尔的城市。惠特曼写道，在他“漫步”时，他思忖了“时间、空间和现实”。诸如此类伟大而抽象之物的意义，可以在喧嚣的城市街道这个大旋涡中寻得。惠特曼和波德莱尔互不相识，亦未曾拜读过对方的作品。但是，他们很显然是同一场文学运动中的同盟者。这一场运动要将文学的势头从 19 世纪转至 20 世纪，转向百花齐放的现代主义[②]（详见第 28 章）。

惠特曼将自己的诗作称为“自我之歌”（songs of myself）。这一标题很好地呼应了王尔德的信念：他的一生就是他最完美的艺术作品。将这一理念追求到艺术极致的是马塞尔 · 普鲁斯特（Marcel Proust，1871~1922）。在他自传式的巨著《追忆似水年华》[③]（1922 年以英文出版，名为 *Remembrance of Things Past*）开篇，普鲁斯特即阐述了这样的思想：生活应该向前进行，而对于生活的理解则应是在回顾中完成的；同时，在我们生活的某些

---

① 《我漫步在曼哈顿街头，沉思》（*Manhattan Streets I Saunter'd, Pondering*），收录于《草叶集》，第 149 首。——译者注

② 现代主义（Modernism），19 世纪末期的作家和艺术家为了反对 19 世纪的陈腐之风而兴起的新文学及艺术风格。——译者注

③ 《追忆似水年华》（*À la recherche du temps perdu*），共 7 卷，出版于 1913~1927 年。——译者注

时间点，你所能看到的表象远不及潜藏在表象之后的实质精彩。普鲁斯特花费了 15 年时间，才创作了这部长达 7 卷的小说。小说以描写一块玛德莲蛋糕的味道开篇："冬日的一天"，叙述者（很显然就是普鲁斯特本人）开始娓娓道来，

> 见我很冷，母亲给我拿来了些茶，而通常我是不怎么喝茶的。一开始，我拒绝了，可之后不知道出于什么原因，我又改变了主意。她又给了我一块扁平而蓬松的小蛋糕，叫作"小玛德莲"。这些蛋糕的纹路看起来像是在扇贝壳的凹槽中塑过型一样。今天天色阴郁，而且看起来明天也不会是个好天气。于是，我心情压抑，机械地将一匙茶送到了唇边。我在这杯茶中泡了一小块蛋糕。当温热的茶水混合着蛋糕碎屑触到我的上腭时，我感到一阵颤抖，于是停止了吞咽，努力感受着这正发生在我身上的奇异的事情。

在主人公身上发生的奇怪的事情，正是由茶水混合着玛德莲的味道所带给他的对于自己一生的回忆。现在重要的，是将这些事都写下。

普鲁斯特的这部小说是记述一生的著作。在这一生中，并未发生任何惊天动地的事情（正如上文中所描述的）。然而，普鲁斯特在"他自己的一生"中创造出的艺术成就，却是世界文学史上的不朽纪念碑之一。普鲁斯特和王尔德彼此知晓，且在王尔德流

放法国时，普鲁斯特曾经超出已能地善待这位来自英国的同侪。若王尔德在出狱后有足够的年月来继续他作为“奥斯卡 · 王尔德”的风采，而非犯人C.3.3号的羞耻，那么他也能创作出如《追忆似水年华》的作品（而且能够延长《自深深处》的篇幅）。颓废运动就这么来了又走了，身后留下的既有一地的落花，也有满目的疮痍。

第 22 章

桂冠诗人

丁尼生

说起诗人，你脑海中浮现出的会是怎样一种形象？或许你的想法和我一样，诗人拥有一双炽热的眼睛，目光深邃，长发飘逸，身着宽松的服饰。或者，诗人也可以以女性的形象出现——她立于石上，看起来如此卓越，目光邈远。周身是云彩、海水，风和风暴在空气中肆意游走。这两个形象看起来都显得如此孤寂。正如华兹华斯所言，像云朵般遗世独立。

诗人身上总弥漫着一种疯狂的气韵——浪漫主义诗人们将这种疯狂称为“狂热的诗学”。许多伟大的诗人（比如说约翰·克莱尔[①]和埃兹拉·庞德[②]）都曾在精神病院中度过些许年岁。有许多同时代的作家面对精神病医生的时间比与文稿代理人沟通的时

---

① 约翰·克莱尔（John Clare，1793~1864），英国诗人，代表作有《描写农村生活和风景的诗篇》。——译者注

② 埃兹拉·庞德（Ezra Pound，1885~1972），美国诗人，代表作有《在地铁站内》。——译者注

间还多。

评论家埃德蒙·威尔逊[①]借鉴了古人的形象来描述诗人。威尔逊认为诗人就像《奥德修斯》中的菲罗克忒忒斯[②]。他是世上最伟大的弓箭手，他的弓可以在战争中获得胜利。在特洛伊人的围攻之下，希腊人境况堪忧，他们需要菲罗克忒忒斯的帮助。可是此时，菲罗克忒忒斯已经被放逐到一处岛上。这又是为何呢？因为他身上有一处伤口散发着阵阵恶臭，没有人能够忍受在他身边生活。于是，希腊人派出尤利西斯前去将菲罗克忒忒斯请回被围困的特洛伊城。所以，希腊人若想要得到弓箭的帮助，就必须忍受伤疤的恶臭。在威尔逊看来，这就是诗人的尴尬角色——他们的存在是必需的，可是和他们生活在一起却犹如天方夜谭。

我们容易认为诗人不仅仅是孤独，实际上，他们是生活的局外人，亦如荒野上的呼喊声。哲学家约翰·斯图尔特·密尔[③]（当他初读华兹华斯的《序曲》时，他的生活已被改变）认为，诗人并非被“聆听”，而是被“偶尔听到”。与诗人关系最密切的，并不是我们这些读者，而是他们的“灵感女神”。她是诗人们的主

---

① 埃德蒙·威尔逊（Edmund Wilson，1895~1972），美国评论家、作家，代表作有《到芬兰车站》《三重思想家》等。——译者注

② 菲罗克忒忒斯（Philoctetes），特洛伊战争中希腊军队的将领，精通箭术。——译者注

③ 约翰·斯图尔特·密尔（John Stuart Mill，1806~1873），英国哲学家和经济学家，代表作有《论自由》。——译者注

人，以灵感（字面上也可理解为“神圣的呼吸”）而非金钱浇灌诗人。诗人是贫困最好的盟友，在这一点上任何一类人都无出其右。因此，才有了“诗人的阁楼”这样的表达方式。你何时听过有人说“律师的阁楼”或者“医生的阁楼”呢？

诗人的歌声最为动听。诗人菲利普 · 拉金[①]曾说，诗人的歌喉就像传奇画眉的胸口被荆棘猛刺之后所发出的啼音。然而，问题并非像给诗人足够的金钱或者将画眉鸟胸前的荆棘拿走一样简单。另一位作家乔治 · 奥威尔[②]也对诗人的形象做出过生动的评论。他将社会比作一头鲸鱼，这种生物的本性就是吞噬人类——正如《圣经》中鲸鱼将活生生的约拿[③]吞掉的故事一样。当然，约拿并未被这头巨鲸所嚼碎或者吃掉——他仅仅是被囚禁在了“鲸鱼的肚腹”。艺术家的职责便是待在“鲸鱼肚腹之外”。正如奥威尔所言：诗人应站得足够近，可以看得清鲸鱼（或者说像《动物农庄》[④]一般讽刺地说，近到足以用鱼叉插住鲸鱼），却不至于像约拿一样被它所吞噬。艺术家中，最应与社会保持距离的，就是诗人。

---

① 菲利普 · 拉金（Philip Larkin，1922~1985），英国诗人，代表作有《北方船》等。——译者注

② 乔治 · 奥威尔（George Orwell），英国记者、小说家、评论家，代表作有《动物农庄》《一九八四》等。——译者注

③ 约拿（Jonah），《圣经》故事中的先知。——译者注

④ 《动物农庄》（*Animal Farm*），一部政治寓言小说。——译者注

诗歌先于任何一种书写或者印刷版本的文学形式出现。从历史和地域角度来看，每个社会都有自己的诗人诞生。无论人们如何称呼他们——吟游诗人、斯堪的纳维亚半岛的吟唱诗人、乐人、歌者，抑或是打油诗人（近期体现在饶舌音乐中的诗歌复兴诞生了“贩毒者”这一词汇）——这些诗人们与社会之间总显得那么难以自处，是一种一个在内，一个在外的尴尬境地。

在封建社会中，贵族阶级一般都有自己的吟游诗人（同样，他们也有自己的宫廷小丑）。这些诗人们取悦贵族以及他们的客人们。沃尔特·司各特爵士就吟游诗人这一群体写作了一首杰出的诗歌——《最后一个吟游诗人的歌》（*The Lay of the Last Minstrel*）（1805）。自 17 世纪开始，英国就诞生了自己的桂冠诗人，获得这一殊荣的是君主指定的诗人，也是王室成员中的一员。在时间上距离我们更近的是美国的桂冠诗人。在 1986 年以前，获奖者有个烦冗的称呼，那就是“美国国会博物馆的诗歌顾问”（Consultant in Poetry to the Library of Congress）。而“桂冠”（Laureate）一词则让人直观地想起了古希腊和古罗马，意为“用月桂树叶编织成的王冠”。桂冠诗人的获得者是那些在文字竞赛中与其他诗人争论斗智而获胜的人（饶舌歌手作为现今这个时代的吟游诗人，同样在音乐自由创作比赛中进行着这样的较量）。在英格兰，首位正式的桂冠诗人是约翰·邓恩。他在查理二世统治时期的 1668~1669 年间保持了这一称号，尽管邓恩看起来并未非常认真地履行自己的职责。从那以后的几个世纪以来，桂冠诗人成了一个笑柄。比如说，曾经获得这一称号的有亨利 · 派伊（Henry Pye，1790~1813 年的桂冠诗人）。我作为一个研究文学多年的人，却想不起一句亨利 · 詹姆斯 · 派伊的诗歌。这对我来说也并非羞耻之事。

正如战争中的胜利者一样，桂冠诗人所面对的不仅有这一头衔所带来的令人尴尬的荣誉和微薄的金钱奖励（传统的奖励是少许金币和一支枪管），还有嘲讽的声音。罗伯特 · 骚塞（1813~1843 年间的桂冠诗人）为当时刚去世的国王乔治三世[①]作诗。在他笔下，国王去世后被一位谄媚的圣彼得接去了天国。这首诗叫作“审判的幻影”（*A Vision of Judgment*，1821）。拜伦则以一首仿写诗《审判的想象》（*The Vision of Judgment*，与骚塞的诗歌标题仅有细微差异）辛辣地讽刺和抨击了骚塞。拜伦的这首诗歌被称为英语中最伟大的讽刺作品之一。创作这首诗的时候，拜伦正因所谓的不道德行为被流放在意大利。试问，哪些诗人最为后世者所纪念，是出世的还是入世的？沃尔特 · 司各特爵士（详见第 15 章）拒绝了本将颁给他的桂冠诗人称号（讽刺的是他是骚塞的支持者）。他如此解释自己的行为：桂冠诗人的头衔会如胶带一样束缚他握笔的手，让他不再能自由地创作。相较之下，司各

① 乔治三世（George III，1738~1820），1760~1820 年在位的英国国王。——译者注

特宁可选择诗歌写作上的自由。

尽管如此，在众多桂冠诗人中，有一位“宫廷诗人”——奥威尔眼中身处于鲸鱼肚腹中的诗人，他的诗歌却也大放异彩。这位诗人就是阿尔弗雷德·丁尼生（1809~1892）。相对于丁尼生那个时代人们的平均寿命来说，他是长寿的，年逾80方才离世。他的寿命比狄更斯长20年，比济慈长50载。如果他们如丁尼生得享如此悠长的年岁，那么这二位又该有何等的佳作传世。

丁尼生在22岁时就出版了自己的首部诗集。其中包含了许多至今仍广为流传的抒情诗，比如《夏洛特夫人》（*The Lady of Shalott*）。创作这些抒情诗的时候，丁尼生将自己定位为一位浪漫主义诗人——继承济慈衣钵的人。然而，浪漫主义这场文学史上举足轻重的运动随着19世纪30年代的到来而逐渐衰退了。因此，人们也就不再欣赏和济慈风格相似的诗作了。此后，丁尼生的创作生涯经历了很长一段时间的停滞，评论家们将其称为“消失的10年”。这是在荒野中度过的10年。随后，丁尼生在1850年以一首维多利亚时期最著名的诗歌作品《纪念阿瑟·哈勒姆》（*In Memoriam A.H.H*）奋起摆脱了这种麻痹的状态，那时他41岁。这首诗是丁尼生为了怀念他去世的挚友阿瑟·哈勒姆（Arthur Hallam）所作。人们由本诗推测，丁尼生与阿瑟·哈勒姆的感情甚为亲密，甚至发展到了恋人的地步。当然，这仅仅是人们的臆测。但维多利亚时期的人们至少可以肯定，他们存在男性间亲密的关系。

这首诗由数首篇幅较短的抒情诗组成，在创作的时间跨度上与丁尼生丧失友人的 3 年丧期相吻合。在维多利亚时期，人们用整年的时间哀悼自己所爱之人的逝去。他们身着深色服饰，且使用黑边的信笺纸，女性则戴面纱，以及一些颜色暗沉的个人珠宝。在这首引人叹惋的诗中，丁尼生思考了在他这个年纪最为困扰的问题。对于宗教的怀疑如道德上的疾病一般侵扰了 19 世纪下半叶的英国人。丁尼生便深受其扰。如果真有天堂，那么当我们至爱之人逝去的时候，我们为何难以感到高兴？相比这个世界，他们去的天堂应是个更美好的地方。即便涉及诸如宗教怀疑这样深远的主题，《悼念》（*In Memoriam*）实质上始终都是一首丁尼生表达个人悲痛情感的诗歌。在历经了种种痛苦之后，诗人在最后写道："宁愿爱过再失去，也好过永远未曾爱过。"那些痛失爱人的人们，怎么会希望自己所爱的人们不曾存在过呢？

维多利亚女王在 1861 年失去了她的伴侣——因伤寒症而撒手人寰的艾伯特。从此，她一直身着孀妇的黑纱直至 40 年后生命结束。这位女王曾经吐露，在丁尼生哀悼朋友的挽歌中，她找到了巨大的慰藉。此外，诗人和女王还结缘于诗歌，成了朋友。因此，丁尼生不仅是维多利亚时期的诗人，他还是维多利亚女王的御用诗人。女王在 1850 年授予他桂冠诗人的头衔，且他可以保有这一头衔直至 42 年后去世。

在这之后，丁尼生事业上的巨大成就在于创作了一部长篇叙事诗——《国王叙事诗》[1]。这首诗旨在探讨理想的英国君主政体的实质。这首诗按照时间顺序以韵文记载了亚瑟王的统治和他的圆桌骑士的故事。当然，这首诗是丁尼生对赏识他的君主的含蓄礼赞。与其他桂冠诗人一样，丁尼生也写过一些相当乏味的东西（即便是1984年获得桂冠诗人称号的充满活力的泰德·休斯[2]也有过这样的作品）。当然，作为桂冠诗人的他也写过一些极佳的公开发表的诗作，其中最著名的要数《轻骑队之战歌》（*The Charge of the Light Brigade*，1854）。这首诗纪念了克里米亚战争[3]中，600名英国轻骑兵在血腥和极度无望的战场上被俄国军队的枪炮折磨的情景。这场战争的伤亡人数众多，一位亲历此役的法军上将评述说，“这次事件壮丽雄伟，却不像一场战争。”在《泰晤士报》上看到关于这场交战的描写后，丁尼生心头涌现出一首诗歌，他随即以极快的速度记下。丁尼生走笔写下的还有战马雷鸣般的蹄声、战死沙场的血腥以及战争本身的“壮丽的疯狂”：

炮火在其左，

① 《国王叙事诗》（*Idylls of the King*），讲述了亚瑟王从出生到继位以及与圆桌骑士们的故事。——译者注

② 泰德·休斯（Ted Hughes，1930~1998），英国诗人，代表作有《雨中鹰》。——译者注

③ 克里米亚战争（Crimean War，1853~1856），英国、法国、土耳其与俄国之间的战争。——译者注

炮火在其右，

炮火响起在他们面前。

子弹齐发，炮声如雷，

枪炮如暴风雨般降临，

他们英勇向前，策马奔腾。

闯入死亡的深渊，

进入地狱的门口，

六百勇士向前冲。

在晚年，丁尼生以庄严的诗人形象出现在世人面前。他长发飘逸，胡须茂密，身着西班牙斗篷和帽子。但在其飘逸的外表和姿态下，丁尼生是最具生意头脑的诗人，对追名逐利兴趣盎然。他以狡黠登顶文学史柱的顶端，去世时，是富有的阿尔弗雷德·劳德·丁尼生爵士。而他的财富，全是由自己的诗作创造来的，比作品每年再版的任何一位作家都富有。

究竟是丁尼生太功利，还是丁尼生在出世与入世间取得了完美的平衡？许多关心诗歌艺术的人们认为，维多利亚时期的其他作者，如杰拉尔德·曼利·霍普金斯[①]，才是更加“纯正”的诗人。霍普金斯是一位耶稣会神父，他利用自己完成教职之后的少

① 杰拉尔德·曼利·霍普金斯（Gerard Manley Hopkins，1844~1889），英国诗人，代表作有《茶隼》等。——译者注

许空余时间完成诗歌创作。据说，他和维多利亚时期的英国唯一有关联的地方，就是他在这个国家中呼吸生存着。霍普金斯仰慕丁尼生，但他却将丁尼生的诗歌称为“帕纳塞斯”派（Parnassian，Parnassus是古希腊的诗人之山）。坦率地说，他认为丁尼生为了“出世”牺牲了太多。相比之下，霍普金斯宁死也不愿意为了出版一部如《悼念》般的诗作而在大街上接受人们的注视。

霍普金斯焚烧了许多自己具有尝试性的诗作。他写过一些自称为“恐怖的十四行诗”的作品，在这些极私密的诗中，他表达了自己对宗教的怀疑。除了自己的密友罗伯特·布里吉斯[①]外，霍普金斯从未想过把这些诗给任何人看。30年后，布里吉斯（讽刺的是，布里吉斯自己命运般地在1913年获得了桂冠诗人的称号）决定出版当年霍普金斯交付给自己的诗作。出乎意料的是，这些诗歌在布里吉斯去世几年后，成为当时现代主义文学风格的先锋作品，甚至改变了英语诗歌发展的轨迹。

所以，谁才是更“纯粹”的诗人？是“入世”的丁尼生，还是“归隐”的霍普金斯？所幸诗歌富有兼收并蓄的能力，总能将两者很好地融合在一起。

① 罗伯特·布里吉斯（Robert Bridges，1844~1930），英国人，从事医学工作却致力于诗歌研究。——译者注

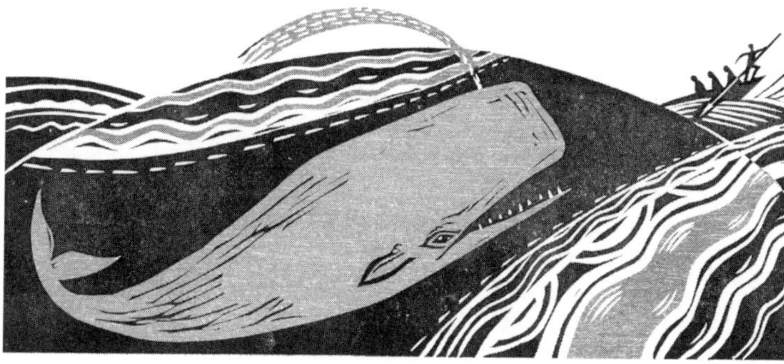

第 23 章

新大陆

美国的声音

美国文学圈外人对这个他们不曾涉足的圈子曾有过这样一种侮辱，那就是美国文学从不存在，存在的只是在美国写就的英国文学。无须赘言，这种无知而无礼的言论是绝对错误的。萧伯纳[1]如此评论："英国和美国是被同一种语言分隔开来的两个国家。"对于所有英语国家的文学作品来说，这句话都是说得通的；在英美两国间，尤其在理。无论美国文学与其他英语国家的文学模糊的边界何在，又或者这一边界在有记载的历史中是否曾经出现过，美国文学都一样堪称硕果累累、成就伟大。纵观悠长的美国文学史，在其中信手拈来篇篇佳作，我们会更好地界定这一地区性文学的性质和特点。

---

① 萧伯纳（George Bernard Shaw，1856~1950），爱尔兰剧作家，代表作有《圣女贞德》《伤心之家》等。——译者注

美国文学的起点是安妮 · 布拉德斯特里特[①]。从任何一本作品选集中，我们都能发现这一事实。现代诗人约翰 · 贝里曼[②]说，整部美国文学史都应向布拉德斯特里特女士致敬。她的作品标记了美国文学与英国文学的分水岭，在这片新大陆上，文学的奠基者正是这位女性。相比之下，没有人会说英国文学以阿尔法 · 贝恩[③]为起点。安妮 · 布拉德斯特里特的地位可见一斑。

布拉德斯特里特女士在英国出生，亦在此地接受教育。她的家庭参加了清教徒的“大移民”——在英国饱受迫害的清教徒们追寻自己“新大陆”的过程。这一目的地即美国西海岸。安妮 16 岁成婚，两年后踏上了这场旅程。这一去，便再未踏上过英伦三岛的土地。她的父亲和丈夫都曾任马萨诸塞州的地方长官。当她家族中的两位男性卸任政务后，安妮承担起了经营家庭农场的任务。不出所料，她将农场经营得有声有色。然而，除了是一位能干的农妇和母亲之外，她还扮演着更重要的角色。

接受过启蒙思想教化的清教徒认为，家中的女儿与儿子一样应该接受良好的教育。安妮天资聪慧，文学造诣极高（她最喜爱的是

① 安妮 · 布拉德斯特里特（Anne Bradstreet，1612~1672），生于英国，后跟随丈夫加入了 1620~1640 年的大移民，移居美国。其代表作有《沉思集》等。——译者注

② 约翰 · 贝里曼（John Berryman，1914~1972），美国诗人，代表作有《向布雷兹特里特夫人致意》。——译者注

③ 阿尔法 · 贝恩（Aphra Behn，1640~1689），英国女诗人、小说家。——译者注

与她同时代的玄学派诗人作品，详见第 9 章）。此外，安妮自己也是一位雄心勃勃的作家，而这一点也并未在她所属的清教徒群体中引起不满。相反，如果她此时仍身在英国，她对事业的选择则会招致非难。她的诗作硕果累累，但她创作的意图仅是为了进行精神练习以及表示虔诚，并非为了扬名立万。这一点在安妮生前身后，都是始终不变的。通常，安妮的诗作篇幅很短，这是因为她的生活忙碌，无暇创作长篇巨作。安妮的兄长发现了她的才华以及她思想的独创性，于是他不遗余力地帮助安妮在英国发表诗作。因为在美洲这片殖民地上，仍尚未出现出版业和图书世界。

即便清教徒们选择了自我放逐，但他们与“旧世界”仍有着千丝万缕、难以割舍的联系。因此，他们将美洲大陆上的州以及城市取名为新英格兰（New England）和纽约（“新”约克，New York）。即便如此，我们仍能感觉到清教徒们与英国之间强烈而永恒的精神分离。安妮 · 布拉德斯特里特的诗歌便具有典型的“新大陆”的特点。她的诗作体现了清教徒眼中的美洲大陆，以及美洲大陆上的他们。例如，安妮写作过一首情感深刻、言辞犀利的诗歌《写给我们被烧毁的房子的诗句》（*Verses upon the Burning of Our House July 10th, 1666*）：

愿福佑那赐予又收回的主，
你的手让我之物现归尘土。

是的，如此，正是如此。

这物本是你所赐，不归我所有。

诗歌辛辣地直陈，

我已不再爱这世界，

因为我之希望与财宝在天上。

清教徒有种典型的思想情绪。在他们看来，这个世界并非最终的归宿，而真正重要的是将来的那个世界。然而，安妮在诗中所发出的声音则令人耳目一新。这是来自美洲的声音，更是一个“美国人”建设新国家的声音。安妮与丈夫亲手所造的房子如今化为灰烬，但他们之后自会重建。同样，美国就是这样一个不断重塑自我的国家。

清教徒主义是美国文学的奠基石。这一意识形态在文学领域的体现在于19世纪新英格兰超验主义[①]作家们的作品中。他们中的代表如：赫尔曼·梅尔维尔（Herman Melville）、纳撒尼尔·霍桑[②]、亨利·戴维·梭罗[③]和拉尔夫·瓦尔多·爱

① 超验主义（Transcendentalism），代表人物有爱默生和梭罗，主张人可以超越感觉以及理性的层面直接认识自然，接受真理。——译者注

② 纳撒尼尔·霍桑（Nathaniel Hawthorne，1804~1864），美国小说家，代表作有《红字》《玉石人像》等。——译者注

③ 亨利·戴维·梭罗（Henry David Thoreau，1817~1862），美国作家、哲学家，代表作有《瓦尔登湖》等。——译者注

默生[①]。对于当时殖民地上民众的信仰来说，超验主义是个极宏大的概念，即生命的真谛存在于日常事物“之上”。梅尔维尔的《大白鲸》记述了阿哈船长追逐一只大白鲸的故事。这部小说一直以来都被称作美国小说的典范之作。是什么让它有如此成就？正是书中传达出的不懈追逐、与自然和解（即便这种和解是以毁灭的形式表现出来的）以及美国这个不断发展壮大的、日新月异的新兴国家对自然资源的贪婪需索。为何要描写捕鲸？而不描写体育竞争抑或是为食物而捕猎？人类对鲸鱼的猎捕已使它们濒临灭绝。因为人类需要从鲸脂中提炼油脂来为照明、工厂运作以及一切生产制造活动提供能源。

沃尔特·惠特曼（见第21章）自称是爱默生的门徒，他体现了超验主义者的另一传统——“自由”，无论从其哪个方面来讲，都是美国意识形态的核心价值观。对“自由”的崇尚同样体现在诗歌的意识形态中。惠特曼将其转化为“自由体”（free verse）诗歌——即摆脱了韵律束缚的诗歌，正如美国在1775~1783年间通过独立战争挣脱了殖民主义的桎梏，成为一个独立的新国家一样。

在美国，自由精神是文学的先决条件。与英国相比，她一直是个在国家文化程度上更高的国家。随着《独立宣言》的颁布，美国对其国家身份的锻造也就开始了。19世纪，与全世界各个国

① 拉尔夫·瓦尔多·爱默生（Ralph Waldo Emerson，1803~1882），美国作家、诗人，代表作有《论文集》。——译者注

家相比，美国可以其拥有为数最多的能读会写人群而傲视群伦。然而，发源于美国本土的文学却因这个国家于 1891 年（以自由贸易的名义）拒绝签署国际版权协议而受到阻碍。在此之前，在英国出版的文学作品也可以在美国自由出版，而且美国方面不必支付任何费用给作者。许多大家诸如沃尔特 · 司各特爵士和狄更斯都遭遇过此类的“盗版”行为，他们的作品都被廉价出售。这一现象促进了文学的普及和发展，却阻碍了美国本土文学产业的繁荣。在可以轻松获得免费的《匹克威克外传》时，为何要出价购买某位或许有前途的年轻作家的作品？（美国人对狄更斯作品的掠夺行为让这位文学巨擘不禁盛怒，以至于狄更斯在《马丁 · 翟述伟》中对此进行了反击。）

尽管如此，这并不意味着这一时期的美国文学“无家可归”。对亚伯拉罕 · 林肯（Abraham Lincoln）的崇拜者而言，美国南北战争这场“伟大的战争”起始于哈丽叶特 · 比切 · 斯托[①]的《汤姆叔叔的小屋》[②]（1852）。即便在纷争芜杂的 19 世纪中期，这部小说也创下了销售量百万册的纪录。如果说这部小说引起了一场战争或许过于严重，那么至少它一定改变了人们的思维意识。

在 19~20 世纪的美国文学作品中蕴藉着一股独特、强有力且

① 哈丽叶特 · 比切 · 斯托（Harriet Beecher Stowe，1811~1896），美国女作家。——译者注

② 《汤姆叔叔的小屋》（*Uncle Tom's Cabin*），讲述了非裔美国人和美国黑奴的境况，阐述了反奴隶制的观点。——译者注

自我界定的冲力，即“边疆主题”——美国精神的实质与价值核心最为清晰地体现在了向西部推进文明教化的斗争中。文明西进的过程也就是人们常说的“从波光粼粼的东海岸到闪闪发亮的西海岸”的过程。小说《最后一个莫西干人》①（1826）的作者詹姆斯·费尼莫尔·库柏②正是早期记录下伟大的西进运动的作家之一。实质上，每一部牛仔小说和西部电影都发源于“边疆主题”这一根本。当文明遭遇蛮荒（且二者都以最真实的情景出现），此时，真正的价值便随之展现。

西部小说是极少数埃德加·爱伦·坡③未涉及的文学体裁之一。爱伦·坡是科幻小说、“恐怖”及侦探故事之父。他最著名的侦探小说要数《莫格街谋杀案》（*The Murders in the Rue Morgue*）了（猩猩是凶手）。1891 年，在美国随着“体裁”这一概念一同建立的，还有首个畅销书榜单。在首个仅包含小说体裁的畅销书单中，前 10 位中的前 8 本都是出自英国人之手。当国际版权规定完全融入美国文学界后，这类的榜单中才开始出现越来越多的美国小说作品。

---

① 《最后一个莫西干人》（*The Last of Mohicans*），描写了英法北美殖民战争期间，印第安人的故事。——译者注

② 詹姆斯·费尼莫尔·库柏（James Fenimore Cooper，1789~1851），美国作家，代表作有《最后一个莫西干人》《开拓者》等。——译者注

③ 埃德加·爱伦·坡（Edgar Allan Poe，1809~1849），美国小说家、诗人，代表作有《厄舍府的倒塌》《乌鸦》等，尤其以恐怖小说见长。——译者注

美国硬币上所镌刻的文字“合众为一”（*E pluribus unum*），意为：万众一心，方得统一。这个道理无论在人口统计学还是文学上都一样适用。美国文学仿佛一幅织锦，上面布满了区域文学和特征鲜明、各不相同的城市文学类型。其中，有美国南方文学（想想威廉·福克纳①和凯瑟琳·安·波特②），有纽约犹太小说（代表人物有菲利普·罗斯③和伯纳德·马拉默德④），还有西海岸文学（“垮掉的一代”⑤）。博览美国文学作品就仿佛驾车穿越这个广袤的国家。

埃兹拉·庞德（1885~1972）教导他的美国诗人同人们“去创新”。他们果真不负庞德的期许，比英国同侪们更热情、更富有冒险精神地接受了现代主义以及后现代主义的思潮。那一时期的任何诗歌、小说选集都能证明这一点。从庞德自己的以身示范

---

① 威廉·福克纳（William Faulkner，1897~1962），美国作家，代表作有《喧嚣与骚动》《押沙龙，押沙龙！》，小说题材以对美国南部生活的怀念为主。——译者注

② 凯瑟琳·安·波特（Katherine Anne Porter，1890~1980），美国女作家，代表作有小说集《玛丽亚·孔塞普西翁》《中午酒》等。——译者注

③ 菲利普·罗斯（Philip Roth，1933~ ），美国当代作家，代表作有《再见吧，哥伦布》。——译者注

④ 伯纳德·马拉默德（Bernard Malamud，1914~1986），美国犹太裔作家，代表作有《魔桶》《装配工》等。——译者注

⑤ 垮掉的一代（the Beats）是第二次世界大战后在美国兴起的文学流派。这一流派的作家和诗人代表有杰克·凯鲁亚克、约翰·金斯堡等，他们往往都放荡不羁，生活颓废。——译者注

开始，到罗伯特 · 洛威尔[①]的诗集《人生研究》（*Life Studies*，见第 34 章），再到语言派诗学（L=A=N=G=U=A=G=E School），无不昭示着美国诗人们对现代主义及后现代主义的开放怀抱。其中，正如其名字所示，语言派诗学更着意于像剥橘子一样，将语言拆分到细小的部分。同样，美国文人们对于新思潮的接纳，痴迷从另一角度还可表现为对旧思想的厌弃。任何一位常去美国的旅行者都会发现，美国是唯一一个推倒已有的摩天大楼，以重建更高更新的大厦的国家。他们在文学上同样体现出了这样的特质。

在众多美国作家中，埃兹拉 · 庞德是位亲英派。他做到的是将原本“陈旧”的英国文学变化为新颖的美国文学。这一点相对整个庞大的“陈旧”英国来说虽是小事，却也意义非凡。有些生于长于美国本地的作家，诸如亨利 · 詹姆斯、T · S · 艾略特和西尔维娅 · 普拉斯[②]，在其生命的后期阶段都曾生活、工作于英国，且最后也在英伦土地上去世。他们给英伦三岛的文学界注入了来自新大陆的新意、活力以及最重要的看待和描述这个世界的“美国式的方式”。被称为“大师”的亨利 · 詹姆斯“修正了”在他看来无形式且“松散”的英国小说。詹姆斯是位严厉的大师。T · S · 艾略特将现代主义定为英国诗歌的主旋律。而用一位评论

① 罗伯特 · 洛威尔（Robert Lowell，1917~1977），美国诗人，代表作有诗集《威尔利老爷的城堡》等。——译者注

② 西尔维娅 · 普拉斯（Sylvia Plath，1932~1963），美国女诗人，代表作有《巨人及其他诗歌》。——译者注

家的话来说，普拉斯的诗作以其看似自制的情感暴力彻底摧毁了钳制英诗发展的“文雅原则”。英国文学带给美国文学诸多启蒙，反之，也得到了来自后者的许多启发。

如果庞德有机会像教导美国诗人们一样指导美国作家，那么他一定会说“让作品宏大吧”。每年都有众多作品角逐“伟大美国小说”的称号，且数量在逐年递增。而美国作家们也总是会被伟大的题材所吸引。人们可以肯定地说，他们对宏大题材的喜爱远甚于英国小说家们。对他们来说，英国侪辈钟爱的是简·奥斯汀的“两英寸象牙白”。

在美国文学激进愤怒的边缘，仍积蓄着一股能量，与这个国家的特点截然不同。例如，有些小说情绪表现得更加愤怒，或者说在引起社会变革上显得更加有效。这种强烈的效果甚至超过了约翰·斯坦贝克[①]的《愤怒的葡萄》[②]（1939）。这部小说讲述了在20世纪30年代的“干旱尘暴”大灾难中，乔德一家人在他们的农田被烤干时，离开家乡俄克拉荷马州，前往应许之地加利福尼亚州的故事。可当他们真的到达加州时，才发现自己来到的是一片错误的伊甸园。在茂盛的农场和西部的果园中，他们被剥削的程度不亚于20年前由非洲运来美国的奴隶们当年所遭受的。在

---

① 约翰·斯坦贝克（John Steinbeck，1902~1968），美国小说家，代表作有《伊甸之东》《愤怒的葡萄》《人鼠之间》等。——译者注

② 《愤怒的葡萄》（*The Grapes of Wrath*），描写20世纪30年代美国经济危机期间农民破产等诸多不幸遭遇以及抗争的故事。——译者注

剧烈变革带来的强大拉力下，乔德的家庭变得四分五裂。

尽管斯坦贝克当初创作小说的背景早已时过境迁，可他的小说依然被广泛阅读，大受读者喜爱。因为其小说的意义绝不仅限于是被残酷剥削压榨的农场工人们发出的社会抗议。通读《愤怒的葡萄》，你会发现发生在乔德家庭中的事件，实际上是对美国人信念的背叛。整个美国都建立在这样的信条之上，他们笃信去争取更好的生活是值得的，正如几百年前安妮 · 布拉德斯特里特等人来到这片新大陆时所秉承的信念一样。当然，在其他国家的文学作品中，也能发现愤怒的身影（例如，法国的爱弥尔 · 左拉[①]和狄更斯）。尽管如此，读者们从《愤怒的葡萄》中发现的却是一种独特的美国式的愤怒。

分析至此，言应总结。究竟是什么因素使美国文学自成一派，特色十足？是清教传统，是不断开疆辟土的精神，是地域和种族上的多元性，是对于创新和伟大的渴望、不断的革新，还是潜藏在美国精神深处的自我批判的信念？正如斯坦贝克在其小说中所展现出来的一样。

当然，这些回答都没错。但是，仍有一个更加重要的因素。当欧内斯特 · 米勒尔 · 海明威[②]宣称“所有现代美国文学的根源

① 爱弥尔 · 左拉（Émile Zola，1840~1902），法国作家，代表作有《娜娜》《小酒馆》等。——译者注

② 欧内斯特 · 米勒尔 · 海明威（Ernest Miller Hemingway，1899~1961），美国作家，代表作有《老人与海》。——译者注

都来自于马克·吐温的小说《哈克贝利·费恩历险记》”时，他已经指出了这一元素。海明威认为，确切地说，这一元素就是“腔调”，用马克·吐温自己的话来说，就是“方言”。在哈克的第一句话中，你就能体会这一力量：

> “如果你没读过《汤姆·索亚历险记》，你就不会了解我。但这其实也没什么。”

美国土语在美国文学中才体现得最淋漓尽致。它比“口音”更能体现“美国性格”（正如威廉·卡洛斯·威廉斯[①]所说的）的实质。侦探小说作家雷蒙德·钱德勒[②]深思熟虑，称其为“抑扬顿挫”。海明威自己的小说也充分地证明了这一点。然而，在我看来，最能高度概括充满特点的现代美国腔调的一部作品是杰罗姆·戴维·塞林格（J. D. Salinger）的《麦田里的守望者》（*The Catcher in the Rye*，1951）。试着读一读或是“听一听”这部小说美妙的开篇句，带着“如果你真想了解”的挑战，感受一下你是否同意我的看法。

---

① 威廉·卡洛斯·威廉斯（William Carlos Williams，1883~1963），美国诗人。——译者注

② 雷蒙德·钱德勒（Raymond Chandler，1888~1959），美国作家，代表作有《三枪特里》。——译者注

第 24 章

伟大的悲观主义者

哈代

试想一下，如果你可以创造出一种“文学幸福指数排行榜”，将你认为最乐观的作家排在刻度顶端接受阳光的沐浴，而将那些最悲观的作家置于榜尾让他们沉没于黑暗中。那么，你会将莎士比亚、约翰逊博士、乔治·艾略特、乔叟和狄更斯分别排在什么位置呢？

许多人都会认为，乔叟的作品中投射了生活中最欢愉的景象。例如，一同前往坎特伯雷的朝圣者们，就是个欢乐的群体。他们讲述的故事也基本有着喜剧的基调。如此看来，乔叟登顶榜首就当之无愧了。除了少数在经历丧子（小哈姆奈特）之痛后所写的悲剧（其中最著名的是《李尔王》）外，莎士比亚的作品也是非常乐观积极的。有位评论家在对莎士比亚所有作品的人物进行调查后，得出了好角色与坏角色 70 ： 30 的领先优势。由此得出，总体来说，莎士比亚的笔下世界，并不是一个难以容身的地方。在这个世界中，你所遇到的10个人里，有7个都是好相处的。

正如其小说所展现的，乔治·艾略特相信我们身处的世界是在不断变好的（用她自己的话说，就是“改良”），即便这一过程稍显崎岖不平。人类在不断偿还着自己的负债。正如《米德尔马契》[①]中的多萝西亚，她偿还着自己欠下的种种债务。但是，对作者来说，未来总是比过去光明的。艾略特的世界是个尚且充满希望的地方：阳光总能透过阴霾照进人心。无论艾略特的小说开头多么阴郁，总能有个美好的结局。尽管，人文主义尚需时日才能渗透进阳光明媚的高地。但是，这一变化正在进行。

至于狄更斯，我们很难在幸福指数排行榜中为其找到合适的位置。原因是他早期的作品（如《匹克威克外传》）相对于其后来所谓“黑暗时期”所创作的小说来讲，基调要欢快许多。其后期的有些作品甚至反映了对事物极端阴郁的看法。例如，读完《我们共同的朋友》，你很难心情愉快地合上书页。因此，有人说，有两个狄更斯，分别列于文学幸福指数排行榜的两个端点之上。

约翰逊博士则悲观而不以苦为意。纵览人世间，约翰逊博士感慨道：“人生，常需忍耐而少觉愉悦。”但他仍然相信如果你足够幸运，也会在人生中发现许多甜蜜的慰藉。诸如：朋友、愉悦身心的谈话、一品香茗、美食饕餮以及透过书页与过往的伟大思

① 《米德尔马契》(*Middlemarch*)，讲述了在虚构的米德尔马契镇上所发生的故事。艾略特在书中一共塑造了约150个人物。——译者注

想进行交流（他并不太喜欢观看戏剧，且由于视力不佳，也不便于欣赏精细艺术）。因此，在约翰逊的宇宙中，阳光在朵朵云层中闪耀光芒。

如果说有位作家的作品位列幸福指数排行榜底端，且确确实实位于零点以下，那么这位作家要数托马斯·哈代（1840~1928）了。哈代喜欢在他位于多赛特（哈代在之后的小说中用其虚构的地名威塞克斯来永远纪念他的家乡小镇）的小屋中讲述自己的故事。他尤其喜欢在屋中厨房的桌上将自己的身世娓娓道来。当他呱呱坠地之时，助产士看了一眼这个皱巴巴的小婴儿，便宣布他是个死胎，即在母腹之中便已夭折。于是，这个婴孩被放在一边，等候进行基督教的处理仪式。这时，哈代的一声啼哭拯救了自己的生命。毫无疑问，在哈代之后的一生中，他从未停止过哭泣。

读者甚至可以如吹号角的小杰克一样，在哈代不计其数的小说和诗歌作品中随手一抓，便可发现悲观的影子。例如，他的诗歌《是你在我的坟墓上挖土吗？》（*Are you digging on my Grave?*）。这一问题是由一具深埋在棺椁中的女尸发出的。你一定认为这不是什么欢快的情节，随着诗歌的继续书写，整个基调变得越来越悲伤。接着，女尸听见坟冢上有铲土的声响。是谁呢？是她的爱人么？不，是她的小狗。于是，女尸觉得狗的忠心比人类的更加高尚。此时，小狗解释道：

主人，我在你的坟墓上挖土，

是想埋进一根骨，

只怕在这附近饿了，

因为这是我每天必经之地。

但我实在忘记，

这是主人的安息之地。

不仅是诗歌，对哈代的任何一本小说的总结都是对忧郁的记载。有人甚至打趣，哈代的每一本小说都应随书附赠一把割喉刀。例如，当人们读到《德伯家的苔丝》[①]中那位高尚的女主人公躺在巨石阵的牺牲台上，等待着警察的抓捕、法庭的宣判、刽子手的处决，最后尸首被埋葬在填满生石灰的无名坟冢中时，此情此景，哪位读者不会向上天挥舞着拳头，思量着命运对苔丝的不公。因为她唯一的错误就是爱错了一个人。

对于哈代在其小说和诗歌中展现出来的悲观情绪，我们是应该将此看作哈代对生活不满情绪的写照，还是将此看作更深沉严肃的表达？试想，如果这些都仅仅是哈代一生的抱怨之辞，那么谁会有心情去读他的作品。又为何尽管哈代以阴郁冷眼看待世间，我们仍尊其为英语文学的巨匠？

---

① 《德伯家的苔丝》（*Tess of the D'Urbervilles*），描写了农村姑娘苔丝因为对爱情的选择不慎而导致的悲惨命运。——译者注

其实，以上问题的答案很简单。哈代在作品中传达的不仅是他作为托马斯 · 哈代的个人看法，而且是一种“世界观”（文学评论家更中意采用这一名词的德语表达方式“weltanschauung”，因为这个词听起来哲意更浓）。哈代出生的那个时代里，主流的世界观告诉人们万事万物是不断发展进步的，生活也会变得更好。一个出生于 1840 年的维多利亚时代青年可以自信地期待一个优于他父辈祖辈的人生。而且，对于出生于这个时代的大多数人来说，他们的确也获得了更高品质的生活。哈代的父亲是位石匠，从小自学成才。他的母亲也是能读会写之人。因此，他们都希望这个独子比自己获得的更加多、更加好，成为摆脱佃农生涯的第一代人。事实却也如此，哈代没有辜负父母的期望，获得了远高于他出生阶层的社会地位。在哈代去世时，获得了英国文学“元老”的称号。他的骨灰被埋葬在威斯敏斯特大教堂的诗人角，与众多大家一同长眠。而他的心却被埋葬在他最钟爱的多赛特，与他作品中的农民们的坟墓毗邻。

即便是那些事业成就不如哈代闪耀的人们，也可以在比自己父辈更高的社会阶层中享受优渥的生活。在哈代成长的维多利亚时代中期，英国已经有了洁净的饮用水、（铺了焦油的）碎石路、由新铁轨组成的交通网以及更佳的学校教育。其中，学校教育的质量在 19 世纪 70 年代借由《教育法》的颁布达到了顶峰，保证每个儿童在 12 岁前都接受教育（在苏格兰是 13 岁前）。同时，那个时代同样有社会流动性。例如，狄更斯可谓是穷人暴富、一夜成名的典型代表。若是提早百年，他是无法想象能获得如此成就的。相反，他只会于默默无声中衣衫褴褛地死去，不被后世所知。

然而，维多利亚时期也存在着美中不足。哈代笔下塑造的“威塞克斯”这个英国西南部市镇的代表，在19世纪之初仍是英格兰的粮食主产区，因其为全国供应谷物而经济繁荣。然而，在1846年，《谷物法》（*Corn Laws*）遭到废止，这意味着全球粮食自由贸易时代的开始。诸如小麦之类的谷物可以以更低的价格从国外进口。因此，哈代生于斯长于斯的家乡便陷入了经济萧条期，并从此一蹶不振。这样的萧瑟气氛感染了哈代，以及他笔下的每一个文字。

维多利亚时期的缺憾并不止此一处。哈代发现他原有的认知世界被一本出版于他19岁的书彻底颠覆了，而这本书就是达尔文的《物种起源》（*On the Origin of Species*，1859）。达尔文在这本书中探讨了饱受争议的进化论。对于英国人来说，他们都相信自己是上帝的选民。然而，一旦被告知上帝并不存在时，他们会作何反应？又或者存在的并不是《圣经 · 创世记》中所描述的那位上帝，而是一种神秘的“生命力”，一种与人类毫无关联的生命力。当人们的整个生命都构筑于一种信仰之上，而却得知自己的信仰并非真实，那么结果会怎样？

哈代被达尔文的观点说服了，但同时也被伤害了。他用美妙的语言描述了此种伤害。哈代就如一位受过早期训练的建筑师，他深爱着旧时的教堂。但他很清楚自己只能在教堂的墙外聆听（自己喜爱的）圣歌。即便他诚心实意，却也不得入内。因为达尔文已经摧毁了他的信仰。正如哈代自己所言，他就如一只永远徘徊在教堂之外的歌唱的鸟儿，无法进入圣殿那怡人的墙内，加入“光明圣诗班”。

对于维多利亚时期的人们来说，达尔文主义与他们原来深信不疑的信仰之间的矛盾所带来的痛苦，是我们这些进化论出现150年后才出生的人们所无法想象的。哈代的文学作品（以及支撑这些文学作品的内心世界）便是维多利亚式的痛苦的表达。哈代用精湛的技艺将它们幻化为篇篇韵文和诗作。

哈代对某些“进程”仍心存疑惑——尤其是工业革命带来的一些社会进步。诸如铁路、公路以及19世纪40年代后出现的电报，这些所谓的“英国网络”是否意味着人们生活的每一方面都是那么欣欣向荣？哈代质疑此种乐观的历史观。英伦三岛上各地民风各异，他们有自己的口音、风俗习惯和神话传说，以及一切可称为“生活方式”的不同点。而这一切全被混杂进了一个冷漠的民族共同体中。哈代笔下的“威塞克斯”（盎格鲁-撒克逊民族史上的一个国家）实际上是一种抗议。哈代绝不会将他出生长大的家乡称为“英格兰西南部”，因为威塞克斯是独一无二的存在，自成王国。

哈代的首部威塞克斯系列小说《绿林荫下》[①]（1872）是对当时公认的所谓“改进”的批判。故事讲述了对传统教堂管弦乐团的更换。在这个乐团里，当地教区居民负责演奏乐器（你仍然可以在一些老教堂的边座廊台上看到这样的情景）。教堂里原有的管弦乐团被换成了一台脚踏式风琴——一种新型的粗俗乐器。这一举动看似改进更新，可实际上呢？

工业进步带来的社会弊端在《德伯家的苔丝》中得到了最生动的体现。在这部小说的前几章中，做挤奶工的女主人公如田野中生长的野草一样，在自然规律的支配下恣意生活。然后，由蒸汽驱动的联合收割机闯进了主人公宁静的生活。当收割机在丰收的田间穿行时，苔丝就好比这台大机器中的一个人肉齿轮。哈代不禁疾呼，“进步”也可以带来毁灭。正如小说中所记叙的，之后的苔丝逐渐被抽离出她原来的生活轨道，犹如小草被连根拔起，并被一股力量随意丢弃。而这一股力量看似将世界变得更美好，也毫不留情地将威塞克斯拽入了19世纪。

实际上，工业革命确实为世界带来了良好的变革。尽管如此，哈代仍然相信人类不应该因此而过于得意扬扬。因为自然迟早会实行报复。这一对世人的警告体现在诗歌《二者的辐合》（*The Convergence of the Twain*）中［哈代对宏大的词汇情有独钟。因

① 《绿林荫下》（*Under the Greenwood Tree*），讲述了一个教堂圣乐团中各个人物之间的感情故事。——译者注

此，若这首诗的标题使用《二者的碾压》(*The Crunch of the Two*) 则不会带来原有的震撼力]。“泰坦尼克”号远洋客轮曾是 20 世纪最伟大的工业成就。它是世界上最快最大的船，在大西洋间构建了一座名副其实的桥梁。然而，就在其 1912 年首航的时候，它却撞上了冰山，并且造成了大量的人员伤亡。正如诗歌所言：

当人们将泰坦尼克建造得
更宏大、更优雅、更美丽时，
殊不知在那朦胧寂静的远处，冰山亦在变大。

阅读这首诗时，人们不禁思量在我们所处的世界中，会遇到何种像冰山般潜在的危机。如果哈代生活在现今这个时代，他一定会将“悲观的”目光投向诸如气候变化、人口爆炸和不同文明间的冲突矛盾等全球性的社会问题。而我们，处于一种本质上的乐观精神，则倾向于不去思考这些棘手的问题。

实际上，哈代以“悲观”所要谏言的是，人类应该全方位地考量问题。面对困难我们不应该选择畏缩，因为人类的自我拯救取决于我们的态度。他在自己的一首诗中充分地表达了这一观点：

如果真有通往美好的路途，
那一定是在糟糕的地基上修筑的。

或许，我们会迎来一个更好的世界。但是，在我们对目前身处之地做出诚恳的（亦是痛苦的）评估之前，我们是无法到达那个美好的彼处的。这种观点悲观么？ 不然，这才是脚踏实地的选择。

我们所谓的进步或许并非进步。我们认为的那个更高效的世界，或许只是通向自我毁灭的路途中的一段风景。哈代悲怆的世界观实际上引领我们再次审视我们现有的世界观。这也是为何我们将他尊为文学大家。他思想独到、文笔精湛，优美的笔触给悲观的思想穿上了一袭华美的长袍。

第 25 章

危险之书

文学与审查制度

无论身处何时何地，权力机构都对书籍异常敏感。他们认为书籍有其固有的煽动性，因此对当政者有着潜在的威胁。最著名的例子是柏拉图。他为了保障自己理想国的长治久安，放逐了国内的所有诗人。

诸如此类的事例在历史的长河中不胜枚举。每当伟大的作家们在创作的边缘行走，他们会如职业病一般招致当权者的暴怒。其后果是人们可以列举许多文学界的殉道者。正如我们在第 12 章中所看到的，约翰 · 班扬在贝德福德的监狱中完成了其著作《天路历程》（1678）的大部分内容。比班扬再早些，塞万提斯也是在身陷囹圄憔悴之际偶然想到了《堂吉诃德》（1605）的构思。丹尼尔 · 笛福（详见第 13 章）因为写作讽刺诗而身披枷锁（传说富有同情心的看客们向笛福扔去的是花朵，而非臭鸡蛋）。在我们身处的这个时代，也有这样的例子。萨曼·拉什迪[①]（Salman Rushdie，详见第36章）因为写作了讽刺小说在安全的藏身之所中躲避了十年之久。亚历山大·索尔仁尼琴[②]于1945年被捕后，在苏联古拉格集中营中构思了自己的伟大作品。1660年王朝复辟之后，约翰·弥尔顿（详见第10章）不得不踏上逃离之路，而他的作品也被公开焚毁。弥尔顿在他关于言论自由的著作《论出版自由》[③]（1644）中宣称：

> 毁坏一本佳作不啻杀人：杀人者毁灭了一个理性的生物、一个上帝的形象；毁书者则是毁灭了理性本身……

人们通常将这段话说成“焚书之处，人亦毁灭”。

不同的社会对待“危险书籍”的态度也颇为不同。以下我们将会列举出法国、俄罗斯、美国、德国和英国对待“危险书籍”的方式，以示比较。他们都以自己独特的方式向文学开战，抑或是限制文学写作及出版自由。

法国对待危险书籍的方式被一个决定性历史事件——发生于

① 萨曼·拉什迪（Salman Rushdie，1948~ ），英籍印度裔小说家，代表作有《午夜的孩子》《撒旦诗篇》等。—— 译者注

② 亚历山大·索尔仁尼琴（Alexander Solzhenitsyn，1918~2008），俄罗斯作家，代表作有《伊凡·杰尼索维奇的一天》《古拉格群岛》等。——译者注

③ 《论出版自由》（*Areopagitica*），约翰·弥尔顿对英国国会的演说词，旨在争取言论及出版自由。——译者注

1798 年的大革命所深深影响。革命前的政府（“旧政体”）对出版施以铁腕控制——每本书都需要授权，即政府对其存在的许可。诸如伏尔泰[①]的《憨第德》[②]（1759）等未经授权的书籍（即上不了台面的书籍）则成为革命者的精神武器。若这些作品是由法国以外的具有启蒙思想（即自由的思想）的作家所写，那么情况更是如此。一如《憨第德》，犹如一枚意识形态上的迫击炮弹一样，飞越国境，直击法国人思想的核心。这部小说英文版的标题直译为“憨第德”，意译为“圆满结局”，讲述了一个天真青年的故事。他从小就被灌输了要相信所听到的一切的思想。这正是当权阶级想要的理想公民，而伏尔泰却不这样认为。

当法国大革命正在轰轰烈烈地展开，《人权宣言》[③]中提出了言论自由以及持有个人观点的权利的宣言。拿破仑接管法国后的岁月中，对言论的控制更是严格。但其程度也不及法国的近邻和宿敌——英国。

1857 年，两部著作在法国出版。它们的作者于是被依次检举，被指控对世界文学造成了巨大的负面影响。这两部作品分

---

① 伏尔泰（Voltaire，1694~1778），法国文学家、启蒙思想家，代表作有《哲学通信》等。——译者注

② 《憨第德》（*Candide*），讲述了天真青年憨第德从安逸的生活到体验人间疾苦的成长经历。——译者注

③ 《人权宣言》（*Declaration of the Rights of Man and of the Citizen*），颁布于 1789 年，是法国大革命时期的纲领性宣言。——译者注

别是居斯塔夫·福楼拜[①]的小说《包法利夫人》[②]和查尔斯·波德莱尔（Charles Baudelaire）的诗集《恶之花》[③]。它们被贴上了“侮辱公众体面”的罪名。在福楼拜的例子中，所谓的侮辱就是小说中对通奸行为的认可。而对于波德莱尔的指控则源于其诗集具有煽动性的标题。选取这样的标题想必也是波德莱尔有意为之的。福楼拜和波德莱尔所做的仅是“震惊资产阶级”（épater le bourgeois）。且到最后，两位作家（以及书籍的出版者）都被无罪释放。

对这两部作品的无罪宣判，在现在来看，已经是法国文学中的经典之作，在法国为此类文学开辟了一片自由区域。于是，在法国，诸如爱弥尔·左拉一般的作家们可以将文学自由地传播到别处。他们也的确没有辜负这样恣意的氛围。然而，这些作品的译本在英语国家遭到了残酷的镇压和禁止，一旦被发现甚至会招致刑罚。

在法国享有自由不仅是法国作家的特权。两次世界大战期间，许多来自英国和美国的作家（如D·H·劳伦斯、欧内斯特·海

---

① 居斯塔夫·福楼拜（Gustave Flaubert，1821~1880），法国作家，代表作有《包法利夫人》《情感教育》等。——译者注

② 《包法利夫人》（*Madame Bovary*），讲述了瞧不起自己丈夫的农女爱玛为了追求更好的生活却毁掉自己一生的故事。——译者注

③ 《恶之花》（*Les Fleurs du Mal*），一部围绕西方社会及精神病态所展开的诗集。——译者注

明威和格特鲁德 · 斯坦[①])亦在巴黎的自由沃土中出版了自己的作品，而这些作品在他们的母国是根本不可能出版面世的。其中，詹姆斯 · 乔伊斯[②]的《尤利西斯》[③]便是个最显著的例子。这部小说于 1922 年在法国首次出版成书。在经历一番努力之后（得出了一项不当的法律结论，即这本小说是“催吐的”，而非“色情的”），终于在 11 年后于美国面世。数年后，英国也于 1936 年对《尤利西斯》解禁。严格地说，这部书从未在爱尔兰遭禁，因为它从未试图在爱尔兰出现过。

在第二次世界大战期间，一批伟大的法国作家如让–保罗 · 萨特[④]、阿尔贝 · 加缪[⑤]、西蒙娜 · 德 · 波伏娃[⑥]和尚 · 惹内[⑦]均力图以寓言形式讨伐日耳曼人对他们国家的占领。其中，

---

① 格特鲁德 · 斯坦（Gertrude Stein，1874~1946），美国犹太女作家，代表作有《毛小姐与皮女士》等。——译者注

② 詹姆斯 · 乔伊斯（James Joyce，1882~1941），爱尔兰作家，代表作有《都柏林人》《尤利西斯》《芬尼根守灵夜》。——译者注

③ 《尤利西斯》（*Ulysses*），讲述了都柏林人利奥波德 · 布卢姆一天的故事。——译者注

④ 让–保罗 · 萨特（Jean-Paul Sartre，1905~1980），法国存在主义哲学家、作家，代表作有《存在与虚无》等。——译者注

⑤ 阿尔贝 · 加缪（Albert Camus，1913~1960），法国戏剧家、小说家、哲学家，代表作有《局外人》《鼠疫》等。——译者注

⑥ 西蒙娜 · 德 · 波伏娃（Simone de Beauvoir，1908~1986），法国存在主义哲学家、女权主义者、女作家，代表作有《第二性》《女客》等。——译者注

⑦ 尚 · 惹内（Jean Genet，1910~1986），法国作家，代表作有《爱之囚》。——译者注

最著名的有加缪的《局外人》[①]（*The Outsider*，1942），以及萨特的《间隔》[②]（1945 年出版，英译*No Exit*）。加缪的小说标题意为“陌生人”或者“外国人”，可看作对外国人入侵国土的愤恨反思。而萨特的戏剧有三个人物，他们死后被永恒地囚禁在了一起。于是，这三个人发现，所谓的地狱就是“他人”。萨特的这部戏剧写于德占时期，这一时期对他来说仿似被囚监狱。

传统的法国式自由思想是在“二战”之后才得以建立的。讽刺的是，在多年以后的 1959~1960 年，《查特莱夫人的情人》[③]才得以在没有引起任何抗议和流言的情况下在英语国家解禁。要知道，这本书在法国解禁的时间比英国早 30 年。

革命的硝烟较晚才弥漫到俄罗斯。尽管如此，许多世界文学史上的巨著的构思和出版依然在沙皇审查制度的繁文缛节下遭到镇压。然而，文学史上总存在着这样的悖反——统治阶级越是严酷镇压，作家们越是磨砺笔锋、淬炼文采，来规避这群爱管闲事

① 《局外人》（*L'Étranger*），讲述了加缪对于人和世界之间关系的理解。他认为人和世界是分离的，世界对于人来说是毫无意义的。——译者注

② 《间隔》（*Huis Clos*），描述了地狱的景象。在萨特的地狱中，三个人关起自己的门，互不过问，便成了地狱。——译者注

③ 《查特莱夫人的情人》（*Lady Chatterley's Lover*），英国作家 D · H · 劳伦斯的小说，因其中大量的情爱描写遭禁，直至 1959 年才在英国解禁。这部小说与《虹》《恋爱中的女人》合称为劳伦斯的“三部曲”。——译者注

的审查者［正如尼古莱·果戈理[1]在戏剧《钦差大臣》[2]（1836）中辛辣讽刺的那个角色一样］。这些文学大家对社会的针砭皆精明巧妙、含沙射影，一言以蔽之，技艺非凡。例如，在费奥多尔·陀思妥耶夫斯基[3]的小说《卡拉马佐夫兄弟》[4]（1880）中，三兄弟密谋杀死他们可憎的父亲。在人们心中，沙皇是怎样的角色？正是"小父亲"。同样的，安东·契诃夫[5]也用戏剧记录了统治阶级腐朽颓败的内核，只是他的笔触更加怀旧。在他的戏剧《樱桃园》[6]（1904）中，契诃夫用果园象征着美丽却无实际作用的事物。最终这片果园被砍伐，为更好的建筑物提供空间。殊不知，砍伐果园是为了建造一个更新却更丑陋的世界。契诃夫不愧是营造"悲怆"文艺的大师。是啊，世间万物不断变化是理所应当的自然规律：历史的进步需要改变作为推动力量。然而，这样

---

① 尼古莱·瓦西里耶维奇·果戈理–亚诺夫斯基（Nikolai Vasilievich Gogol-Anovskii，1809~1852），俄国作家，代表作有《死魂灵》《钦差大臣》等。——译者注

② 《钦差大臣》（*The Inspector General*），五幕喜剧，讽刺了俄国官僚阶级的丑恶嘴脸。——译者注

③ 费奥多尔·陀思妥耶夫斯基（Fyodor Dostoevsky，1821~1881），俄国作家，代表作有《罪与罚》等。——译者注

④ 《卡拉马佐夫兄弟》（*The Brothers Karamazov*），讲述了卡拉马佐夫三兄弟杀死自己贪财好色的父亲的故事。——译者注

⑤ 安东·契诃夫（Anton Chekhov，1860~1904），俄国戏剧家、短篇小说家，代表作有《变色龙》《套中人》等。——译者注

⑥ 《樱桃园》（*The Cherry Orchard*），通过讲述一个樱桃园被变卖的故事，表现了俄国社会阶级的改变。——译者注

的变化应当朝着更糟的方向发展吗？

契诃夫在文字措辞上稍加改动后，他那些具有社会煽动性的喜剧作品便蒙混通过了沙皇政府的审查制度，顺利登上了戏剧舞台。很快，在1917年俄国十月革命之后，俄国（那时已经成为"苏联"）作家们的处境并未好转，他们所面临的只是用斯大林的新审查制度代替了原有的沙皇出版审查。此外，斯大林的政策更为严苛，对作家们的压迫也更加严重。这样的严格审查一直集中地持续到1989年（当然，其间也有偶尔稍加"缓和"的时候）。即便如此，如安娜·阿赫玛托娃[①]、叶夫根尼·叶夫图申科[②]、鲍里斯·帕斯捷尔纳克[③]和亚历山大·索尔仁尼琴等与苏联政府意见不同的诗人和作家们也并未放弃笔尖上的战斗。他们沿用前人那些狡黠的技巧，瞒过了审查制度的监控，努力创作及（偶尔）出版了一大批伟大的作品。诸如索尔仁尼琴的作品《癌病房》[④]（1968；对斯大林主义这一俄罗斯心脏肿瘤般的政权的严厉讽刺）之类的小说，均属地下出版物，以打字机打印出来后被秘密发行。

---

① 安娜·阿赫玛托娃（Anna Akhmatova，1889~1966），苏联女诗人，代表作有《黄昏》《念珠》等。——译者注

② 叶夫根尼·叶夫图申科（Yevgeny Yevtushenko，1933~？），苏联诗人，代表作有《济马车站》等。——译者注

③ 鲍里斯·帕斯捷尔纳克（Boris Pasternak，1890~1960），苏联作家、诗人，代表作有《日瓦戈医生》等。——译者注

④ 《癌病房》（*Cancer Ward*），通过描写一群癌症患者的不幸，控诉了社会"癌症"的危害。——译者注

这种形式可能会勾起很多人关于以前身处罗马的基督徒的做法的回忆。他们也将具有煽动性的文字手稿藏于自己的斗篷之下。上述作家中，帕斯捷尔纳克和索尔仁尼琴分别于 1958 年和 1970 年获得诺贝尔文学奖。我们不禁要追问，那些俄国和苏联时代未被审查制度刁难的作品是否称得上伟大的文学作品？答案将是很有趣的。对这个问题的探讨是呈现在我们面前的许多伟大的文学实验之一。

美国的建立者是一群尊崇言论及文学自由的清教徒。这一信念在 1787 年的《宪法》中得到了更好的强调，因为《宪法》的第一条修正案便将言论自由奉为律法。而这样的自由却从未被绝对、普遍地施行过。在美国历史上，由许多各异的州政府组成的联邦政府将对言论及出版自由的宽容和压制拼凑成了一幅杂乱的拼图，让人摸不着头脑。换句话说，一本书可能在波士顿被禁（“banned in Boston”已经成为一句谚语），但在纽约却炙手可热，销售一空。尤其是当审查制度与公共图书馆和当地教育课程紧密联系时，这一情况将变得更加复杂。社群标准是美国文学界区别于世界上其他国家文学界的独特现象。

历史上，德国的作家们享有一个相对自由宽松的管理制度，尤其是在 1919~1933 年的魏玛共和国[①]统治期间。正是在这一时

① 魏玛共和国（Weimar Republic），德国在第一次世界大战战败后建立的共和政体，废除了帝制。——译者注

期，诸如贝尔托·布莱希特[①]这样的剧作家才可以创作出《三分钱歌剧》（出自这部戏剧的歌曲《飞刀手》依旧流行）这类具有鲜明政治特点、反映革命形势的作品。而这些作品，也在世界戏剧舞台上留下了浓墨重彩的一笔。直至1933年，当纳粹政府接管德国时，对文学自由的镇压达到了残暴的程度。纳粹分子经常在纽伦堡的剧场焚书。其行为的目的就是控制人们的“思想”，否认一切不被纳粹党认可的信念。可悲的是，纳粹的镇压实在太过奏效，以至于十几年间没有一部稍显历史价值的文学作品诞生于德国。更糟糕的是，即便1945年纳粹结束了对德国的统治，希特勒的政体仍旧给这个国家留下了精神后遗症。战后，可供诸如小说家君特·格拉斯[②]等作家们耕耘的文学天地堪比废墟（如格拉斯所言），满目疮痍。

在英国，文学审查制度直到18世纪都与政治相关，由政府控制。如果某位作家被发现胆敢冒犯统治阶级，则会被关进伦敦塔而无须经过任何司法程序，又或者被地方法官投入监狱（如笛福一样）。因此，作家们应时时保持警惕才是明智的。莎士比亚便是个中典范，他没有将一部戏剧的背景设置在当时的英格兰。莎士比亚不仅是位戏剧天才，还是位小心翼翼的精明天才。

① 贝尔托·布莱希特（Bertolt Brecht，1898~1956），德国诗人、戏剧家，代表作有《四川好人》《母亲》等。——译者注

② 君特·格拉斯（Gunter Grass，1927~2015），德国小说家，代表作有《猫与鼠》《铁皮鼓》等。——译者注

英国对戏剧的审查有着悠长的历史。这是为何？因为观众们"聚众"欣赏戏剧，稍有不慎便会演化成"暴民"。因此，直至20世纪60年代，英国戏剧舞台一直保有着审查的传统。剧作家中，难免有对此不满的。萧伯纳就一直处于和宫务大臣（他负责给戏剧颁发许可）的斗争之中。诸如《华伦夫人的职业》[①]（1895）之类的许多机智的"萧伯纳式"戏剧都戏谑地将声名狼藉的家族描绘成合法的商业集团。为了将它们搬上舞台，作家们可谓大费周章。萧伯纳自称是挪威戏剧家亨里克 · 易卜生[②]的拥趸。他试图将易卜生的戏剧《群鬼》（*Ghosts*，这部作品涉及性病这一当时极度危险的话题）搬上舞台的行为让流言四起，且不可避免地遭到了禁止。甚至直到20世纪50年代，若要将诸如塞缪尔 · 贝克特[③]的戏剧《等待戈多》[④]（详见第33章）首次搬上舞台，仍要征得宫务大臣的允许。公演之前，作家们仍需对自己的戏剧稍加改动。

---

① 《华伦夫人的职业》（*Mrs Warren's Profession*），讲述了出身于社会底层的华伦夫人以开设妓院为生，将女儿薇薇培养成才。女儿成年后知道了母亲的背景，并不觉羞耻，反而埋头工作、永不结婚的故事。——译者注

② 亨里克 · 易卜生（Henrik Ibsen，1828~1906），挪威戏剧家，代表作有《玩偶之家》《人民公敌》等。——译者注

③ 塞缪尔 · 贝克特（Samuel Beckett，1906~1989），爱尔兰作家，代表作有《等待戈多》。——译者注

④ 《等待戈多》（*Waiting for Godot*），荒诞戏剧，讲述了两个人在路边等待戈多到来的故事，表现了人存在于世界中的孤独。——译者注

直至1857年，英国才将审查制度纳入法律（同年，《包法利夫人》正在巴黎接受审判）。那一年议会通过的首批《淫秽出版物法》（*Obscene Publications Acts*）纯属英式的谎言。如果一部作品试图“使那些对不道德影响持开放心态的人的思想腐蚀堕落”，那么它则被认为是“淫秽的”。狄更斯讽刺地将这一罪名称为那些“可以使年轻人脸红”的东西。亨利·詹姆斯则将这一规定视作“对青年读者施加的暴政”。那时，道德才是真正的统治者。不论这里所说的道德是法庭中所宣扬的，抑或仅仅是某种“时代精神”。当1895年韦克菲尔德的主教焚毁了托马斯·哈代的小说《无名的裘德》（原因同样是小说中体现了对于通奸行为的宽恕）后，他彻底放弃了小说创作，在其生命的最后30年中转而仅出版一些不冒犯当政者的诗作。如此“腐朽和堕落”的统治让他无法自由创作自己心仪的小说题材。

在创作上继承哈代衣钵的是D·H·劳伦斯。1915年，他的小说《虹》[①]的第一版被法庭宣判违禁，遭到焚毁。然而，这部小说中包含的，是极富诗意且毫无冒犯道德之意（在我们眼中）的对性的描写，通篇不见一个下流的词汇。“一战”后，劳伦斯离开了英国，且再未返回故土。之后的作家们吸取前车之鉴，行为谨

① 《虹》（*The Rainbow*），劳伦斯的一部社会批判小说。——译者注

慎。例如，爱德华 · 摩根 · 福斯特[①]写作并出版了许多杰出的小说（详见第 26 章）。其在 1913 年写作的小说《莫利斯》(*Maurice*）仅在小圈子内秘密流传，并未出版发行。福斯特在这部小说中坦率地谈论了自己的同性恋倾向。1971 年之前，这部作品都没有任何出版的希望。福斯特去世后，这本书因其所具有的历史价值得以出版。

精明的英国作家和出版商们如福斯特一样善于“自我审查”。1944 年，当乔治 · 奥威尔试图将《动物农庄》付梓之时，却找不到一家愿意出版这本抨击当时英国的战时同盟国苏联的寓言。奥威尔斥责整个文学界俱是“无胆鼠辈”，他们会谈论的只有“小心谨慎”四个字。

1960 年，整个文学界的风气因为《查特莱夫人的情人》一书而发生了彻底的改变。因为 1959 年英国议会重新通过了一部新的《淫秽出版物法》。这部法律规定本质上具有道德冒犯性的文学作品若是出于公众利益，亦可出版。所谓的公众利益，即“为了科学、文学、艺术以及学术的发展”。劳伦斯于 1930 年去世，但是企鹅出版社决定通过出版他的作品来挑战新版《淫秽出版物法》。用劳伦斯自己的话来说，他写作《查特莱夫人的情人》是为了“净化”文学。这部小说质问着人们：为何我们不能抛弃拉丁语的委

① 爱德华 · 摩根 · 福斯特（Edward Morgan Forster，1879~1970），英国作家，代表作有《最漫长的旅程》《霍华德庄园》等。——译者注

婉说法，而使用优美的盎格鲁–撒克逊词汇来描述我们生活中最重要的行为？在他们看来，起诉采用了那些法国当权者将福楼拜拉入法庭受审时的言辞：劳伦斯讲述的那个爱上猎场看守的贵族夫人的故事默许了通奸行为。包括许多德高望重的作家在内的各种“鉴定证人”力争为出版辩护，且最终获得了胜利。

正如一部出版总部设在伦敦的杂志《审查目录》（*Index on Censorship*）所证实的，世界文学界对于审查制度的抗争从未停止。这将是一场持久战。文学史证明，文学无论是在重压之下、锁链之中抑或是流放之途都可以创造出奇迹。文学甚至可以如凤凰一样，于自我毁灭的火焰中重生。文学是对人类精神最光辉的无罪辩护。

第 26 章

帝国

吉卜林、康拉德与福斯特

一般而言，伟大的国度才更有可能诞生伟大的文学，这一观点我们已经在前面的章节中提到过。所谓伟大的国度，即是那些通过征服、入侵甚至有时候是彻头彻尾的偷盗行为来成就的。文学中没有哪一个题材能够比探讨“帝国”和“帝国主义”更能引人入胜，尤其是那些关于一个国家宣称要征服、占领、掠夺或者毁灭另一个国家的作品。这样的行为在那些帝国征服者的口中，即是给其他国家“带来文明”。

文学中对于帝国功与过的争论，是复杂而令人忧郁的，有时甚至会引起争执纠纷。随着近两个世纪以来世界版图的改变，上述争论抑或争吵的实质也已经随之改变。属于一个时期的文学作品对另一时代来说难免陈旧。除了讲述帝国的文学作品之外，没有其他种类的文学需要清楚了解写作当时的历史情况以及为谁而写作。

记住上面这一点，有助于我们更好地勾勒出一幅巨大的历史画卷。大英帝国这个由远离欧洲北部海岸的英伦诸岛组成的国家在 19~20 世纪掠夺且统治了一个庞大的帝国。大英帝国在维多利亚时期达到了鼎盛，其疆域从格林尼治的子午线处横跨非洲的大片土地，直至巴勒斯坦、印度次大陆、澳大拉西亚[①]（Australasia）和加拿大。18 世纪，除加拿大外的北美其他区域也被囊括在大英帝国的版图之下。大英帝国疆域之广袤，甚至连古罗马帝国都无法与之匹敌。

直到 20 世纪的下半叶，这个帝国便不复存在了。留给人们的只是创伤的意外感。日不落帝国下的从属国一个接一个地宣布独立且赢得了独立。追溯最近一次大英帝国为了保卫其海外领土而出兵，还是在 1982 年。这次兴兵是为了保卫南大西洋上的几处岛屿，即马尔维纳斯群岛[②]。这是一处人口仅有一个英国村庄那么多的群岛，因此，战争之后自然不会有史诗般的文学作品产生。

我们不得不承认，文学是记录社会历史变革的一台灵敏而精密的仪器。它所记载的不仅是国际上发生的事件，还有国内的纷纷扰扰以及人们对于国际事件的不断反应。正如文学作品中反映的，英国人在历经了鼎盛帝国迅速转向后帝国时代的突变后，心境中混杂了起伏波动的骄傲和羞耻。

---

① 指大洋洲地区，包括澳大利亚、新西兰和临近的太平洋岛屿。

② 英国称福克兰群岛，阿根廷称马尔维纳斯群岛。

让我们来欣赏一首鲁德亚德 · 吉卜林[①]的著名诗篇，这首诗同时也是那个时代备受尊崇的作品《白人的负担》（*The White Man's Burden*，1899）。诗歌的开篇是这样的：

> 担起白人的负担——
>
> 送出你最优秀的品种——
>
> 去，放逐你的孩子
>
> 让他们服侍你们的奴隶；
>
> 让他们身负沉重的马鞍
>
> 去侍奉那些野蛮的乡野村民——
>
> 那些你们刚抓的愠怒之族，
>
> 那些一半魔鬼、一半孩童的人。

鲁德亚德 · 吉卜林是英国人，但他的这首诗却是专门为美国人而写（值得补充的是吉卜林的妻子是美国人）。创作的灵感来源于美国对一次菲律宾人独立起义的镇压，以及发生在同一时期的美国对波多黎各、关岛以及古巴的占领。这次镇压菲律宾人的运动异常血腥。据统计，大约 25 万菲律宾人因此丧生。白人的负担被永远地染上了鲜血。

诗歌写成后立即在美国引起了轰动，以至于它的标题甚至成

---

① 鲁德亚德 · 吉卜林（Rudyard Kipling，1865~1936），英国诗人、小说家，代表作有《营房谣》《七海》等。——译者注

为一句谚语。今天人们仍然时不时地听到这句谚语，当然通常情况下都用在反讽的语境中。当19世纪（属于大英帝国的世纪）到达尾声时，吉卜林认为依历史规律来看，至高无上的世界强权应该由美国来继任。20世纪注定是属于美国的。此外，吉卜林深情地预测，英国将扮演美国伙伴的角色——如果美国还是个资历尚浅的伙伴，那么英国将给予它强大的同盟。这两个国家将会精诚合作，成为整个世界亲切和蔼的主人。

吉卜林出生于那时的英属殖民地印度。他的小说《基姆》[①]（1901）反映了他在孟买度过的童年时代。这部小说涵盖了他对于“西方世界和东方世界”之间关系的感人描述。吉卜林诗歌的基本思想已然十分明确。帝国犹如强加于那些永远会是“一半魔鬼一半孩童”的人们身上的白人文明。当然，大英帝国的行径尚算温和友善，大不列颠在施加这一帝国“负担”时，未曾考虑过任何国家利益。更讽刺的是，他们甚至不曾期待过这些卑贱的民族能够因被白种人殖民而感恩。吉卜林的诗作在1899年时获得了一致好评。可时至今日，它却成为文学上的一处尴尬印记。我们不得不承认时间的力量甚是强大。

也是在1899年，另一部描写帝国和白种人的帝国主义的作品

① 《基姆》（*Kim*），讲述了英军驻印度士兵孤儿基姆的成长故事。——译者注

出版了。这就是约瑟夫 · 康拉德[①]的《黑暗之心》[②]。康拉德在这部小说上倾注了深邃的思考，因此，它也被公认是一部杰出的文学作品。康拉德出生于乌克兰的一个波兰裔家庭，全名叫作约瑟夫 · 特奥多 · 康拉德 · 科尔泽尼奥夫斯基。他的父亲是一位爱国主义者、诗人，也是反抗俄国占领他们国土家园的反叛者。他将毕生的精力都献给了国家独立事业。这意味着年轻的康拉德无法安全地在波兰扎根，四处流浪才是他的宿命。于是，康拉德开始了水手生涯，并于 1886 年加入英国国籍，成为英国商船队的一名官员。此后，他将名字改为约瑟夫 · 康拉德。在其 35 岁时，康拉德决定放弃海上的漂泊而投身文学事业。

《黑暗之心》这部小说中埋下的自传的种子，起源于 1890 年康拉德被派遣带领一艘陈旧的蒸汽船逆刚果河之流而上，到一个内陆站执行任务。这个内陆站由一个行将就木的经理管理，他的名字叫作克莱因（Klein）[在小说中，康拉德用库尔茨（Kurtz）来代表这位经理：因为在德语中，“Klein” 的意思为 “小”，而 “Kurtz” 意为 “短”]。康拉德生来是个正直体面的人，如果他没有完全摆脱属于自己时代与阶级的种族偏见，他就没有办法在当

① 约瑟夫 · 康拉德（Joseph Conrad，1857~1924），波兰裔英国作家，代表作有《吉姆爷》《黑暗之心》等。——译者注

② 《黑暗之心》（*Heart of Darkness*），一部深入剖析殖民主义者心态的小说。——译者注

时最邪恶的殖民组织供职。这个组织被称为比利时上刚果贸易公司（*Societe Anonyme Belge pour le Commerce du Haut-Congo*）。欧洲会因为这个组织的存在而永感羞耻。

所谓的刚果自由邦（Congo Free State）是 1885 年由比利时建立的。比利时是一个较小的欧洲帝国主义国家。名称中的“自由”意味着刚果是一片可以被外人自由掠夺的土地。利奥波德国王①将比利时所拥有的数百万平方公里的殖民地转让给出价最高的公司。自那以后，买方如何处理他们的殖民地租赁权就与利奥波德国王和比利时没有关系了。如此为之，造成的结果就是“首个现代的种族灭绝事件”。康拉德将这次事件称为“对战利品最丑恶的掠夺，甚至扭曲了人类的道德心”。

这次的刚果河之旅给康拉德的内心造成了深刻的影响。他之后回忆说：“在踏上刚果之旅之前，我只是个纯粹的动物。”康拉德足足花了 8 年的时间让这段“恐怖”（这也是康拉德小说中的关键词）的回忆在他的脑海中安静平复，方才可以潜心创作《黑暗的心》。小说的故事很简单。当夕阳沉入桁端以下，马洛（他在康拉德的数部小说中都承担着主角以及故事讲述者的角色）在他的游艇“内尔”号上与一众朋友游乐。这艘船安详地停泊在泰晤士河的河口处。俯瞰伦敦，在与朋友闲谈间隙的瞬间宁静中，马洛

① 利奥波德国王（King Leopold，1835~1909），比利时国王。——译者注

沉思着："这里曾经也是世界上最黑暗的地方之一。"是对于罗马入侵时期的古英国的回忆，让马洛发此感慨。于是，我们能理解，在每一个帝国的背后，都掩藏着曾经的罪恶。

紧接着，马洛回忆起他 30 岁出头时曾接受的一个命令。他被招募进布鲁塞尔（一个犹如"白色坟墓"般的城市），接着被派驻到非洲（心形的"黑暗"大陆），直至刚果，深入这个比利时殖民地的腹地。因为在那里，一位名叫库尔茨的站长在丰收象牙的过程中变得癫狂（在欧洲和美洲，象牙有大量的市场。在这两个大洲中，从台球到钢琴键都是由象牙制成的）。正是这次旅行，将马洛带入了许多事物的黑暗内核——比如，帝国、人性、马洛自身以及帝国的本质，这一点是最重要的。

康拉德对自己的移民国非常忠诚，他认为比利时的帝国主义比英国的更加残忍、更加贪婪。然而，如果我们还记得马洛所说的"世界上黑暗的地方"，我们就会明白，他的话暗示着每一个帝国在其掠夺和入侵的本质上都大同小异。善良的帝国和残忍的帝国本身就是个伪命题：帝国就没有善良的基因。总而言之，《黑暗的心》这部小说就是由一个极度不安的人创作的令人心智凌乱的小说。而作者的不安，则来源于他在非洲这个最黑暗的地方所目睹的一切。

我们常说的大英帝国"皇冠上的珠宝"，指的是印度。大家公认的描写印度这一殖民地的最有思想亦是最成功的小说便是爱德华·摩根·福斯特的《印度之行》(*A Passage to India*, 1924)。创作的灵感来源于福斯特自己的次大陆之旅。他爱上了印度这个国家，以及印度人民。在印度，他没有任何吉卜林式的殖民者优越感。相反，在福斯特的内心住着一个自由主义者——具有自由思想的布鲁姆斯伯里团体[①]（详见第29章）的一员。

乍看标题《印度之行》，你或许会认为它稍显奇怪。就字面看，它指的是一次乘坐远洋轮自英格兰到印度的旅行。小说沿着一个年轻女子阿苔拉远赴印度与一名英国官员结婚的旅程展开。过程中，发生了一件奇怪的事情。她无法分辨出自己是否曾被一位年轻的穆斯林医生阿齐兹困于岩洞（岩洞具有古时的宗教意义）中并遭到强暴。阿苔拉善良的本意是与当地人阿齐兹交朋友。暴乱发生，在紧接着的一场审判中阿齐兹被宣判无罪。阿苔拉的“印度之行”以及她的婚姻最终陷入了令人羞耻的境地。因为无人知晓在马拉巴尔岩洞中究竟发生了什么。然而，这也正是印度这片殖民土地上的“神秘与混乱”。

福斯特此篇小说的标题刚好呼应了沃尔特·惠特曼（详见第21章）在1869年出版的同名诗作。惠特曼的诗篇直指帝国状态的本质发问，而福斯特的小说则是将这个问题展现在了读者的面前。如果人与人的关系中掺杂了殖民地状态和种族差异，

---

① 布鲁姆斯伯里团体（Bloomsbury Group），20世纪初英国的一个由知识分子组成的小团体。——译者注

那么这种关系是否仍可保持其完整性？惠特曼是这样展示给读者的：

> 去往印度的路途！
> 瞧啊，魂灵！你从开始可曾知晓上帝的意图？
> 地要扩张，由一张网络将它们连接在一起，
> 世上的人们要成为姐妹弟兄，
> 所有民族、邻邦之间，应缔结姻亲，
> 连海洋也可被跨越，遥远的距离也被拉近，
> 大陆间彼此焊接，紧密相连。

惠特曼诗歌的基调是欢乐的，福斯特的小说亦然。在福斯特小说的核心处，英国女教师与穆斯林医生之间的关系是密切的，而且根据小说的暗示，他们的关系甚至是热烈的。但正如吉卜林所写的："西方就是西方，东方就是东方，两者永不该相遇"。

福斯特在创作时一度发现自己无法完成小说，因为似乎没有哪一种结局才是合适的。这并非出于写作障碍，福斯特遇到的迷思是小说在本质上是无法"解决"帝国所带来的一系列问题的。《印度之行》以开放式的结局收尾，但却获得了极高的艺术造诣。由于帝国与殖民地之间的悬殊差异，英国女教师与穆斯林医生永远无法像惠特曼诗中所写的那样"彼此焊接，紧密相连"。最终，这二人骑马穿行于季风扫过的印度大地，正是这片

大地将他们分隔开来：

> 但是，马匹似乎不愿相聚——它们调头背离；土地也不愿他们相遇，于是在旅人的必经之路上竖起大石；他们沿途看见寺庙、坦克、监狱、宫殿、鸟儿、腐尸、宾馆，还看见了脚下的茂州：他们不愿看到这一幕。他们千万次地呐喊，“不，还不到时候”，天空呼应说，“不，不在那儿”。

福斯特笔下的“还不到时候”，指的是1947年的印度独立。萨曼·拉什迪（Salman Rushdie）在他的小说《午夜的孩子》（*Midnight's Children*）中赞美了这一历史事件。这部小说也堪称后殖民时代最伟大的作品之一（在第36章中将详细讲到）。总而言之，《印度之行》是一部反殖民主义的作品。福斯特自己也曾暗示道，在那个时代创作的小说，很难逃离这一主题。

有关帝国这一主题激发了一批相对独立的文学作品。它们有别于莎士比亚的《暴风雨》①、保罗·斯科特（Paul Scott）的《拉吉三部曲》（*Raj Trilogy*），亦不同于维·苏·奈保尔②的阴郁的作品和威廉·戈尔丁的《蝇王》（其中那些肤色极白的英国公学男孩儿们就是“一半魔鬼、一半孩童的人”）。在下一章中，我们

---

① 《暴风雨》（*The Tempest*），讲述了意大利公爵的弟弟安东尼奥篡位夺权的故事，歌颂了纯真的爱情和至善亲情。——译者注

② 维·苏·奈保尔（V. S. Naipaul，1932~ ），出生于特立尼达和多巴哥的印度裔作家，作品众多，代表作有《模仿者》《斯通与骑士伙伴》等。——译者注

将转换一个视角，尝试从殖民关系的另一面来看待问题。但是，如果我们无法彻底解决帝国问题的内在道德复杂性，那么要说对其的敏锐探究，所有的文学作品都无出康拉德和福斯特的小说作品其右。时至今日，我们仍愿意拜读他们的作品。读的时候，我们心中激荡起的是骄傲、愧疚和困惑的复杂情感。但是，阅读之前请先弄清那段殖民的历史。

第 27 章
宿命的颂歌

“一战”时期的诗人

战争和诗歌的关系总是交织缠绵、难以分割。《奥德赛》这首伟大的史诗作品正是关于城邦之间战争分歧的。同样，莎士比亚在他的许多戏剧作品（以非喜剧作品居多）中也对战争题材有诸多涉及。其中，对“战争的恐怖场景”（正如西班牙艺术家戈雅[①]所说）最生动的描写出现在《尤里乌斯 · 恺撒》中：

血腥和破坏如此有用，

可怖的事物那么熟悉。

母亲们更应微笑，

当她们目睹婴孩被托举在战争的掌中。

---

① 戈雅，全名为弗朗西斯科 · 何塞 · 德 · 戈雅–卢西恩特斯（Francisco José de Goya y Lucientes，1746~1828），西班牙画家，代表作有《裸体的玛哈》等。——译者注

1914~1918 年的第一次世界大战——被誉为“伟大的战争”——造就了更多的伟大英语诗歌，人类历史上的历次战争均无法与其抗衡。

在英国历史上，这是一场让英国死伤最多的战争。在 1917 年的帕斯尚尔战场上，25 万名英军士兵在数月的战争中牺牲。这几个月中，他们在深深的泥泞中征战，最终险胜。在他们当中，有许多来自英国公学的学生（有的甚至直接从教室被拉到了战场）。他们中每五个就有一个再也无法回到家乡，唯有将名字留在母校的“光荣榜”上。这些少年来自各个阶层，既有中产阶级，又有贫民家庭。

几乎在英国的每一村庄中，某个著名的地点都有这么一个纪念碑。当然，现在这些纪念碑往往布满苔藓，而且上面的字迹也不再清晰可辨。通常，这些纪念碑上记载了本村那些如花少年们夭折在 1914~1918 年那场可怖战争的历史中。如果你勉强能看清碑上的字迹，那么在烈士的名单下，总写着这么一句话，“他们的英名永垂青史”。

第一次世界大战之所以有别于其他战争，不仅是因为它空前的影响范围和杀伤性的武器的升级（其中最臭名昭著的有机关枪、飞机、毒气和坦克），还因为它不仅是国家之间冲突的产物，而且是国家内部矛盾的苦果。换句话说，战争双方均有许多士兵不断追问自己一个问题：“敌人究竟在我们的面前还是身后？”这也正

是德国作家埃里希 · 玛利亚 · 雷马克[1]讲述第一次世界大战的小说《西线无战事》(*All Quiet on the Western Front*, 1929)想要质询的一个问题。雷马克参与了这场战争，并且曾在一个战壕中被相距1.6公里左右的另一位战争幸存者击中。这位著名的幸存者正是阿道夫 · 希特勒(Adolf Hitler)。

在这长达4年的战争阴云中，一群令人敬仰的英国诗人不得不接受一个事实，那就是他们真正的敌人并非德国皇帝(英国国王乔治五世的表亲)，也并非他那些穿长筒马靴的德国兵，而是一个不知为何迷失了正途的英国。这个国家陷入了一场毫无意义的杀戮，除了毁灭，毫无裨益。

这些清醒的诗人中，最愤怒的要数西格里夫 · 萨松[2](尽管西格里夫有个德国名字，可他却是个彻头彻尾的英国猎人)。他在自己的短诗《将军》(*The General*)中，淋漓尽致地展现了这种"英国对抗英国"的情绪：

将军说：早安、早安，

在上周我们前往防线的路上。

可是现在，他曾与之微笑的士兵们大部分已阵亡，

① 埃里希 · 玛利亚 · 雷马克(Erich Maria Remarque, 1898~1970)，德国小说家，代表作有《西线无战事》《凯旋门》等。——译者注

② 西格里夫 · 萨松(Siegfried Sassoon, 1886~1967)，英国反战诗人，代表作有《于我，过去，现在以及未来》。——译者注

我们咒骂他的职员像猪一样不称职。
在他们挎枪背包向阿拉斯跋涉的路上，
哈利对杰克嘟囔说：他是个快活的老派。

但他却袭击了他们。

那么，在这首诗中，究竟谁才是“敌人”？为了回答这一问题，让我们来回顾一下丁尼生的诗《轻骑兵战歌》(详见第22章)。这首诗讲述了一名将军由于一次失败的袭击计划，在一场交战中使将近三百名骑兵牺牲的故事。但是丁尼生并非借这首诗谴责这位指挥官，亦未批判他的国家。相反，他不吝笔墨地赞扬了那些英勇赴死的战士。如诗中所说，“他们并未问原因”，而是毅然地冲向了俄国人的大炮。他们的牺牲是光荣的。

对于相似的行为，萨松却持有与丁尼生不同的态度。在他看来，这些事中遍寻不到“光荣”的踪迹。《将军》这首诗写成于1916年，出版于1918年，这期间英国国内正充斥着“我们为何要参加这场战争”的诘问。这一问题与怯懦胆小（被人们以“白羽毛”代称）无关。萨松本人即是一名凶残的战士，被他的伙伴们称为“疯狂的杰克”[讽刺的是，他的名字西格里夫（Siegfried）在德语中意为“胜利的喜悦”]。然而，萨松（毫不夸张地）终其一生也未曾发现战争的意义何在。当他由于战斗英勇而被授予军功十字勋章时，萨松将这枚军功章扔进了默西河。

“一战”中最后一名幸存的英军“二等兵”哈里 · 帕奇（Harry Patch）于 2009 年去世，享年 111 岁。他也同意萨松对于这次战争的观点。在纪念帕斯尚尔战役 90 周年时，帕奇重返当年的战场，他评论这场战争是“一场对于平民百姓有计划的肆意杀戮。根本没有人值得为这场战争而送命”。当 1918 年 11 月第一次世界大战结束时，它已经造成了 75 万英国民众丧生。而参战各方共有 900 万士兵牺牲。

对于这场战争的描写，萨松的好友亦战友维尔弗莱德 · 欧文[①]的诗作《徒然》（*Futility*）更堪称佳作。欧文是一位荣誉等身的英勇将士。当他凝视着雪地里阵亡士兵的尸体思忖时，他情不自禁地写下了给烈士家属的悼文：

将他移至阳光下——

阳光轻柔的碰触，晃醒了他，

还乡，低语着未播种的土地。

它总将他唤醒，甚或是在法兰西，

直到此刻黎明，这场雪。

若有任何事物能在此时将他唤醒，

① 维尔弗莱德 · 欧文（Wilfred Owen，1893~1918），英国诗人，代表作有《武器与男孩》《徒然》等。——译者注

年迈友善的太阳会知晓。

想想它是如何叫醒沉睡的种子，——
唤起寒星上的层层黏土。
他的肢体周身生得如此美好，
他的肢体精力充沛，身体仍有余温，却僵硬得难以动弹吗？
是因为如此寒星之上的泥土才层层渐厚吗？
哦，是什么在役使愚笨的阳光，
让它打破地球的沉睡。

很显然，这首诗中飘浮着济慈的气韵，有一种情感上的温度游走在情色的边缘。阳光能否像每年春天催促种子发芽一般唤醒这位不知名的士兵，让他重生呢？很显然不能。那么，他又是否死得其所呢？答案亦是否定的。他的死也是徒然，是赤裸裸的浪费。

与萨松相比，欧文更愿意在诗歌技法上进行实验和尝试。此外，他诗中的愤怒情绪也比萨松来得冷酷内敛。《徒然》是一首构思巧妙的十四行诗，每句的长短不同，且押半韵（例如："once/France"）。而且，对于《圣经 · 传道书》（*Ecclesiastes*）中悼念死亡的金句"尘归尘，土归土"的化用，贯穿于诗歌始终。人们普遍认为，如果欧文没有英年早逝，那么他将对 20 世纪整个英国诗歌的发展产生巨大影响。然而，天意弄人，欧文正是在"一战"

结束前的最后一周去世的。当教堂里回荡起宣告和平的钟声时，欧文的家人接到了写有他死讯的电报。

欧文创作《徒然》时，正值“一战”陷入血腥的僵局。条条战壕和遍布的铁丝网犹如一条缝合不齐的伤口，横亘在欧洲的肌肤上。战争的双方都无法取得突破性的进展，而每天都有数千条生命陨落。“一战”这场血腥的屠杀始于一次隐秘的街头谋杀，即奥匈帝国皇储弗朗兹 · 费迪南大公（Emperor Franz Ferdinand）在视察位于巴尔干半岛的萨拉热窝时遇刺。奥匈帝国（Austro-Hungarian Empire）是当时的一个庞大的国家联盟，但却几乎在一夜之间瓦解。因继位而产生的争端一触即发，复杂的国际联盟牵涉其中。于是，事情像多米诺骨牌一样接踵而至。直至 1914 年 8 月（那时英国正处于一个阳光灿烂的夏季），这场战争终于不可避免地爆发了。

圣诞节休战时期，人们曾天真地认为“一战”可以快速地整饬问题。那时，国家精神全部集中包蕴在了“极端爱国主义”一词中［这一词汇产生于 1963 年的音乐剧《多可爱的战争》（*Oh What a Lovely War!*）］。在此极端爱国主义的早期阶段，最著名的一首诗歌作品便是鲁伯特 · 布鲁克（Rupert Brooke，1887~1915）写作的《士兵》（*The Soldier*）：

如果我将要死去，请仅怀念这样的我：

在异域的一隅，
那是永恒的英格兰。彼处，
在富饶的土地中隐藏着更富饶之处；
正是在那沃土中，英格兰被孕育、塑造、赋予思想，
那片土地曾赐予她爱之花，铺就她漫游之路，
英格兰的躯体，呼吸着英格兰的空气，
被河水洗涤，被家乡的暖阳庇佑。

再想想，所有的邪恶在这颗心面前都自惭形秽，
在永恒的思想中跃动的脉搏，不再
将英格兰曾经的思绪寻回；
她的眼目所及，她的声音流转；她的梦发于白昼；
以及欢笑、朋友的消息，还有那温柔，
在英格兰的苍穹下，生于宁静的内心中。

这种高贵的感伤情绪在诗人经历的渲染下更显高贵。布鲁克英俊潇洒，且是一名同性恋者。他与爱德华·摩根·福斯特和弗吉尼亚·伍尔夫以及其他布鲁姆斯伯里团体成员（详见第29章）关系甚密。作为诗人，他禀赋极高，可与维尔弗莱德·欧文相比，他的诗歌技法则显得传统许多。同样，布鲁克在诗中表现出来的爱国情怀也很传统。在战争爆发时，尽管超龄，他毅然应征入伍，却在战争的第一年死于因蚊虫叮咬所产生的感染，而非死

于敌人的子弹。布鲁克或许不会想到自己的诗歌会一语成谶。他果真被埋葬在了“异域”，即希腊的斯基罗斯岛。

很快，布鲁克的诗歌就被铺天盖地的战时宣传机制所代替。在英国国教最神圣的高台——圣彼得大教堂里，他的诗被宣读给会众。几乎英国国内的所有牧师都曾以他的诗歌为题材进行布道。在学校的晨间集合时，学生们聆听这首诗的诵读。学校以此鼓励年长的学生英勇地奔赴异域战场，光荣地为国捐躯。这首诗同时也是首位英国海军部长温斯顿 · 丘吉尔（Winston Churchill）的挚爱，也正是丘吉尔在《泰晤士报》这份全英发行的“新闻纪实报纸”上为布鲁克撰写了光辉的讣告。但在 3 年后，在战争造成大量平民丧生后，布鲁克的爱国主义赞美诗却发出沉闷空洞的响声。因为战争并非光辉或英勇的存在。正如大多数战士们所认为的，战争的本质即是徒然。

实际上，大多数杰出的战时诗人都出自于上层“军官”阶层。但其中有一位尤其杰出的代表却来自于一个不同的阶级。他就是艾萨克 · 罗森伯格（Isaac Rosenberg，1890~1918）。罗森伯格来自于一个犹太的工人家庭。他的家庭为了逃避沙皇的大屠杀，从俄罗斯移民至此。罗森伯格成长于伦敦东区，那时的犹太人贫民区。他 14 岁的时候就辍学，成为一名实习雕刻师。罗森伯格自小就展露出非凡的艺术和文艺才华。可惜他的童年长期受肺病所扰，导致其身形瘦小。尽管身有残疾且健康欠佳，罗森伯格仍旧应征入伍，且于 1915 年“冲上死亡的前线”（正如战士们所说）。他最终在 1918 年 4 月的一场近身搏斗中牺牲。

罗森伯格最著名的诗作要数《战壕里的黎明》（*Break of Day in the Trenches*）。这首诗又被称为“晨曲”，一首黎明的诗。为即将到来的新的一天欢呼一直被视为一种喜庆的行为。但在 1917 年身在法国的士兵看来，却并非如此。鉴于军事规定，士兵必须枕戈待旦，因为这一时刻是敌人最易发起攻击的时候：

> 黑暗破碎，
> 就如以往的旧德鲁伊时代一样。
> 唯一的活物越过我的手掌，
> 那是一只样子怪异、面带讥讽的老鼠。
> 我拔下埤堄上的罂粟花，
> 将它戴在耳畔。
> 可笑的老鼠，他们知道了准会一枪要了你的命。
> 你拥有全世界的同情，
> （上帝知道什么憎恶你）
> 现在，你触碰到了英国人的手，
> 而后，你又会在德国做出同样的事。
> 很快，如果你愿意，
> 毫无疑问，你将会穿越其间沉睡的绿地。

当你穿过这片土地时，似乎在内心窃笑，
坚定的眼神、强壮的臂膀、自大的运动员。
他们不似你变化显著。
他们缘起于谋杀的一时兴起，
他们散落在土壤，
法国这片被撕裂的土地。
你在我们的双眸中看到了什么
那促人注意的铁和火焰
自平静的天际被投下？
因何颤抖——心又为何惊骇？
罂粟的根生于男子的静脉，
　它花茎低垂，不断低垂；
　但我耳畔的那朵不虞凋零，
　它仅仅因为蒙尘而稍显苍白。

当然，诗中的“老鼠”确有一场“可爱的战争”——它们可以尽情享用交战双方阵亡士兵的尸体。

毋庸置疑，本章中截取的 4 首诗歌皆是杰作。我们有幸拜读它们。然而，4 位诗人却是用生命换取了诗歌的灵感，他们值得吗？

◆

第 28 章
天地革新的一年

◆

1922 年和现代主义作家

《圣经》在探讨每年的庄稼收成时，谈到了“丰收年”和“歉收年”的概念，即作物丰收和歉收。那么，由此展开，人们或许会问，在文学意义上，哪一年才是作品收成最好的一年呢？毫无疑问，这一年非 1922 年莫属。在许多文学佳作辈出的年份中，1922 年愈加显得硕果累累。究其原因，并非因为这一年中所产出的文学作品为数众多抑或品类繁复，而是因为在那一年以及前后几年中出版的作品彻底改变了人们对于文学形象的固有印象。正如诗人 W · H · 奥登[①]所说的，整个“文学气候”已被改变。此时，一种新的文学“风格”成为主导，蔚然成风，那就是现代主义（Modernism）。

若要在历史年表上寻找现代主义的发源点，人们可以追溯到

① W · H · 奥登（W. H. Auden，1907~1973），诗人，生于英国，后获得美国国籍，代表作有《葬礼蓝调》等。——译者注

19 世纪 90 年代。我们已经在第 21 章详细讲述过这一世纪末的时间节点。在那时，几乎全世界的作家们都进入了一种极富创造力且不落陈腐窠臼、打破已有常规的状态。说到这样的种种特点，人们不免会想到诸如亨里克 · 易卜生、沃尔特 · 惠特曼、萧伯纳和奥斯卡 · 王尔德之类的作家。简言之，作家们发现他们首要的义务便是对文学本身负责，即便这样的责任给王尔德带来的是身陷囹圄，对于托马斯 · 哈代来说是遭遇主教焚书的惨景。统治阶级对于现代主义作家们的态度从未宽松过。而现代主义作家们所做的绝不是对政府俯首帖耳，而是如我们所言，随性而为。

如果说现代主义发端于 19 世纪 90 年代，积势于英王爱德华时代（战前），那么这一文学思潮便鼎盛于 1922 年。我们可以发现那时的一些具有推动作用的力量和因素。首先，第一次世界大战带来的创伤性后果永远地改变了人们对于世界的旧有看法。1918 年的那个世界再也不是 1914 年时的模样。这场战争可以被看作一场巨大的毁灭，让土地荒芜贫瘠——但是同样为新生事物的产生扫清了障碍。这时的状态用拉丁语中的一词来形容尤其贴切，那就是“一片空白”（tabula rasa）。

那么，究竟哪一部作品可以称得上是引领 1922 年这场新的文学思潮的开山之作呢？首先映入我们脑海的，是詹姆斯 · 乔伊斯的《尤利西斯》和 T · S · 艾略特的诗歌《荒原》（*The Waste Land*），它们均出版于 1922 年。或许有人还会想起弗吉尼亚 · 伍尔夫的《达洛维夫人》[1]（在第 29 章中我们将会探讨这部最成功展现伍尔夫"意识流"名家技法的作品）。伍尔夫的这部小说出版于 1925 年，但其构思和背景设置却完成于 1922 年。维尔弗莱德 · 欧文描写战争的诗歌在他去世后的 1920 年出版，威廉 · 巴特勒 · 叶芝[2]因其诗作也在 1923 年获得诺贝尔文学奖。这两位诗人的成就亦可为 1922 年这一伟大年份增光添彩。叶芝被公认为最伟大的爱尔兰诗人。在其漫长的创作生涯中，他一丝不苟地从一位所谓"凯尔特曙光"（爱尔兰神话般的过去）的狂想者，演变成为一位关注当下的现代主义诗人。在 1916 年爱尔兰内乱让他的祖国四分五裂之后，这一变化表现得尤其明显。他最伟大的诗作均见诸 1922 年出版的其中后期诗集中。

在领略 1922 年左右出版的文学著作的美感之前，让我们先了解一些现代主义作品所共有的特点。首先一点便是作品中体现的力竭感，或者说是一种不同于常态的力量。它们的起点均为一条零点基准线。以《达洛维夫人》为例，它反对的是人类历史上的两次大屠杀。第一次是第一次世界大战，也正是因为这次战争，小说中罹患战斗疲劳症的主人公赛普蒂默斯 · 史密斯从未痊愈。此外，这场战争给他带来的精神折磨（今天被我们称为创伤后应

① 《达洛维夫人》（*Mrs. Dalloway*）发表于 1925 年，讲述了达洛维夫人在"一战"后的英国一天的生活。——译者注

② 威廉 · 巴特勒 · 叶芝（W. B. Yeats，1865~1939），爱尔兰诗人，代表作有《钟楼》《驶向拜占庭》《盘旋的楼梯》等。——译者注

激障碍）将他推向了自杀的深渊——从高楼的窗口跳下且落在带有尖刺的栏杆上。很显然，史密斯是一位战后战争受害者。小说反对的第二次大屠杀是1918~1921年肆虐全世界的“西班牙流感”。这一疫病比“一战”本身夺去了更多人的生命。伍尔夫小说中的女主人公达洛维夫人便是从这一传染病的幸存者。同样，这场疫病也差一点儿要了她的性命。

现代主义的第二个共有特点便是它的素材来源于文学主流之外，如清泉般涓涓注入，而并非源自于文学范畴之内。那些拥有小众读者群的刊登试验性文艺作品的非商业性小杂志将《荒原》和《尤利西斯》的部分内容推介给了大众。正如我们曾在第25章中所探讨的，乔伊斯的作品《尤利西斯》的完整版是在巴黎首次出版的。数十年来，英美两大主流英语国家中没有一家出版机构敢于触碰这一作品。而在乔伊斯的祖国爱尔兰，这一作品更是长达半个世纪无人问津。

第三个共有特点是，放逐和心无归处也在现代主义文学作品中发挥了自己的作用。一大批被我们视作具有开创性意义的现代主义文学作品均是由被美国作家格特鲁德·斯泰因（她本人也是一位著名的现代主义作家）称为“迷惘的一代”的作者们所创作的。所谓“迷惘的一代”即是一批“无家可归”的作家们。然而，现代主义并不同于一场“国际化的”文学运动。更确切地说，我们将它称为一场“超越国家和民族的”运动——即完全抛弃了国别的概念。T · S · 艾略特在美国出生、长大，并（在哈佛）接受教育。可以说，他的美国血统和星条旗一样纯正。从《荒原》的手稿中我们不难发现，诗歌的前几部分是以波士顿（哈佛附近）为背景创作的。艾略特于 1922 年定居英国（之后他本有机会获得英国国籍）。这首诗的主要部分完成于瑞士，因为艾略特在那里治疗精神崩溃症。如此说来，这首诗究竟是由一个美国人创作的，还是被英国人写成的，抑或是诞生于一个身在英国的美国人的笔下？

同样，《尤利西斯》也是一部“无根”文学。詹姆斯 · 乔伊斯于 1910 年离开都柏林，且再也未曾返回那片土地。而他的小说背景正是设置在都柏林。他的离开是一次极富艺术感的决定。在乔伊斯看来，伟大的文学就应该“在沉默、流放中狡黠地”诞生。这部小说所透露出的信息是，乔伊斯只有在离开都柏林之后，才能坦然地描写这片土地。可这究竟是为什么呢？乔伊斯以他另一部作品中的形象为例向我们做出了解释。他用《青年艺术家的画像》（*A Portrait of the Artist as a Young Man*）中主人公笃定的言辞告诉我们，爱尔兰就像“一只吃掉自己猪仔的母猪”——一位养育你，同时也毁掉你的母亲。

D · H · 劳伦斯的作品《恋爱中的女人》（*Woman in Love*）出版于 1921 年。这本小说同劳伦斯出版于 1922 年的另一部作品《亚伦的手杖》（*Aaron's Rod*）一样，都宣称了“放弃和离开”的必要性。劳伦斯认为，“伟大的生命之树”（Ygraddisil）在英格兰已死。他离开了这片出生之地，对于他来说这同样是一片“荒原”。这位矿工的儿子毅然离开英格兰，于别处寻找生命的意义。因此，劳伦斯自言，自己是一位“充满激情的朝圣者”。

现在，让我们来赏析这两部1922年的代表作，因为在它们之后，文学的样貌又有了新的改变。正如诗题所示，《荒原》在一个黯然的时节（用艾略特的原话说，就是一个“最残酷的月份”）于一片贫瘠之地开篇。艾略特之所以创作这首诗，是为了阐释他于数月前出版的一篇散文《传统与个人才能》（*Tradition and the Individual Talent*）。在此文中，艾略特将一个问题陈于读者眼前——如何整饬一个破碎的文化。他用一个醒目而形象的比喻告诉世人，这个问题绝非将落叶重新粘上枝头那般简单。我们必须找到某些新的、“现代的”生存模式，将“过去”（传统）馈赠给我们的材料毁掉继而重组，以改变它们现有的样子。而艾略特的诗歌是如何完成“将现有材料打碎重组”这一任务的，都在其诗歌《死者葬仪》（*The Burial of the Dead*）的章节中展示了出来。这首诗是作者以观察者的身份在一个冬日寒冷而雾重的早晨凝望伦敦塔桥时的沉思。观察者说，伦敦这个“不真实的城市”，“我从未想过死亡会带走如此多的人”。诗中所说的，其实是一件每天都会发生的事：通勤者从地铁的终点站鱼贯而出，穿过泰晤士河，走向他们位于这座城市（世界的金融港）的办公地点，只为了让全球资本主义这一庞大的机器顺利运转。他们中的大多数人，是头戴圆顶高帽的“职员”。他们手持雨伞，身夹公文包，穿着符合自己职业特点的服饰。人群在这个昏暗的清晨形成了一股黑暗的人潮。但阅读广泛的读者们会发现，对于伦敦“虚幻之城”的惊呼源自对波德莱尔诗集《恶之花》中《七个老头子》（*Seven Old Man*）的诗句的呼应：

> 虚幻之城，充满梦境，
>
> 鬼魂在光天化日之下紧缠路人

在艾略特的诗中，这些奔波劳碌的职员被描绘成一群“活死人”。这一主题被诗歌的最后一句渲染到了极致：“死亡带走了如此多的人。”要知道，这一句直接引自但丁的作品《地狱》（*The Inferno*）中的诗句。当他造访地狱看到一群死人时，发出了这样的惊呼：“我从未想过死亡会带走如此多的人”。目睹如此众多的地狱亡魂，他不免感叹。艾略特如此援引并非为了抛出但丁的名声以炫耀自己的博闻强识。他此举仅仅是用如此暗示来旧瓶装新酒。而这一特点也贯穿了《荒原》通篇始终。毋庸置疑，这首诗是艾略特的智慧果实（他的个人才华），但这颗硕果的种子却来源于文学史上的伟大作品（传统的结晶）。

我们从乔伊斯所选择的书名“尤利西斯”便可以看出，这部小说与荷马史诗有着密不可分的联系。而荷马史诗正是西方文学的发源点。然而，从表面上看，将二者联系起来似乎是非常不明智的判断。这部小说是关于（在此我们只能用“关于”这个过于简单的词汇）一位身在都柏林的犹太职员一天（1904 年 6 月 16 日）的生活。他和那些涌过伦敦塔桥的人潮一样，也是身着黑色西装工作的奴隶。这位犹太职员名叫奥波德 · 布卢姆，他与一位深爱的女子结婚，却深知这名女子明目张胆地对他不忠。这一天中所发生的事情并非轰轰烈烈，甚至与其他任何一天无异——这一天中，特洛伊未遭洗劫、海伦亦未被诱拐，也没有任何伟大的战役发生。尽管如此，《尤利西斯》却在各个方面另辟小说创作之蹊径。一方面，它打破了旧式小说中“体面的”压抑（而这一方面也解释了为何这部小说会在爱尔兰长期遭禁）。比如，作者描写了布卢姆如厕时的情景。此外，乔伊斯会不时使用一些“粗话”且有对情色幻想的生动描写。在《尤利西斯》的最后一个部分中，佩内洛普（Penelope，荷马史诗中那位不朽的忠贞妻子）在玛莉恩（Molly，不忠的妻子）不知不觉睡着时记录下了她的思想。在这部小说中，经常可见长达数页的文字中没有任何标点符号的情况——这是一种潜意识的流动。乔伊斯的小说坚称，我们其实生活在思维中。此外，这部小说在每个阶段都试图发掘新的方式来理解一些生活中的怪诞场景。无论这些情景有多普通，我们都或多或少能在其中找到自己的影子。

与艾略特一样，乔伊斯对读者的要求很高。若想要领会《荒原》中错综复杂的暗示，抑或是试图在《尤利西斯》众多的语言学与文体学技巧中厘清思路，你必须有深厚的文学积淀，或者是手边有一本标注全面详细的注释。没有其他的文学作品值得读者为之付出如此辛劳。

实际上，在 1922 年现代主义文学所获得的伟大胜利背后，真正的领袖人物是埃兹拉 · 庞德——艾略特在写给《荒原》的献辞中将他称为“伟大的艺术家”（Il miglior fabbro）。正是庞德毁掉了《荒原》的初稿，赋予它大胆创新的杂乱的形式。也正是庞德这位现代主义文学家的导师将伟大的爱尔兰诗人叶芝从其早期及中期对于“凯尔特曙光”的怀旧情结中拉了出来，让他直面当下的爱尔兰，以一种新的、坚定的风格以及如《1916 年复活节》（*Easter 1916*）一般的诗作来反映血腥的爱尔兰起义以及英国人的残酷镇压。

庞德自己的诗作却是从异域获得了灵感。他深深地痴迷于东方的语言文化，因为在这样的语言中，形象化的意象和文字性意义都融入了一个小小的文字单位中。我们是否可以像中国的文字一样将词汇具象化为形象呢？在此方面，庞德无疑是最成功的。他第一首题为“在地铁站”（*In a Station of the Metro*）的诗歌以对巴黎地铁的延伸描写开篇。庞德将本来冗长的描写浓缩为简短、睿智、画面感极强的十四音节日式俳句。至于俳句，你可以在圣诞签饼里面发现它们。

1922 年以飨读者的并非只有现代主义作品。在这股风潮最劲的时候，这场运动是在具有压倒性优势的大众文化圈内，对小众品味强有力的表达。而此时的大众文学圈对诸如艾略特、庞德、伍尔夫和叶芝等作家的行为是何其冷漠甚至充满猛烈的敌意。然而，时间具有甄别优劣的力量。时至今日，有谁还记得 1922 年的桂冠诗人罗伯特 · 布里吉斯[①]（他从 1913~1930 年一直担此殊荣）？他的诗作《美的证言》（*The Testament of Beauty*）在 1929 年有数以千计的购买者。可当《荒原》甫一面世时，布里吉斯在英美两国的作品便被抛入了文学垃圾箱。《荒原》得以流传，并且只要人们仍旧读诗，它就依然会在我们子孙后世的书架上拥有一席之地。2022 年将是个伟大年份的百年纪念年。

① 罗伯特 · 布里吉斯（Robert Bridges，1844~1930），英国诗人，代表作有《爱的成长》等。——译者注

第 29 章 女性文学

伍尔夫

弗吉尼亚 · 伍尔夫曾有一句著名的言论（尽管说此话时她的态度并非完全严肃）：“大约在 1910 年 12 月，人性发生了改变。”也正是在那时，“维多利亚时代的思潮”正在退去，而新纪元即将到来，即现代主义的曙光正照亮大地。伍尔夫指出，这一变革具体发生在伦敦的一次具有争议性的后印象派艺术展后。很显然，伍尔夫自己是属于后维多利亚时期的（这一时期的价值观和偏见的影响力都顽固地超越了该时代所涵盖的历史阶段）。

正如我们在第 26 章中所谈到的，弗吉尼亚 · 伍尔夫在一个被称为“布鲁姆斯伯里团体”（简言之，这是一个由志同道合的知识分子所组成的团体）的著名文学团体中开始写作。她在团体中扮演领导角色，且有力地阐明了这一团体的许多主导思想。伍尔夫在心智上有超越常人的能力，且作为女性的自我意识极强。话虽如此，如果没有当时布鲁姆斯伯里团体的帮助和支持，伍尔夫也不能达到她现有的成就高度。首先，在当时来讲，布鲁姆斯伯里团体的成员（圈外人如此轻蔑地称呼他们）在“女性问题”上已具有相当先进的看法。要知道，英国的女性在1910年这一“世界变革之年”后又度过了8年时间方才获得选举权（美国女性则比英国女性稍早获得这一权利）。可即便是在世界皆变革的当下，英国也并未做好改变自己的准备。具体表现便是英国政府无礼地规定，只有30岁以上的女性才被赋予公民权。他们认为女性只有在达到这一年龄时，方才有足够的情感稳定性来行使自己的公民权以及担负这一权利所带来的责任。据记载，1910年时伍尔夫28岁，还不能在自己的选票纸上获得许可章。至少当时这个男权统治的世界普遍是这样认为的。

我们若想严谨地讨论伍尔夫，有两个问题是无法回避的。其一，是上文中我们已经提到过的20世纪20年代的布鲁姆斯伯里团体。其二，是与兴起于20世纪60年代中期的“女权运动”一同产生的关于批判性地看待文学的伟大改革。这种种运动和变革将伍尔夫推到了代表作家的风口浪尖，也极大地推动了伍尔夫作品的销量。在她有生之年，其作品销量仅有数百本。若不是伍尔夫拥有一家出版社（霍加斯出版社）来出版自己的书，那么她的书想要印数百册都是极其困难的。而今，伍尔夫的作品随处可见，且在英语国家被广泛地研究。

然而，伍尔夫的成就远超过销量所能涵盖的范畴。女性主义的批判精神在将原有的阅读方式改造成我们今天的样子和塑造伍尔夫作品的价值内核方面发挥了不可磨灭的作用。她自己的一部作品《一间自己的房间》(*A Room of One's Own*, 1929)也成为女性主义文学的奠基之作。在这部专著中，伍尔夫宣称女性应拥有属于自己的空间和金钱，以开展文学创作。女性在为丈夫做完晚饭、将孩子安稳地抱上床睡觉后，是无法再继续在厨房的餐桌上潜心创作的。而这样的一幅场景正是维多利亚时期的小说家伊丽莎白·盖斯凯尔[①](被称为盖斯凯尔夫人)自己在创作小说时的真实写照。(绝对没有人会称伍尔夫为“伍尔夫夫人”。)《一间自己的房间》这部作品中充斥着愤怒的火焰和誓要将数千年来导致文学发展失衡的性别歧视所带来的不公拨乱反正的决心。女性不应该继续沉默了，伍尔夫如是说：

> 当人们读到某个女巫被按在水中，某个女人被魔鬼附身，一个聪明的女人在售卖草药，又或者某位母亲健在的出色男性时，我想，我们或许在跟随一位失踪了的小说家，一位饱受压抑的诗人，或者一位沉默而不体面的简·奥斯汀，某位被自己的才华折磨发狂的艾米丽·勃朗特，在沼泽地上撞头，或者在路上拖地除草。

① 伊丽莎白·盖斯凯尔(Elizabeth Gaskell, 1810~1865)，原名伊丽莎白·克莱格雷恩·斯蒂文森，英国小说家，代表作有《玛丽·巴顿》《北与南》等。——译者注

伍尔夫所说的“沉默而不体面的简 · 奥斯汀”暗指的是托马斯 · 格雷[1]所写的《墓畔挽歌》(*Elegy Written in a Country Churchyard*)。格雷步履徘徊、忧思阵阵，眼望着座座墓碑思忖着这里埋葬的哪些人的诗才能和自己相提并论，但却由于缺乏社会地位和特权无法将自己的才华付诸实现。伍尔夫说，正是如此，不错。然而，如托马斯 · 格雷一样的作家们是可以通过这样的拷问的。如果伍尔夫和格雷一样，且让我们称她为“托马西娜 · 格雷”；那么，除非她非常幸运，否则她就将成为“沉默而不体面的弗吉尼亚 · 伍尔夫”。

在布鲁姆斯伯里团体众多著名的成员中，有小说家爱德华 · 摩根 · 福斯特（详见第26章）、艺术评论家罗杰 · 弗莱[2]、诗人鲁伯特 · 布鲁克（详见第27章），以及20世纪最具影响力且具有极端新思维的经济学家约翰 · 梅纳德 · 凯恩斯（John Maynard Keynes）。在当时，几乎很少有其他团体中的“思想成果”可以超过布鲁姆斯伯里团体。

这个团体中最主要的宣传者便是林顿 · 斯特雷奇[3]。正是他

---

① 托马斯 · 格雷（Thomas Gary，1716~1771），英国抒情诗人，代表作有《墓畔挽歌》《伊顿远眺》等。——译者注

② 罗杰 · 弗莱（Roger Fry，1866~1934），英国艺术史家，代表作有《贝利尼》等。——译者注

③ 林顿 · 斯特雷奇（Lytton Strachey，1880~1932），英国文学评论家、传记作家，代表作有《维多利亚名人传》。——译者注

公开宣布了组织的基本原则——他们绝不重复维多利亚式的行为（尽管他们所有人都是在维多利亚女王执政时期出生长大的）。对布鲁姆斯伯里团体的成员来说，“维多利亚名人”如果存在，那么他们存在的意义仅仅是被嘲笑和批判。斯特雷奇也在他的同名著作《维多利亚名人传》中轻鄙地提到了这一点。但是，更重要的是，“维多利亚名人们”是应该为新的思想让道的。

布鲁姆斯伯里团体的成员们将第一次世界大战视为维多利亚时期风格（最后的、最终的）的死亡阵痛。对于战争所造成的大量民众死亡，我们当然深感悲痛。然而，这次战争同样意味着一种“终结”，让文学和世界性的新思潮有了重新萌发的可能。

综上所述，我们知道了布鲁姆斯伯里团员们所反对的是维多利亚时期的风格。那么，他们究竟支持什么，高举的又是何种大旗呢？他们或许会回答你，这面旗帜就是“文明”。又或者，他们会同时提及“自由主义”。他们赞同约翰·斯图亚特·密尔[①]所倡导的哲学。他的思想也被后来的剑桥大学哲学家乔治·爱德华·摩尔（G. E. Moore）用其自己的方式重新表达。实际上，这一哲学思想的本质即是：只要你想做的事情不会破坏、侵害他人的同等自由权，你就有权利去做任何自己想做的事。这条理念看似美好，却极难付诸实践。有些人甚至直接认为它是完全不可能

① 约翰·斯图亚特·密尔（John Stuart Mill，1806~1873），英国哲学家、经济学家。——译者注

实现的。

伍尔夫的一生混杂着殊荣（伍尔夫自己的房间总有位佣人帮她收拾——这一点在其佣人 2010 年出版的自传中便有迹可循）和慢性精神病的折磨。她是著名文学家莱斯利 · 斯蒂芬（Leslie Stephen）的女儿。同时，伍尔夫的母亲亦受过同等的良好教育。年幼的弗吉尼亚 · 斯蒂芬在伦敦优渥的住宅中长大。这座著名的宅邸毗邻伦敦的布鲁姆斯伯里广场，而这座树叶形状的广场本身也是伦敦的美景之一。伍尔夫尤其喜欢雨中的布鲁姆斯伯里广场。正如她自己所言，广场上黝黑而蜷曲的树干犹如“湿漉漉的海豹”。而布鲁姆斯伯里本身也是伦敦知识精英的聚集中心。它身处众多高等学府的周围，依畔大英博物馆，更重要的是，还紧靠伍尔夫时代的几家著名出版社。

伍尔夫并未接受过大学教育，且也没有这个必要。伍尔夫在成年后便异常博学，且时刻与她同时代的顶尖思想保持同步。毫不夸张地说，伍尔夫几乎是在可以执笔之时就开始写作了。然而，也是从伍尔夫童年时期开始，人们便发觉了她的精神上存在一些问题。年仅 13 岁时，她就经历了首次精神崩溃。而这样的情况持续困扰了伍尔夫一生，并最终导致她走向自杀的绝境。

而立之年，伍尔夫基于利害关系而非爱情与一位社会思想家缔结了婚姻。她的丈夫是雷纳德 · 伍尔夫（Leonard Woolf，他也是布鲁姆斯伯里团体的成员）。作为这一团体自由主义思想的体现，他们允许并宽容在原来被禁止的某些人际关系。在他们中间，福斯特和凯恩斯是同性恋者（在当时同性恋视同犯罪）。伍尔夫将自己的激情与爱都压制在了对维塔·萨克维尔·韦斯特（Vita Sackville-West）的同性爱恋中。维塔也是当时的一位作家，且在其位于肯特郡西辛赫斯特的家中尤其擅长莳弄花草，是位富有创造力的园艺师。布鲁姆斯伯里团体的成员们认为“艺术”可以被运用于生活中的任何事物，园艺亦不例外。

伍尔夫和萨克维尔·韦斯特的关系并非秘密，甚至她们各自的思想开明的丈夫也知道。伍尔夫在其广为人知的佳作《奥兰多》[①]中纪念了这段感情。这是一部关于维塔家族的充满幻想的自传式小说。小说讲述了数个世纪间这个家族中所发生的故事。众多故事中都有一个中心人物——奥兰多，随着每次生命的逝去和重生，奥兰多的性别都会发生改变。萨克维尔·韦斯特的儿子奈杰尔将这部作品称为“文学史上篇幅最长也最有魅力的情书”。然而，却不是伍尔夫写给丈夫雷纳德的。

对伍尔夫来说，独立重于一切——她遗世独立于传统美德、社会规范乃至伦敦文学界。她与丈夫在 1917 年创立了霍加斯出版社，并将社址选在布鲁姆斯伯里广场的附近。这样一来，伍尔夫便可以随心创作并出版自己的作品了。她自 1915 年开始出版足本

① 《奥兰多》(*Orlando*)，出版于 1928 年，讲述了主人公奥兰多从一位贵族少年变成女性的过程。——译者注

长篇小说，以《远航》[①]为开端。此后，伍尔夫的作品便层出不穷。她巧妙而不着痕迹地将女性主义的思想灌注于小说中。伍尔夫这么做更重要的意义在于，她在“试验”——敢为英国文学史上前所未有之事。而就写作技法来看，她的小说所涉及的最著名的技巧莫过于“意识流”（尽管伍尔夫本人并未如此称呼）。

在她1925年写作的一篇散文中（下文中的马车车灯指的是夜间行驶的马车两侧所挂的灯），伍尔夫是如此描述所谓意识流的：

> 生活并非马车两边对称悬挂的一连串灯；生活是一轮明亮的光晕，亦是一封半透明的信封，自始至终将我们与意识隔绝两边。

试图抓住那“一轮光晕”是伍尔夫在小说中的一大创举。特别值得注意的是在《达洛维夫人》中，伍尔夫是如何巧妙地开篇的。这部小说讲述的是一位中年女性一天的生活。这位主人公名叫克拉丽莎·达洛维，是一位英国议会中保守党成员的妻子。小说描写的那天，她正在筹备举办一场晚宴。她从议会附近的家中出发，沿途经过报时的大本钟，打算采摘一些春天的花草以装点客厅。那是6月的一个风和日丽的清晨，达洛维夫人正等待着穿过马路。由于她刚从一场险些危及生命的流感中痊愈，达洛维

① 《远航》（*The Voyage Out*），出版于1915年，简述了女孩儿蕾切尔自我发现的成长过程。——译者注

夫人感到异常高兴。当她正立于维多利亚街（伦敦城中最繁忙的大道之一）边时，一位邻居从她身边经过。而达洛维夫人却未曾注意到他：

> 她于街边站立时稍显僵硬，等待着达特纳尔的厢式货车穿过。斯可洛普·帕维斯认为她是个迷人的女人（在威斯敏斯特这样的地方，他对于她的认识仅限于对于隔壁邻居的了解）；她给人的感觉有些像小鸟，一只蓝绿色、轻盈、活泼的松鸟。尽管她已经年过五旬，且由于疾病初愈而显得尤其苍白。她就站在那儿，丝毫没有注意到他。她就笔直地站着，等待穿过马路。
>
> 她住在威斯敏斯特已经多久了？应该超过20年了吧。人们觉得即便克拉丽莎正穿行于马路中间，或者在夜间行走，也是那么积极，尤其肃静，或者说神情庄严；犹如一个难以言说的停顿；又如大本钟敲响前那一刹那的迟疑（他们说也有可能是由于流感对于心脏的影响）。就在那儿，大本钟传出了声响。一开始是警报，继而是音乐；然后，这一刻就再也无法返回了。铅灰色的圆在空中溶解。她想，我们真傻。于是穿过了维多利亚街。

除了伍尔夫，还有谁能如此优雅地描写在伦敦街头等待穿过街道的间隙？很显然这一切都发生在克拉丽莎的脑海中。时不时她邻居的思想意识也会产生影响。注意看看描写的语句是如何随着思维的动作流淌此处彼处的。克拉丽莎的思想究竟是以文字还是意象的形态呈现的？又或者是两者的结合？而记忆（20 年前发生的事情）和即时的印象（当下大本钟奏响报时的声音）又是如何相互影响、相互作用的呢？

在伍尔夫的叙述中，从来没有太多的事情“发生”。而发生什么事也并非伍尔夫所关注的重点。对达洛维夫人来说重要的事情也并非异乎寻常。无非就是与一众政客们的无聊聚会。伍尔夫的另一部杰出作品《到灯塔去》（*To the Lighthouse*，1927）关注的是一家人（很显然，伍尔夫是以自己原生家庭的经历作为蓝本）在海边度暑假的故事。这家人计划乘船到一处灯塔去，而这一计划却从未实施。伍尔夫的最后一部小说《幕间》（*Between the Acts*，1941），正如其标题所示，描写的是等待某件事发生的间隙。这部小说创作于第二次世界大战开始的数月。

伍尔夫认为，第二次世界大战这场大事件的下一幕对于她及其丈夫（他们没有孩子）来说都将是一场灾难。他们担心纳粹德国在 1941 年春天轻易侵占法国之后会侵略和征服英国。由于伍尔夫夫妇的犹太血统及左翼背景，他们毫无疑问会被盖世太保（德国纳粹的秘密警察）列在死亡名单上。因此，他们审慎而周密地计划了自杀。弗吉尼亚在经历了一场后果严重的精神崩溃后，由于担心会遭遇长久的精神失常，于是在位于萨塞克斯的家附近的一条河中自溺身亡。那一天是 1941 年 3 月 28 日，她在衣服的口袋中装满了石头，永远地沉入了河水中。

然而，这场战争后英格兰得以保全，产出了更多的文学佳作。可叹，英伦土地上的这位伟大女作家却与世长辞了。

第 30 章
美丽新世界

乌托邦与反乌托邦

“乌托邦”是一个古希腊词汇，字面意为“好地方”。然而，如果你有幸与索福克勒斯或者荷马交谈，且使用了这个词汇，那么这两个希腊人一定会对你投来怪异的眼光。因为这个词是由英国人托马斯·莫尔[①]爵士在16世纪一篇讲述一处完美之地的故事中创造的。实际上，莫尔在写作这篇文章数年后因为质疑亨利八世的婚姻安排而被砍头。他在文中暗示自己所身处的英国是一片不够完美的土地。

文学似有上帝一般的能力——完全凭想象力（勾画完全不存在的事物）去创造整个世界。现实在一端，幻想在另一端，而文学正是沿着这两点所连成的一条线来营造想象中的世界的。这样具象化或许能帮助我们更好地理解。对于作者来说，他与笔下的

① 托马斯·莫尔（Thomas More，1478~1535），英国空想社会主义者，代表作有《乌托邦》。——译者注

文学世界距离越近，那么这部作品便更贴近“现实”。由此，我们可以有把握地说，《傲慢与偏见》中所描绘的那个世界与其作者简·奥斯汀生活和写作的世界几乎别无二致。而《野蛮人柯南》（*Canon and Barbarian*）所展望的世界则与其作者罗伯特·欧文·霍华德[①]所生活的20世纪30年代破旧的得克萨斯河水回流地带大相径庭。在这部小说中，罗伯特幻想出了超级英雄和辛梅里亚大陆，在那里，柯南展现了他的超能力。

与《野蛮人柯南》里所讲述的故事类似，乌托邦经常出现于我们上文中提到的那一条线的“幻想端”，因为我们至今还未发现一个至臻完美的社会，而且我们所身处的社会距离完美也尚有距离。有些作家认为我们的社会正在向着完美的方向进步，即便这个过程是渐进式的。他们口中的乌托邦是“预言式的”。其中最好的例子便是赫伯特·乔治·威尔斯[②]所写的《未来互联网纾》（*The Shape of Things to Come*，1933）。威尔斯相信科技上的巨大进步将会带来“科技乌托邦”（technotopia）。而他所预言的科技进步也确实在19世纪末、20世纪初被印证了。除此之外，许多科幻小说都以此为题材进行了创作。

当然，也有人认为我们正逐渐远离一个优于我们目前所处

① 罗伯特·欧文·霍华德（Robert E. Howard，1906~1936），美国作家，代表作有《野蛮人柯南》《毁灭者柯南》。——译者注

② 赫伯特·乔治·威尔斯（H. G. Wells，1866~1946），英国科幻小说家，代表作有《时间机器》《星际战争》等。——译者注

社会的世界。19世纪，人们心中普遍充斥着对于浪漫的中世纪的渴望。那时，这种种充满传奇色彩的中世纪特色早已被城市化进程和工业革命所取代。这种亲近自然、返璞归真的乌托邦被称为“怀旧情结”。抒发此种情绪的最著名的，也最具影响力的作品是爱德华·贝拉密（Edward Bellamy）所著的《回顾》(*Looking Backward*，1887)。一个存续时间不长的美国党派“人民党”就是基于贝拉密所提出的原则建立的。

无论是向前看抑或是向后望，所有的社会人对于自己身处的这个社会以前的情景、目前的状况和未来会否成为“佳美之地”都有一个宏观的愿景。例如，在古希腊，柏拉图就在自己的著作《理想国》①中构想了一个“完美之城”(英语中的“政治”一词便来源于希腊语中的“城市”一词)。在这座城市中，所有事物都被一位如柏拉图一样的“哲学王”安排得井井有条，充满理性的秩序。在那些犹太教、基督教共有教义占主导思想的社会中，《圣经》所描绘的伊甸园（人类过去的家园）和天堂（人类未来的居所）充分地激发和装点了文学作品中乌托邦的景象。在古罗马，乌托邦即是极乐世界、至福之境（也就是乐土——一片完美的自然之地)。而在信仰伊斯兰教的社会中，乌托邦就是天堂。对于

① 《理想国》(*Republic*)，共分10卷，采用对话体，对诸多哲学及政治问题进行了讨论。——译者注

维京人，乌托邦无疑是北欧神话中的瓦尔哈拉殿堂[①]。它是伟大英雄永久的家园，用以纪念他们在战争中的丰功伟绩。而共产主义者则相信，跟随马克思主义思想，他们在遥远的将来定会实现“国家消亡”和社会完全平等的理想。这便是他们的乌托邦。

这些不同的思想体系以他们各异的方式激发着作者们去勾画理想的世界，即人类的完美结局。然而，文学中的乌托邦世界存在着一个重大的问题，这就是他们枯燥无味的程度简直让人哈欠连天（托马斯·莫尔爵士笔下的乌托邦也不例外）。通常，当文学作品以一种批判的、怀疑的或者直白争论的姿态出现时，才最吸引读者。而这种写作的视角正是本章标题中提到的，乌托邦的对立面“反乌托邦”。它使作品行文更活泼生动，也能引发读者对过去、现在以及未来社会更加积极的思考。阅读一些非常著名的反乌托邦文学作品能够帮助我们更好地理解这一点。如果你还未曾接触过它们，那么值得一试。

雷·布莱伯利[②]的作品《华氏 451》[③]有个非常吊人胃口的标题。华氏 451 度是引起纸张自燃的温度（你或许会认为这是一个

---

① 瓦尔哈拉殿堂（Valhalla），北欧神话中死亡之神奥丁保留死亡英灵的祠堂。——译者注

② 雷·布莱伯利（Ray Bradbury，1920~2012），美国小说家，擅长写作科幻小说，代表作有《火星纪事》《华氏 451》等。——译者注

③ 《华氏 451》（*Fahrenheit 451*），讲述了一个恐怖世界中独裁的统治者不允许人民有书的故事。——译者注

文学中的隐喻)。布莱伯利在 1953 年写作了这部小说，而触发他创作灵感的是电视机作为大众媒体进入人们的生活这件事。在布莱伯利看来，电视机的到来意味着图书的没落。

对布莱伯利而言，这是件极其糟糕的事情。他认为书籍能促发人们思考，启迪人的思想。而电视机起到的作用则恰恰相反。并且，如果说得更严重些，电视机使当下的统治者享受到了历代统治阶级都未曾有过的“软性暴政”，它帮助统治者将权力凌驾于人民至上，对他们实施普遍的思想控制。

《华氏 451》的主人公是一位“消防员”。然而讽刺的是，他的工作并非扑灭火灾，而是烧掉任何一本残存世上的书籍(很显然，布莱伯利的这一构思受到了 20 世纪 30 年代纳粹焚书的启发)。工作的时候，我们的主人公就会从篝火边随意地拿起一本书，比如《大卫 · 科波菲尔》。接着，整个夜晚他就从焚书者变成了读者和反叛者。最终，他在一片树林中避难。在那里有一个由志同道合者组成的社团。他们背诵和记忆伟大的文学作品，让自己成为活图书。他们心中热爱书籍的星星之火或许将不会熄灭。

《华氏 451》之所以引人入胜，是因为它与其他伟大的反乌托邦作品一样，所陈述的观点是对错参半的。布莱伯利对于电视机所持的悲观态度是完全刚愎自用的。电视机作为媒介使文化更加丰富多彩，而绝非让这片土地变得荒芜贫瘠。布莱伯利反乌托邦式的警报是社会对新技术爱恨交织的复杂情绪的真实写照之一。

再比如，我们大多数人都会认为电脑革新了这个时代的生活，使之变得更好。但是在反乌托邦的系列科幻电影《终结者》（*The Terminator*）中，电脑（“天网”）则被描绘成人类不共戴天的敌人。毫无疑问，当史前穴居人首次发现火种的时候，他们的心态和现代人对新科技的复杂态度一样。正如谚语所言，新事物是把双刃剑。

尽管如此，布莱伯利对于最有效的现代专政是如何运作的分析是绝对准确的。现代专政不再需要用断头台砍掉异己者的脑袋，亦无须像斯大林或者希特勒所为，除掉（或肃清）整个阶级的人，仅仅用思想控制，就能达到以往暴政所产生的结果。

这一章节的标题“美丽新世界”正是对莎士比亚戏剧《暴风雨》中米兰达在首次见到斐迪南时所发出惊叹的呼应。米兰达出生并成长于一座岛上，那里除她以外唯一的人就是她年长的父亲。因此，当她见到如斐迪南一般英俊潇洒又品行高贵的男人时，米兰达便得出一个结论，即外面世界里的每一个人都是英俊、年轻且高贵的。如果真的是这样就好了。

奥尔德斯 · 赫胥黎（Aldous Huxley，1894~1963）将他的反乌托邦作品取名为《美丽新世界》（*Brave New World*）。尽管这部作品出版于 1932 年，可至今仍广为阅读。小说叙事的时间被设定在了距写作时两千多年以后，但日历上所显示的日期是“福特纪元 632 年”（AF632）。其中，AF 代表着“福特之后”（After

Ford），同时也意味着“在弗洛伊德之后”（After Freud）。赫胥黎思考着，如果人类可以在流水线上被大批量生产，就像亨利 · 福特（Henry Ford）大规模生产T型发动机小汽车一样，那么将会发生什么？精神病医生西格蒙德 · 弗洛伊德①，是《美丽新世界》中的第二位年份标记者。他主张人类的大多数神经衰弱症都源于家庭中的情感矛盾。如果仅有父母和孩子的核心家庭被取代，那么又会发生什么？赫胥黎想到了“体外发育”的概念——在玻璃瓶中培育婴儿，在孵卵处（工厂）生产婴儿。这一流程就像福特的T型发动机小汽车生产流水线一样。孩子们不需要任何父母关系，只需有身穿白大褂的实验室技术人员照顾就行。

一个完全稳定的社会不是原因而是结果。人们都安分守己地待在自己所属于的或高或低的社会阶层中，所有人都因为服用了广泛分发的镇静剂（细胞体）而表现出开心快乐的情绪。在这个社会中没有政治、没有战争、没有宗教、没有疾病，亦不见饥馑、贫穷和失业。（我们不可忘记赫胥黎的写作背景是20世纪30年代的经济大萧条时期。）然而，最重要的是，在这个社会中也没有文学和书籍的踪迹。

《美丽新世界》向我们展现了一幅乌托邦的图景——但这个世界却不似看起来一般舒适，我们大多数人也并非愿意生活于其中。

---

① 西格蒙德 · 弗洛伊德（Sigmund Freud，1856~1939），奥地利心理学家，创立了精神分析学派，著有《梦的解析》。——译者注

在书中登场的主人公是约翰 · 萨维奇（John Savage，这个名字让我们想起卢梭笔下的“高贵野蛮人”）。他出生并长大于美国的一片印第安保留地。伴随他左右的只有数本莎士比亚戏剧。美国这个所谓的“新世界”并不属于他，约翰行为反叛而最终招致毁灭。人们的命运无关痛痒，美国这片“新世界”依旧“活色生香”地继续它的日日夜夜。在这里，不管是高贵野蛮人还是莎士比亚都属多余。

与布莱伯利一样，赫胥黎的预言亦对错参半。而且，纵观人类历史，我们将会发现《美丽新世界》中所描述的稳定的社会状态是永远没有可能实现的。它远远超出了空想的范围。然而，赫胥黎却十分惊人地准确预言了生物干预将会对社会造成令人担忧的改变。人类基因图谱的发现、试管授精（按字面解释就是“在玻璃管里制造婴儿”）以及其他的生物新技术使得赫胥黎所说的“在玻璃瓶里培育婴儿”变得完全可行。应了他的预言，“生产”人类（让我们暂且这么说）完全是我们能力所及的。那么，既然人类拥有了如此能力，他们又会创造出一个怎么样的美丽新世界呢？

近 50 年来最备受争议的反乌托邦作品要数玛格丽特 · 阿特伍德（Margaret Atwood）的《女仆的故事》（*The Handmaid's Tale*）。这本书出版于 1986 年，那年，里根正任美国总统。有些人认为，里根之所以能够登上权力的巅峰，是因为在他的背后有来自“宗教右翼分子”，即基督教原教旨主义者的重要支持。而这一说法正是阿特伍德写作兼具女性主义和未来主义特色的反乌托邦作品的出发点。

阿特伍德将《女仆的故事》的背景设置在 20 世纪末的一场核战争之后。基督教原教旨主义者接管了战后的美国，并将美国更名为基列共和国（the Republic of Gilead）。非裔美国人（“含[①]的子孙”）被丢弃。女性再次被归于从属地位。也是在这一时期，男性与女性的生育力也惨重地下降。很少一部分可以怀孕、生育孩子的女性被定为“女仆”，即任凭男性支配的生育者。基列的女仆们没有任何权利可言，也不参与任何社会活动。她们被视为“动产”，甚至没有姓名，被称为“某某的”（这里的“某某”指的便是他们的主人）。书中的女主人公名叫奥芙弗瑞德，意即“弗瑞德的”（主人弗瑞德的财产）。她在与丈夫、孩子逃往自由的加拿大时被抓获了（这里阿特伍德稍稍表现出了对祖国加拿大的盲目爱国主义倾向）。于是，奥芙弗瑞德被安排给了一位颇有权势的男性，他被人们称为“指挥官”。小说最终以奥芙弗瑞德逃往美加边境线为结尾，尽管小说最终也未曾清楚地说明她是否成功地进入了加拿大这片自由之境。

然而，现实让我们可以轻易地鄙夷阿特伍德的冷酷预言。2009 年，一位“含的子孙”入主白宫，并且没有人敢将米歇

① 含（Ham），《圣经》中挪亚之子。因取笑了父亲挪亚因醉酒而裸睡在葡萄园里而受到诅咒，其子迦南成为黑人的始祖。——译者注

尔·奥巴马（抑或者前任第一夫人希拉里·克林顿）称为“其丈夫的女仆”。然而，阿特伍德的一部分反乌托邦观点十分重要。在美国，仍旧有许多此起彼伏的宗教镇压组织在频繁行动。例如，他们中的一些试图控制女性的生育权利，而这些权利大多取得于20世纪60年代的女性主义运动。那时，阿特伍德这一代女性勇于借用此次运动表达自己，争取权利。阿特伍德在书中提出的问题无论是在今天，还是在25年前，都与我们的生活休戚相关。也正是出于这个原因，她的小说仍能引起现代读者的共鸣。

我们这个时代最具影响力的反乌托邦作品无疑是乔治·奥威尔的《一九八四》[①]。这部小说的影响力实在太过深远，以至于它为我们的语言增加了一个新的词汇——“奥威尔现象”（Orwellian）。奥威尔于1948年构思了这部小说，于是有些人会认为这部小说所关注的不仅有那个时代，亦有标题中所提到的年份。那时，大不列颠精疲力竭、满目疮痍，刚从“二战”的阴影中挣脱出来。人们看不到未来，也看不到悲伤的尽头，就仿佛这片土地会永远贫瘠下去。

然而，奥威尔的构思中还另有深意。第二次世界大战实际上是向“极权主义”国家（纳粹德国、意大利和日本）以及他们统揽大权的统治者开战。而胜利的西方盟国则被称为“民主国家”。

① 《一九八四》（*Nineteen Eighty-Four*），出版于1949年，政治讽喻小说，讲述了极端强权统治下人们的恐怖生活。——译者注

但是，他们最大的东方盟国苏维埃社会主义共和国联盟却如战前德国一样，是个极权主义国家。然而，在战争的情况下，这一点显然不那么重要了。战时的英国首相丘吉尔曾说，如果路西法是位反希特勒者，那么他也可以与魔鬼结成联盟。可战争之后呢？这样的联盟是否还会存续？

奥威尔预言，苏联式的独裁统治，以及众极权强国并存的全球平衡局势将是未来世界的图景。在小说《一九八四》中，英国在“大洋国”这个超级大国中扮演“飞机跑道”的角色，处在斯大林式的统治者“老大哥”（甚至连胡子都是著名的“斯大林式”的）的完全控制之下。人们甚至不知道“老大哥”这个人物是否真实存在。实际上，奥威尔本打算给这本书起名为《欧洲的最后一个人》（*The Last Man in Europe*）。而他自己正是书中的主人公温斯顿 · 史密斯这个被清算的人。奥威尔试图告诉我们，国家的本质便是极权，且这一本质永远不会改变。

即便奥威尔意蕴深远，在《一九八四》中对政治的本质做出了精辟的说明，然而他对英国在“二战”后将会遭遇持续的、令人饱受折磨的贫困的预言却是完全错误的：与 1948 年相比，1984 年的英国堪称“流奶与蜜之地”。此外，世界上最后一个极权主义超级大国苏联（即小说中的欧亚国）亦在 1989 年解体。奥威尔在这一点上的预言是完全错误的。可是，由其他方面来看，“奥威尔式”的未来的确到来了。

让我们仅举一例来说明奥威尔现象的正确性。与布莱伯利一样，奥威尔同样对电视机的面世惊诧不已。然而，他与布莱伯利的区别在于，奥威尔在想，如果电视机也可以观察人类，那么将是一幅怎样的图景。这样的双向电视机就成为《一九八四》中“组织”对民众施以专制统治的主要途径。世界上哪个国家拥有最多的闭路电视监控探头？我想，你已经猜到了，答案就是英国。我们真如奥威尔所预言的，生活在“奥威尔式”的未来中。

第 31 章

小说的锦囊

复杂的故事

小说除了娱乐大众外，几乎无所不能。小说作用广泛，例如教诲读者。我们中的许多人都是通过阅读科幻小说获取科学知识的。小说亦可开启心智，改变思维。美国人对于奴隶制度的看法，以及后续南北战争的打响均得益于《汤姆叔叔的小屋》。小说还可以将政党的核心思想在民众中推而广之。现今英国保守主义的中心思想早已被19世纪40年代本杰明 · 迪斯雷利[①]的系列小说厘清。如果导向正确，小说还可以带来社会变革。例如，在20世纪初期，厄普顿 · 辛克莱[②]的小说《屠场》[③]中对于食品加工厂触目

① 本杰明 · 迪斯雷利（Benjamin Disraeli，1804~1881），英国政治家，保守党领袖。著有《迪斯雷利三部曲》《康宁斯比》等作品。——译者注

② 厄普顿 · 辛克莱（Upton Sinclair，1878~1968），美国小说家，代表作有《屠场》《龙齿》等，曾获1942年普利策奖。——译者注

③ 《屠场》（*The Jungle*），发表于1906年，揭露了屠宰场对工人的压榨，也曝光了其不卫生的环境。——译者注

惊心的环境的描写，促成了有关食品卫生的立法。小说以其他为数众多的各异方式，推动着社会的进步。它能做的，远不止供读者打发候机时间，或者消磨睡前时光那么简单。

当有人问安东尼 · 特罗洛普[①]，他的作品（他出版了将近50部作品）最大的益处在哪儿时，这位伟大的维多利亚时期小说家如是回答：那些小说作品教会了女士们如何接受来自仰慕者的求婚。乍听起来，特罗洛普的回答显得轻率浮躁，但事实却并非如此。我们的确从小说中获取了对我们日常生活有益的东西——其中最重要的莫过于那些指引我们发现生命至宝的信息。能够产出如斯作品的小说家便是那些最有可能获得诺贝尔文学奖的巨擘（在第39章中我们将详细谈到）。

若要细数小说的作用，我们还可以没完没了地说下去。但是小说所做到的最有趣的事情之一，便是自我探索。这仿佛是小说作品与自己的一场游戏，在其中，小说作者不断试探着自己的边界和试验着各种技法。小说可谓是诸多文学体裁中最具有自我意识也最有趣味性的一种。在本章中，我们会打开小说的“潘多拉魔盒”，你可以把其中的宝物称为关于小说的小说。

有人认为我们对于小说技法的兴趣产生于现在，事实却也大致如此。然而，如果我们仔细寻找，也不难在18世纪劳伦

---

① 安东尼 · 特罗洛普（Anthony Trollope，1815~1882），英国作家，代表作有《巴彻斯特养老院》《巴彻斯特大教堂》等。——译者注

斯·斯坦恩（Laurence Sterne）的作品中发现这一兴趣的萌芽状态。那时，小说正成为一种主流文学形式。评论家们对于斯特恩作品的判词是“自省”。意即，在写作的过程中，作者好似一直在质问自己“我一直都在做些什么？”

劳伦斯·斯特恩的伟大作品之一是《项狄传》[①]（首次出版于距今250多年的1759年）。这部作品的写作思路犹如一篮鳝鱼一样，朝着四面八方滑去。一旦你翻开扉页开始阅读，便会发现它不可阻挡的魅力。斯特恩的小说一向善于自嘲，也以给读者出难题见长。位于谜题单顶端的一个问题便是“如何将一夸脱[②]酒装进一品脱的壶中”。

斯特恩开始创作时，正值小说最为纯正的时代。那时，小说刚开始向后现代主义的风格（这一风格几乎是目前小说试验性创新的边界）转变。然而，《项狄传》的作者斯特恩预见了任何一位提笔写作小说的作家都会遇到的一个大问题。这是逻辑上的不可能性，几乎不可为之。斯特恩笔下的主人公兼叙述者（也是喜剧化的斯特恩）特里斯特拉姆（Tristram）开始讲述自己的生平。这是小说中的典型设计。聪明的特里斯特拉姆决定从头开始叙述。可是，他发现要讲清楚自己是如何成为如今的特里斯特拉姆，必

---

① 《项狄传》（*Tristram Shandy*），讲述了主人公项狄的叔叔和父亲一生的经历和见解，其叙事打破了时间性和顺序性。——译者注

② 夸脱，品脱，容器单位，1夸脱=2品脱=1.136升。

须深入挖掘自己童年以前，乃至受洗（他的奇怪名字“Tristram”便与受洗有关）、出生以前，直至其父母的血脉相连，孕育他的一刻起。当他想到这一点时，特里斯特拉姆便觉得已用尽了小说的大量篇幅。这样一来，他出师不利。于是特里斯特拉姆感伤地说：

> 一年一岁长。正如你所感知，关于我年岁的故事已叙述第三卷过半（根据总长12卷的原始版本得来）。此时，我所经历的才不过出生后的半天时间。这说明，现在，我比提笔之时又多出了364天的故事要讲。

换句话说，相比特里斯特拉姆记录自己生命的速度来说，他实际的生存速度是前者的365倍。也就是说，他记录的笔端将永远也赶不上自己生命的进程。

被斯特恩以如此机智诙谐的方式玩弄于股掌间的这一问题（当小说的旅程即将开启，你该如何在行李远远多于行李箱的情况下将必需品都打包装好，以踏上征程）终究还是无解。不过，斯特恩也从未尝试过要去解决这个问题。他所做的即是与这一几乎不可能完成的任务来一场有趣的游戏，以飨读者。我们所知道的那些在小说创作方面具有更崇高追求的作者们则设计出种种选择机制，如象征主义、精简压缩、文本组织、表征，来规避上述那个“如何将必需品都装入箱子”的问题。将这林林总总的技巧组织整合起来，就形成了所谓“小说艺术”——说得更恰当一点，就是“小说的妙计”。而这，正是斯特恩所要在自己小说中说清道明的事情。

本章的标题为“小说的锦囊”——让我们打开这个锦囊，来细数小说家们的用以娱乐读者和挑逗我们阅读神经的种种小说玩具。我们可以从这样一个基本问题开始探究。叙述的前提是有叙述者，也就是讲故事的人。那么这个人是谁呢？是作者吗？有的时候情况似乎是这样的，而有的时候则显然并非作者。其他的时候我们则不太确定。比如，我们很明确地知道简 · 爱不是夏洛蒂 · 勃朗特本人。然而，我们却也清楚地感觉到在作者与女主人公之间存在着某种或出于自传叙述或出于心理共鸣的联系。

那么，现代小说的情况又如何呢？例如J · G · 巴拉德[①]的作品《撞车》（*Crash*，1973）。这部小说的主人公叫作詹姆斯 · 巴拉德，他似乎对车祸以及车祸对于人类肉体的伤害有着完全险恶的兴趣。这是否是某种告解式的陈述呢？实则不然，这是作者与读者间的一场复杂的对抗赛，而非作者与读者玩的一场游戏。换言之，这像极了一场挚友间的对弈。

让我们继续将目光聚焦在巴拉德的另一部小说《太阳帝国》（*Empire of the Sun*，1984）上。这也是巴拉德最著名的一部作品（这部小说的出名大部分得益于它被导演斯蒂芬 · 斯皮尔伯格搬

① J · G · 巴拉德（J. G. Ballard，1930~2009），英国小说家，出生于上海，代表作有《撞车》《太阳帝国》。——译者注

上大荧幕，且获得了奥斯卡奖)。小说讲述了一个小男孩儿在第二次世界大战爆发之际于上海与其父母离散，并置身于俘虏收容所的遭遇。这里的恐怖气氛塑造了(抑或毁灭了)其后半生的人格个性。主人公名叫詹姆斯，而且主人公的经历与作者詹姆斯·巴拉德在其自传中记叙的生平如出一辙。这样一来，《太阳帝国》是否还是一部小说？读者们是否面临着一种"主人公即作者"的状况？对于这种种问题的答案，小说暗示我们不要去测度，只管领会就好。

布雷特·伊斯顿·艾利斯(Bret Easton Ellis, 1964~)在他的小说《月球公园》(*Lunar Park*，2005)中则走得更远，他直接将主人公取名为布雷特·伊斯顿·艾利斯(书中将其描绘得非常堕落颓废)。他被布雷特早期一部声名更加狼藉的小说《美国精神病人》(*American Psycho*)中一名连环杀手所追杀。言至于此，你们明白小说的情节了吗？不必疑惑，其实我也没明白。不仅如此，艾利斯进一步煞费苦心地将此种写作上的诡异技法进行演绎。他让艾利斯(小说主人公)与一名叫作杰恩·丹尼斯(一个虚构人物)的影星结婚。作者艾利斯为他们勾画了一张面孔严肃但显然真实可感的网络，以至于许多读者都深陷其中。除了布雷特·伊斯顿·艾利斯，马丁·艾米斯[①]也对读者玩了同样狡黠的把戏。

① 马丁·艾米斯(Martin Amis，1922~1995)，英国作家，代表作有《伦敦场地》。——译者注

正如他在小说《钞票：绝命书》（*Money:A Suicide Note*，1984）中所展现的，小说的主人公约翰 · 塞尔福与马丁 · 艾米斯成为朋友。作为好友，马丁劝诫约翰，如果他仍按照目前的道路走下去，那么他最终将走向万劫不复。这个终局，或许就是自尽。

数年来，许多作家都不约而同地通过狗的视角来叙述自己的小说。在这一点上朱利安 · 巴恩斯[①]技胜一筹。他让挪亚方舟上的一只蚀船虫来讲述其小说（让我们暂且如此界定这部作品）《10 1/2 世界的历史》（*A History Of The World In 10 1/2 Chapters*，1989）的第一章节。这听起来确实十分滑稽。

如今的小说家们都犹如熟练的机械师一般对自己每日打交道的机器了如指掌。他们乐于将小说这部机器拆开来，再以各自不同的方式将各组成零件拼装起来。有时，他们甚至只负责拆卸，而将拼装的工作都交给读者来完成。例如，约翰 · 福尔斯[②]就在其新维多利亚风格但兼具"新浪潮"风格的小说《法国中尉的女人》（*The French Lieutenant's Woman*，1969）中给读者提供了三个不同的结局。又或者，伊塔罗 · 卡尔维诺[③]在其小说《如果在冬

---

① 朱利安 · 巴恩斯（Julian Barnes，1946~），英国作家，代表作有《福楼拜的鹦鹉》等。小说《终结感》获得布克奖。——译者注

② 约翰 · 福尔斯（John Fowles，1926~2005），英国作家，代表作有《法国中尉的女人》《收藏家》《魔法师》等。——译者注

③ 伊塔罗 · 卡尔维诺（Italo Calvino，1923~1986），意大利作家，著作众多，代表作有《看不见的城市》《通向蜘蛛巢的小路》《树上的男爵》等。——译者注

夜，一个旅人》（*If on a Winter's Night a Traveller*）中则为叙述者设计了10种各异的开头，让他来看看读者的脚步有多么敏捷，能在这些开头中自由跳跃。读者们会如他这位故事讲述者一般机敏吗？小说是如此开始的："你即将阅读的是伊塔罗·卡尔维诺的新作《如果在冬夜，一个旅人》。所以，请放轻松。"然而，这恰恰是卡尔维诺与我们开的一个玩笑，因为阅读他的小说时你是无法放松的。他对读者们所做的，是后现代主义评论家所说的，使之"陌生化"。

接下来，卡尔维诺用开篇的章节来思考，试图为"你"找到一个阅读小说的最佳姿势。他如此写道，"旧时，人们习惯站在诵经台上阅读"。可是，你阅读这部小说的时候，为何不尝试陷在沙发里，背靠着垫子，旁边是触手可及的香烟和咖啡壶。因为你一定用得着它们。这样的语句让你觉得自己是阅读剧场中的演员，而非观察者。小说的结尾，卡尔维诺安排了几位小说主要讲述者中的一位来告诉读者们"现在是时候关掉床头灯，去睡觉了"。继续讲下去则兴味索然，毫无意义。可读者（也就是你）回答说"再等一会儿吧，我差一点儿就看完这本小说了"。但是，卡尔维诺究竟是否写完了这部小说呢？或许他从未开始过。

美国人保罗·奥斯特[①]极其擅长运用与卡尔维诺相似的写作

① 保罗·奥斯特（Paul Auster，1947~），美国小说家、诗人，代表作有《纽约三部曲》。——译者注

技巧。他的成名作《玻璃之城》(*City of Glass*，1985)是一部故事背景设置在纽约的“形而上的侦探小说”。小说的叙述由午夜的一个电话引发：“一个拨错的号码成为一切事件的开端。午夜沉寂之时，电话铃响了三声。接听之后才发现电话那头要找的并非本人。”他要找的人叫作“保罗 · 奥斯特”，在“保罗 · 奥斯特侦探社”工作。而接听电话的人是35岁的作家丹尼尔 · 奎恩。仿佛鬼使神差一般，奎恩装成保罗 · 奥斯特，并接下了这个案子。于是，事情变得更加诡异。

小说爱好者同样可以从一些“顽皮的”小说作家那里寻找到阅读的愉悦感。这种感觉就好像在观看一场魔术表演时，表演者突然在台上说“我的下一个节目完成的是不可能的任务”，说完便兀自开始表演了(不是从帽子里拽出十来只兔子，就是将自己的魔术助手锯成两截)。然而，有时也有更深层的意义蕴含在这些技巧中。诸如，托马斯 · 品钦[①]的后现代主义经典之作(将其特征高度浓缩后的判语)《万有引力之虹》(*Gravity's Rainbow*，1973)。这部小说从第二次世界大战最后几个月的伦敦实景描述开篇。作者的笔法生动，描述精确。仅有一点品钦的描述欠准确，那就是书中的主人公，美国战士施罗斯洛普认为，V2火箭(实际上于1944年年末落于这座城市)总是在自己产生性兴奋的地点降落，

① 托马斯 · 品钦(Thomas Pynchon，1937~)，美国作家，代表作有《万有引力之虹》《拍卖第四十九批》等。——译者注

他似乎在控制着火箭的方向和目标。当然，从心理学的角度上讲，这就是“妄想症”——这是一种混乱的心理状态，认为这个世界上的一切都是针对自己个人的阴谋。品钦对妄想症这种心理障碍极其着迷。对这一问题的探讨显然成了小说的“主题”。

品钦的美国同侪，小说家唐纳德·巴塞尔姆[①]写作时所采用的技巧玄机则稍微简单。他的许多短篇作品甚至可以直接来源于《幽默杂志》(*Mad Magazine*)。在这些作品中，那只富有传奇色彩的大猩猩金刚(King Kong)被一所美国大学任命为艺术史课的“兼职教授”。巴塞尔姆最著名的故事化用了童话故事《白雪公主》(原本是一则德国童话，迪士尼将其运用得最完美)，且将这位淑女主人公变成了颇失大家风范的形象。巴塞尔姆在使这部小说极其有趣可笑的同时，也将读者们对于文学的传统认识弄得支离破碎。有的作家不仅在概念上将文学解构，甚至在实际视觉上将文学作品掰开揉碎。例如，布莱恩·斯坦利·约翰逊[②]在出版他的小说《不幸者》(*The Unfortunates*)时，就将书页都零散地放入一个盒子中，读者们可以随心所欲地按照自己喜欢的顺序排列这些书页并阅读它们。这就是个真正意义上的“小说的锦囊”。然而，《不幸者》这部小说可让图书管理员和读者们都心烦意乱。

---

① 唐纳德·巴塞尔姆(Donald Barthelme，1931~1989)，美国小说家，代表作有《白雪公主》《死去的父亲》等。——译者注

② 布莱恩·斯坦利·约翰逊(B. S. Johnson，1933~1973)，英国小说家、诗人、文学评论家。——译者注

在本章对小说技法的简短回顾中，有最后一点尚需说明。这是一类充满智慧的小说，并且要求读者们在才智上实力相当，势均力敌。当我们纵观近三百年的阅读大众，我们会发现这一群体已经完全参与进了小说发起的这场智力游戏中，领略了游戏的精髓。小说带来的乐趣无穷，这些伎俩技巧仅是万中之一。

第 32 章

书页之外

电影、电视剧及舞台上的文学

正如我们所知，“文学”一词字面上意即以“文字”呈现的东西，即以笔书写或是用机器印刷出的内容，我们必须用眼睛吸取再以大脑理解。可时至今日，有相当数量的文学却是“通过媒介”传递给我们的。它们以不同的形式，采用不同的渠道抵达我们身边，让我们用不同的感官去感知。

让我们再来玩一个心理游戏吧。如果有人从赫伯特·乔治·威尔斯的手中借来了时间机器，接着回到过去将《伊利亚特》的作者荷马带到现在这个时代，那么荷马将会如何拍摄2004年由布拉德·皮特主演的电影《特洛伊》呢？这部电影作品正是基于荷马的同名史诗改编的（电影的名称和摄制人员均证实了这一点）。荷马会如何看待这部有诸多战争场面的“动作片”呢？他是否会认为这部电影在任何层面上都有他的影子？如果荷马能够从电影中发现自己著作的踪迹，那么又是电影中的哪些因素让他产生“荷马式”的感觉？

如果这个乘坐时间机器的人在返回的途中停下，并带上简·奥斯汀一同返回现代［尽管这么看来我们进行的这场心理游戏有些类似于《比尔和泰德探险记》（*Bill and Ted's Excellent Adventure*），我们还是继续玩下去吧］，那么这位《傲慢与偏见》的作者又会在观看了由自己小说改编的诸多电影电视作品后作何感想呢？她是否会因为生前仅售出数百册小说，而去世两百多年后的今天却拥有数千万欣赏自己小说改编的电影、电视剧的观众而感到欣慰高兴？又或者奥斯汀会认为这样的改编是对其原著精神的违背，并愤怒地回应：“先生们，请别碰我的小说！”如果我们将这个游戏继续下去，那么赫伯特·乔治·威尔斯又会如何看待受他出版于19世纪90年代的时间旅行短篇小说启发而产生的三部电影（以及由此衍生的副产品）？他是会说“我们已经到达了未来”还是会发出“这并非我要表达的意愿”的感叹？

简言之，“改编”意味着文学以科技媒介而非其原本的出版形式再生的过程。如今，人们更愿意将这一行为称为“版本化”。在文学史中，就有许多成果斐然的版本化范例。回顾前面的章节，我们可以将英格兰市镇街道上由马匹和火车承载的神秘剧称为对《圣经》的改编和演绎。狄更斯也会因为有数十个不同的舞台同时上演他的小说《雾都孤儿》，与他出版的纸质小说成竞争之势而恼怒不已。而更可气的是他却从戏剧演出方那里得不到一分钱。对于此种行为，戏剧盗版商们会轻描淡写地回应说“我们只是在改编你的书，狄更斯先生”。大歌剧则将经典的文学文本“改编”（“版本化”）为完全非文学性的消费形式。例如，多尼采蒂[①]的《拉美莫尔的露琪亚》[②]［基于司各特的《拉美莫尔的新娘》（*Bride of Lammermoor*）改编而成］和朱塞佩·威尔第[③]的《奥泰罗》（*Otello*，改编自莎士比亚的《奥赛罗》）。

我们可以源源不断地细数诸如此类的版本化。然而，大规模如商业化的改编还是始于19世纪与20世纪的交界处。这一时期，最高效的改编机器诞生了，这就是电影，被人们称为“跃动的梦想”。从首次将文学作品改编成电影开始，大荧幕吸收了许多文学源作品，又产出了大量供电影爱好者享受的大片。我们举一例即可说明改编的作为。1897年，伟大演员亨利·欧文（Henry Irving）的舞台总监布莱姆·斯托克[④]计划创作一出关于吸血鬼和特兰西瓦尼亚（Transylvania）的哥特式爱情剧。尽管布莱姆·斯托克从未去过特兰西瓦尼亚，但他阅读过关于那片土地的许多

① 多尼采蒂（Donizetti，1797~1848），意大利作曲家，代表作有《唐帕斯卡莱》《爱的甘醇》等。——译者注

② 《拉美莫尔的露琪亚》（*Lucia di Lammermoor*），三幕歌剧，1835年首演。——译者注

③ 朱塞佩·威尔第（Giuseppe Verdi，1813~1901），意大利作曲家，代表作有《茶花女》《弄臣》《伦巴底人》等。——译者注

④ 布莱姆·斯托克（Bram Stoker，1847~1912），爱尔兰小说家，代表作有《命运的枷锁》《德拉库拉》等。——译者注

有趣故事。吸血鬼的题材在民间传说中屡见不鲜，同时，市面上也常见一些廉价的恐怖爱情小说。斯托克的小说《德拉库拉》（*Dracula*）一开始并未十分成功，直至1930年被改编成电影《诺斯费拉图》（*Nosferatu*）时方才大获好评。自此，数百部的吸血鬼电影不断面世（在众多吸血鬼的扮演者中，贝拉·卢戈西[①]和克里斯托弗·李[②]是德拉库拉伯爵最著名的扮演者）。德拉库拉已然成为一种品牌，而吸血鬼的爱情故事也成为一种文学题材。如果没有斯托克创作《德拉库拉》的起点，斯蒂芬妮·梅尔[③]的《暮光之城》[④]系列小说和同样大热的电视剧《吸血鬼日记》[⑤]也都不会存在。于是，有人总结说，改编的力量有时甚至会盖过原著的风头（这一结论的得出并非因为斯托克的小说在今天销量不佳）。我们不禁要感叹，斯托克的一部作品就建立起了整个全球化的产业。

通常，对于文学作品的改编受到三种动因的驱使。其一，是对好资源的“开发”——为了获取利益，跟风赶时髦。是为利益

---

① 贝拉·卢戈西（Bela Lugosi，1882~1956），匈牙利裔演员，塑造过科学怪人、吸血鬼等形象。——译者注

② 克里斯托弗·李（Christopher Lee，1922~2015），英国演员，出演过《指环王》等诸多影片。——译者注

③ 斯蒂芬妮·梅尔（Stephanie Meyer，1973~），美国女作家，代表作有《宿主》《暮光之城》系列。——译者注

④ 《暮光之城》（*Twilight*），讲述了吸血鬼爱德华和高中女生贝拉的爱情故事。分为《暮色》《新月》《月食》和《破晓》四部。——译者注

⑤ 《吸血鬼日记》（*Vampire Diaries*），魔幻电视剧，由美国女作家L·J·史密斯的同名小说改编。——译者注

动因，并非对艺术的热望。这就是诸如电视剧《吸血鬼日记》或者一百年前非法改编狄更斯小说的剧作家们背后的动因。第二个原因是人们试图寻找和开拓新的媒体市场以及全新的读者群的愿望。安东尼 · 特罗洛普认为，如果的他的小说销量逾万册，那么他就成功了。可是，要知道，单在英国一个国家，由他的作品改编的电视剧就吸引了五百余万的观众。只有在极少数的情况下，纸质文学才可以企及如此众多的受众群。J · K · 罗琳做到了，她的《哈利 · 波特》系列销量达数百万册。由小说改编的电影则让亿万观众都痴迷不已。因此，改编为文学创造了无可限量的前景。

第三个驱动力是人们想要发掘抑或探索出深藏于原著文字中的，乃至文字本身所未涉及的领域。詹姆斯 · 费尼莫尔 · 库柏的小说《最后一个莫西干人》自 1826 年出版以来，就被奉为美国文学的经典之作。尽管如此，1992 年由其改编的电影（也是这部小说第 10 次被搬上大荧幕）对美国原住“民族”灭绝这一问题的探讨则更加敏感与关切。这部电影由丹尼尔 · 戴 · 刘易斯（Daniel Day-Lewis）扮演主人公霍克依。改编后电影使小说更加复杂和饱满。同时,电影也带来了其他维度的内容，增加了小说的层次感(这部电影在这一点上堪称绝佳)。读者在看完电影后，能够更加充满深思地欣赏库柏的原著。

经典小说作品被广泛改编的另一位作家要数简 · 奥斯汀。她的例子更具启发性。奥斯汀的小说《曼斯菲尔德庄园》是以一所乡村大宅以及其中的贵族主人们的故事为核心展开叙述的。宅子本身象征着英国，它历经时间的考验而得以保存象征着英国历史悠久。然而，维系曼斯菲尔德庄园日常运作开销的金钱从何而来？奥斯汀并未解释这一点，但是我们看到了庄园的主人托马斯·贝特伦爵士一次次前往西印度群岛料理家族的糖料种植园。1999年，由帕特里夏·罗兹马（Patricia Rozema）执导的改编电影中强调了曼斯菲尔德庄园的财产来自于奴隶劳工以及剥削行为。法国小说家巴尔扎克曾说过，“每一份巨大财富的背后，都背负着深深罪责”。那么，我们也可以说，在曼斯菲尔德这座优雅、精致、精英式的英伦庄园背后，深藏着一条违反人性的罪恶。而罗兹马的电影想要表达的正是这一点。这是一个充满争议性的论点。尽管电影碰触了这样的争议性，它还是使人们对于小说原著的思考更加饱满、更加练达了（此刻响于我们耳畔的是哪里传来的声音呢？原来是奥斯汀小姐在她位于威斯敏斯特大教堂的坟冢中纺织）。

现在，让我们以更加轻松的心态再来看看几部关于奥斯汀的非写实作品。在2008年的电视连续剧《迷失奥斯汀》（*Lost in Austen*）中，年轻的女主人公阿曼达·普赖斯发现自己穿越回了《傲慢与偏见》所描写的那个时代，并且卷入了伊丽莎白与达西先生的关系中，整个过程既浪漫又滑稽。电视剧对原著的涉及仅是浅尝（有些人甚至认为，这样的尝试对奥斯汀本人来说都极具魅力），对大众对奥斯汀原著的了解十分自信。

《迷失奥斯汀》所玩的文学游戏将人们的注意力吸引到了网络上盛行的“同人小说风潮”（例如“彭伯里共和国”网站）。在这股风潮中，“简迷们”（即奥斯汀小说的爱好者）竞相发表对于他们所钟爱的原著的改写和补充版本（例如，达西先生与伊丽莎白的婚后生活是何种图景？）。但是，《迷失奥斯汀》的背后隐藏着一个更加严肃的问题——跨越数个世纪，奥斯汀小说中描绘的社会和我们现在的生活（尤其是爱情生活）到底还有多大的关联？同样的问题也潜藏于 1995 年的一部名为《无影无踪》（*Clueless*）的电影里。这是一部牵强附会的影片，但绝对令人啼笑皆非。电影里，爱玛 · 伍德豪斯卷入了南加州“山谷女郎”所面临的窘境中。这部戏剧试图询问的，是“奥斯汀小说中那种普遍存在且永恒不变的魅力究竟是什么”。

深究文学作品的改编过程，其核心疑问是：改编究竟是为原著服务（我认为上文提到的数例都属于这种情况），还是对原著的戕害。例如，在 1939 年，好莱坞的高德温工作室出品了一部极受欢迎的《呼啸山庄》电影版。剧中的希斯克利夫由当时最著名的演员劳伦斯 · 奥利弗（Laurence Olivier）出演。他的表演被奉为经典。但是，电影删减了原著中的大量对白且给勃朗特的悲剧小说续上了一个大团圆结局。毋庸置疑，电影激发了许多观众回归原著，去看看故事原本的模样的冲动。然而，对于那些从未读过勃朗特原著，也不再会有机会接触原著的观众们来说，这部电影会不会是对杰出文学作品的贬低，甚或戕害？于是，有人总结说，在艺术或爱情里谈论“忠诚”，都是微妙的。

同样是在1939年，米高梅公司耗费了大量的宣传资源出品了电影《乱世佳人》(*Gone With the Wind*，数百万计的粉丝将它称为GWTW)。无论何时票选，它总会当选最伟大的影片。从商业角度来看，它曾经且仍然是带来最大经济利益的影片之一。这部电影改编自玛格丽特·米歇尔（Margaret Mitchell）的同名小说。这本书出版于1936年，是这位极孤僻的女性作家唯一出版的作品。小说的背后，还有一个浪漫的故事。玛格丽特·米歇尔出生于1900年，生长于佐治亚州的亚特兰大。她的家族世世代代都生活在那里。在镇上，有许多年长的居民甚至可以回忆起南北战争时的情况。在这次战争中，南方惨败。许多亚特兰大人都记得当时“重建”的凄惨后果。

玛格丽特·米歇尔是一名年轻的记者。她在工作时踝关节骨折，在卧床休息期间开始创作这部“内战小说”。玛格丽特·米歇尔的丈夫为她准备一些必要的研究材料。她在能下床走路前的数月中草草完成了这部小说。痊愈后，这部小说手稿被遗留在橱柜里一放就是6年。如果不是1935年米歇尔被指派带领一位出版商参观城镇，这部手稿将会永远蒙上尘埃。这位出版商正在搜寻新的素材，而当米歇尔随口提及自己的作品时，出版商便急切地催促她向自己展示这部被荒废的手稿。出版商随后便立即决定出版米歇尔的小说，且以庞大的宣传力度迅速推出了《乱世佳人》。这是一部极其畅销的作品。出版商的宣传口号是，“一百万美国读者的选择不会有错，请阅读《乱世佳人》！”这部小说雄踞畅销书榜首两年，并且获得了普利策奖。随后，米歇尔以5万美元的价格向米高梅公司出售了电影版权。于是，《乱世佳人》被戴维·欧·塞尔兹尼克（David O. Selznick）以新的彩色电影形式翻拍，由费雯·丽和克拉克·盖博主演。

尽管这仍是一部畅销小说，但是，如果有一个人会去阅读米歇尔的原著，那么则会有一百个人只知道有一部电影叫作《乱世佳人》。那么，电影忠于原著吗？答案当然是否定的。米高梅公司在改编时保留了米歇尔构造的情节主线，但是弱化了原文中对于三K党的赞同倾向，且删除了主人公白瑞德杀害一名被释放了的黑人的情节。因为这名黑人胆敢侵犯一位白人女性的贞操。电影就这样削去了一部锐利小说的根根棱角。这一点对于那些真正钟爱原著的人来说，实属不敬。

对于改编行为，我们还有一条合理的反对意见。与其他的小说家不同，简·奥斯汀（我们不得不再次提到她）从未对自己笔下的女主人公有过清晰的容貌描写。例如，我们对爱玛·伍德豪斯外貌的全部了解，仅限于“她有一双聪慧的淡褐色眼睛”。于奥斯汀，这是一种艺术处理方式，她让读者有自己勾画人物形象的空间。如果人们看过1996年的电影《爱玛》，那么从那以后每次重读小说原著的时候，女主演格温妮丝·帕特洛的面容就会不自觉地浮现在读者眼前。尽管格温妮丝的面容姣好，但却不是奥斯汀想要达到的效果。

有人说，翻译“即是对原文的背叛”（这应了一句意大利谚语“Traduttore, traditore”）。那么，改编是否更甚于翻译，是对原作无法避免的歪曲行为？或者它是对原著影响力的加强渲染？又或者，改编是对原文的再传达，帮助我们获得更透彻的理解？再或者，它是在召唤观众们打开书本，重读原著？当然，改编可以是以上的任何一种情况。真正有趣的问题不是改编本身，而是在高科技辅佐下的改编将何去何从。在不久的将来，当我们可以触动任何一种感官（嗅觉、视觉、听觉、触觉）以进入我们感兴趣的文学“虚拟世界”时，将会发生什么？当我们可以以参与者而非旁观者的身份真正地“迷失奥斯汀”时，又将会发生什么？这将是激动人心的时代。但是人们担心奥斯汀小姐是否会对这一切感到满意。

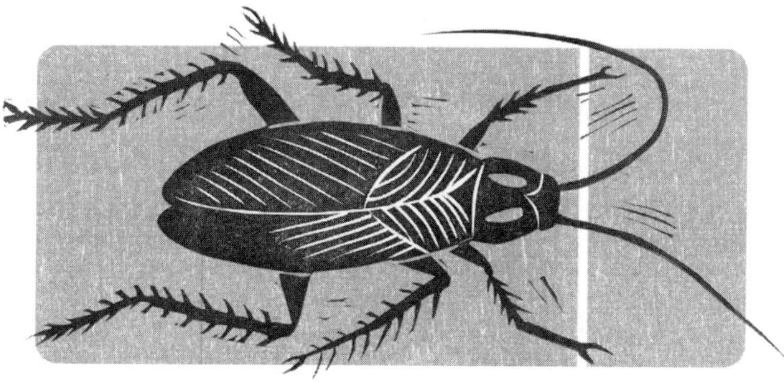

第 33 章
荒诞的存在

卡夫卡、加缪、贝克特和品特

如果将文学作品中那些扣人心弦的开头做个排名，那么下面这个开头一定会高踞榜单：

> 当格里高·萨姆莎从不安的梦境中醒来，他发现自己变成了一只巨大的昆虫。

这段开头选自于一个短篇故事——弗兰兹·卡夫卡（Franz Kafka，1883~1924）的《变形记》（*The Metamorphosis*）。看起来卡夫卡似乎并不太关心我们是否读到这句或者其他任何他笔下的文字。卡夫卡还嘱咐他的朋友麦柯斯·布洛德在他死后烧掉自己的手稿，他宁愿这些文字不被人阅读。卡夫卡在 40 岁时就因肺结核而英年早逝。所幸的是布洛德违背了他好友的遗愿。于是这些得以保存下来的文字代替卡夫卡本人向我们诉说着卡夫卡的故事。

对卡夫卡来说，人类的处境远非悲痛和沮丧二词可以形容。

他认为人类处于一种荒谬的窘境，而全人类都是上帝在“糟糕的一天”中的产物。于是，试图寻找生命的意义本身就显得毫无意义了。可正是这样自相矛盾的无意义状态让我们能够更深入地阅读卡夫卡的小说，诸如《审判》(*The Trial*，一种法律程序，可是整个过程却毫无结果）和《变形记》。生活本身的毫无意义让我们可以任意地赋予这些作品意义。

例如，评论家们将格里高·萨姆莎“变形”为蟑螂的行为看作一种反犹太主义的隐喻，也是对消灭“这一害虫似的民族”的罪行的冷酷预测。(卡夫卡便是犹太人，且比阿道夫·希特勒稍年长。) 作家常常比一般人更具前瞻性。

此外，评论家们同样将1915年出版的《变形记》看作对第一次世界大战后，1918年奥匈帝国瓦解的预测。卡夫卡和他的同胞们身处的位于布拉格中心的波西米亚正是这一辽阔帝国的组成部分。人们一觉醒来突然发现自己的国民身份土崩瓦解，不复存在。而那些有弗洛伊德倾向的人们则将《变形记》看作卡夫卡与其粗鲁的商人父亲之间病态关系的体现。无论何时卡夫卡紧张地将自己的作品递给父亲，他的父亲总会看也不看就退回。这是位鄙夷自己儿子的父亲。

不过，任何读者测度的所谓“意义”都会崩塌，因为在卡夫卡的宇宙中，没有潜在的意义以作支撑。然而，荒谬主义文学尚有一个任务，那就是坚持文学也可以和其他任何事物一样，毫无意义。在完成这一任务上，卡夫卡的主要追随者塞缪尔·贝克特表现甚佳。他充分体现了“作者表达无径，表达无源，表达无欲，而仅有表达之责”。

秉持着这样的观点，让我来欣赏一下卡夫卡最后一部也是最好的一部小说《城堡》（*The Castle*）的开篇：

> K在深夜抵达。整个村庄被厚厚的积雪覆盖。在浓雾和黑暗的笼罩下，丝毫看不见城堡山的影子。即便是城堡所发出的最微弱的灯光也看不见。K在这座连接主路和村庄的木桥上伫立良久，仰望着这场表面的空洞。

所有的事情都战栗着谜一样的色彩。“K”是一个代号，但不是一个名字（指的是卡夫卡吗?）。这是个薄暮，介于白昼与黑夜间的空寂时光。此时，K站在一座桥上，仿若悬浮在村庄与外界世界之间。城堡被浓雾、黑暗和积雪所笼罩。位于K面前的仅仅是“空洞”吗？还是其他什么东西？我们永远都无法知晓K来自何方又缘何而来。而他永远也不会抵达城堡，因为他甚至不能确定那里有一座城堡。但是，他就是要去往那里。

卡夫卡以德语写作，且终生都文风晦涩。在其孱弱的身体允许的情况下，卡夫卡在其家乡布拉格的一间政府保险办公室工作。（据说，卡夫卡在这一工作中表现优异。）他研读的是法律，可是由于职业关系，成了一名官僚。他与女性和家人之间的关系，让他在精神上遭受了极度的痛苦。他在才华尚未完全展现之时便英年早逝。痛失英才后的数十年间，仅有寥寥数人在德语文学的历史上留下了自己的足迹。

在卡夫卡去世多年后，直至20世纪30年代，其作品的英语译本（首部被翻译的作品是《城堡》）才开始出现。这些作品激励了一些作家，同时也困惑了一批读者。卡夫卡的影响力被再次复兴，作为第二次世界大战之后的一股主要文学力量。而这一切发生的地点不是在布拉格，亦不是在伦敦或者纽约，而是在巴黎。

在20世纪40年代法国存在主义者的无神宇宙中，卡夫卡被塑造成了一种父权和统治者的形象。正是他们的这种哲学理念触发了20世纪60年代的“卡夫卡革命”。这一时期，人们发现这个世界不是奥威尔式具有严苛政治控制的，就是卡夫卡式高度压抑的，要么就是兼有这两种社会的特点。卡夫卡说，他不再令人迷惑，因为他的时代俨然已到来。

在阿尔贝·加缪最著名的散文《西绪弗斯神话》（*The Myth of Sisyphus*）中，他的开篇命题是“有且仅有一个真正严肃的哲学问题，那就是自杀”。这正呼应了卡夫卡一句凄冷的格言：“理解的开始即是对死亡的渴望。”当生活已经毫无意义可言，未尝不可选择死亡。加缪的散文以神话人物西绪弗斯的形象来描写人类的处境。神话中，西绪弗斯逃不开一次又一次将巨石背上山，却又一次一次地看它再次滚下的永恒命运。这即是命运的无意义。

面对如西绪弗斯一般的命运，人类只有两种回应尚且可行：自杀或者反叛。加缪为自己的西绪弗斯散文附上了一段长篇幅的脚注——“卡夫卡作品中的希望和荒谬”，以此来纪念给予他创作影响的先辈。

卡夫卡的影响在加缪的一篇虚构代表作《局外人》中体现得十分明显。这部作品的整个写作和出版过程都在纳粹占领时期审查制度的监控下。故事发生在阿尔及尔——名义上的法属城市的一部分。小说就这样萧索地开篇了：“母亲在今天去世了。也或许是昨天，我无法确定。”书中的主人公法裔阿尔及尔人默尔索也并不在意。他对任何事物都漠不关心。他自言，“已经丧失了关注自身感受的习惯”。默尔索毫无缘由地枪杀了一个阿拉伯人。他并未试图为自己找借口，哪怕是为了挽救自己的生命。默尔索对于杀人的唯一解释是当天很热。他走上断头台，甚至对即将领受的死刑都毫不在意。他唯一希望的就是围观他行刑的人群可以起哄。

与加缪在哲学观点上志同道合的让 · 保罗 · 萨特才最清楚地理解卡夫卡对小说创作的规则手册做出了何等猛烈的变革。一般来说，萨特在其试图寻找意义的小说《恶心》(*Nausea*，1938) 中写的一段题外话，恰好说明了生命是毫无意义可言的。这种对于生命认识的“负面信念”正是一种“秘密的力量”。正如萨特所言，“小说是一台向世界注入虚假意义的机器。”人们需要这些意义，尽管它们本质上是不实的。那么，除了那些我们创造出的“虚假意义”，我们的生活中还剩下什么？

荒诞文学在等待了相当长时间之后才进入了盎格鲁–撒克逊和美洲的英语国家世界。它的首次闯入发生在1955年8月，以塞缪尔·贝克特的戏剧《等待戈多》在伦敦一家俱乐部剧场用英语首演为标志性事件。贝克特是爱尔兰人，在法国长期居住，因此擅长英法双语。此外，他长期受到在战后法国知识分子生活中占主流地位的存在主义哲学思想的浸淫。

《等待戈多》由爱斯特拉冈和弗拉季米尔两个流浪汉站在路边的场景开始。作为观众，我们并不知晓他们是谁，又身处何方。整部剧中，他们不停地唠唠叨叨，但却不见任何实质性的事情“发生”。观众们随之发现，这两个流浪汉实际上在无为而为——他们一直在等待一位名叫“戈多”（Godot）的神秘人士的到来。从名字可能的隐喻猜测，这位戈多是“上帝”（God）吗？在戏剧接近尾声之时，一个小男孩儿跑上舞台，告诉流浪汉们戈多今天不会来了。听闻此讯，爱斯特拉冈问弗拉季米尔他们是否该离开。弗拉季米尔回答：“当然，咱们走吧。”而结局却告诉观众“他们并没有离开”。

在描述20世纪50年代《等待戈多》对整个英语戏剧乃至文化的影响时，若想不失仪度，避免夸大之嫌，几乎是不可能的。在其众多影响力中，《等待戈多》在一位演员身上留下了最为深远的烙印。他就是哈罗德 · 品特[①]，曾经在地方性的剧目剧院中出演过这部戏剧。哈罗德 · 品特出演了贝克特的这部戏剧后，便走上了写作之路，并成为贝克特虔诚的追随者。与贝克特一样，他也获得了诺贝尔文学奖。

令品特声名大噪的一部作品是创作于 1960 年的《看管人》(*The Caretaker*)。戏剧的背景设置在一所破烂的寄宿房内。整部剧共有三个主人公：两兄弟和一个外来的流浪汉。这个流浪汉名叫马克 · 戴维斯，他的大脑因治疗时使用的电休克疗法而被损坏。这三人组成的小团体准备做点什么——打造一间花园棚屋。可我们始终未能见到这座棚屋。在此过程中，马克不断地试图从附近的一间政府办公室中拿回自己的文件。然而，也没能成功。他们三人没有一个能成功实施自己的计划，与爱斯特拉冈和弗拉季米尔在路边等待的行为别无二致。很显然，《看管者》中的对话是在向贝克特致敬。此外，品特还独创了一种在戏剧中无声的独特用法。对话中的断片和留白产生了一种模糊的威胁性氛围。品特的艺术手法是一种具有雄辩力的“悬念”。

贝克特的门生远不止品特一人。汤姆 · 斯托帕德[②]（他是最活跃的剧作家之一）凭借他焰火绽放般的机智才华用戏剧回应了

---

① 哈罗德 · 品特（Harold Pinter，1930~2008），英国剧作家、演员，代表作有《房间》，获得 2005 年诺贝尔文学奖。——译者注

② 汤姆 · 斯托帕德（Tom Stoppard，1937~），英国剧作家，代表作有《莎翁情史》。——译者注

贝克特的影响。斯托帕德的首部主要戏剧是《君臣人子小命呜呼》（*Rosencrantz and Guildenstern Are Dead*，1967）。戏剧以眩人耳目的机智对话，围绕着化用自《哈姆雷特》的两个主角循环往前推进。他们和《等待戈多》中的爱斯特拉冈和弗拉季米尔一样没有行动。他们不能动弹，因为他们仅仅是小人物。他们唯一能做的就是喋喋不休，不停地唠叨。

《君臣人子小命呜呼》以及斯托帕德之后的许多作品的有趣之处在某种意义上唤起了人们对伟大的意大利剧作家路伊吉·皮兰德娄[①]以及其作品《六个寻找作家的角色》（*Six Characters in Search of an Author*，1921）的记忆。有趣的戏剧和心理游戏之于斯托帕德，犹如萨特对小说所下的判断，“是一台向世界注入虚假意义的机器”。但在斯托帕德的定义中，又有一些不同的因素。诸如，他的世界是兴味盎然的，而非令人厌恶或者来势汹汹。要知道，荒诞主义也有其令人啼笑皆非的一面。

无论何时何地，文学都是丰富多彩的，没有固定的形式。荒诞剧是具有革新性的，但它发生于欧洲文学的风口浪尖处，周身仅有寥寥几位作家和少数观众。与此同时，在英伦的土地上正崛起着一股“愤怒”的力量。这批新式的戏剧作品具有超写实风格，不事荒诞，且从一开始就吸引了大批观众群——以年轻人居

① 路伊吉·皮兰德娄（Luigi Pirandello，1867~1936），意大利作家，代表作有《寻找真我》《西西里，香格里拉》。——译者注

多。在英国戏剧节引起这次新浪潮的作品是约翰 · 奥斯本（John Osborne）的《愤怒中回顾》（*Look Back in Anger*）。这部戏剧在《等待戈多》上演后一年初登舞台，首演于 1956 年。然而，它却吸引了与前者截然不同的观众群。

对奥斯本笔下的主人公吉米 · 伯特来说，反叛者并非西绪弗斯的形象，而是一位"愤怒的青年"，对于 20 世纪 50 年代的英国怒不可遏。他们不再向政府施加压力，而是直接向他们掷石子以表愤怒。因为，在英国历史上，这一时期代表着四分五裂，整个帝国经历着垂死挣扎。此时，英国与埃及之间针对苏伊士运河权属问题的殖民战争正值最后阶段，英国颜面尽失。此外，英国的阶级制度俨然成了遏制国家生命力的不良因素。奥斯本正是在自己的戏剧中陈述并宣扬了这些观点。正如奥斯本笔下的人物所言，君主制犹如腐烂的下颚上的一颗金牙。

剧中，吉米与艾莉森一同住在一间破旧的阁楼公寓中。艾莉森是一位陆军上校的女儿。在 1947 年印度获得独立之前，这位上校是那里的殖民统治者。吉米是愤怒的化身。尽管他接受过大学教育，却是不知名的一所学院，并非"牛津或者剑桥"。吉米养成了一种浮夸的工人阶级生活习气，爱夸夸其谈，实际上却毫不关心政治。他原始的愤怒殃及艾莉森。对于这位女友，吉米情绪复杂。他既爱她本身，又鄙视她的阶级背景。吉米的愤怒在他慷慨激昂的谩骂声中展现得淋漓尽致。他的愤怒实际上就是对于改革的原始激情。然而，如何改革呢？戏剧评论家肯尼斯·泰南（Kenneth Tynan）将《愤怒中回顾》称为一个“小奇迹”。它“真实地表现了战后年轻人的状态”。它为20世纪60年代的“青年革命”（性、毒品和摇滚乐）扫清了障碍。

然而，荒诞主义却从未在美国扎稳根基。尽管我们在美国戏剧舞台上总能看到许多愤怒的表达。美国剧作家沿袭着亨里克·易卜生的笔迹，严厉地斥责资本主义下中产阶级生活的虚伪内核。诸如亚瑟·米勒（Arthur Miller），就在他的戏剧《推销员之死》（*Death of a Salesman*，1949）中阐述了这样的观点。除此之外，田纳西·威廉斯[①]和爱德华·阿尔比[②]分别以自己的作品《欲望号街车》（*A Streetcar Named Desire*，1947）和《谁害怕弗吉尼亚·伍尔夫？》（*Who's Afraid of Virginia Woolf?*，1962）表达了自己对于婚姻的看法。他们认为婚姻是具有破坏性的动物本能以及萨特式的地狱。伟大的“表现主义”美国剧作家尤金·奥尼尔[③]的作品《长夜漫漫路迢迢》（*Long Day's Journey into Night*，首演于1956年）则是在其去世后方才被搬上舞台，这部戏剧将家庭

---

① 田纳西·威廉斯（Tennessee Williams，1911~1983），美国剧作家，代表作有《热铁皮屋顶上的猫》《欲望号街车》等。——译者注

② 爱德华·阿尔比（Edward Albee，1928~），美国剧作家，代表作有《动物园的故事》《三个高个子女人》。——译者注

③ 尤金·奥尼尔（Eugene O'Neill，1888~1953），美国剧作家，代表作有《琼斯皇》《毛猿》等。——译者注

描述为另一种地狱。或许，我们可以说，美国戏剧界找到了一种属于自己的阐释“无意义”的方式。

在 20 世纪的文学世界中，还有许多令我们惊诧不已的作家及作品。然而，当我们纵观现代文学，我们会看见一位无足重轻的职员在欧洲的一潭死水中写作，却丝毫不期待自己的作品能够被大众阅读。然而，正是这样一位作家被推举为世界文学巨匠之一。这一点，并不应该被称为现代文学的奇迹。卡夫卡泉下有知，或许会鄙夷我们投去的关注目光。

第 34 章
崩溃的诗意

洛威尔、普拉斯、拉金和休斯

在 1800 年 10 月的一个清晨，诗人威廉 · 华兹华斯决定到他钟爱的湖区沼泽和山丘散步。前夜风雨大作，可清晨却依旧阳光明媚。这是新的一天，同样也是一个新世纪的伊始。而立之年，华兹华斯迎来了自己人生的巅峰。他欣喜地看见野兔在奔跑——在冬季尚未枯萎的草间浅塘边溅起层层水花，折射出彩虹般的光芒。他听见云雀的鸣叫声，婉转啾啾，忽明忽暗。华兹华斯顿时觉得被这种内心的“愉悦”所充斥。他甚至“和孩子一样开心”。

通常，华兹华斯在赞叹了生之愉悦和伟大之后，便会陷入忧郁的情绪（他称作“隐隐的悲伤”）。将他急速拖拽进情感骤变的，是对与他同时代大多数诗人们的悲剧结局的沉思。他思忖，“我们这些诗人”,“年轻时总愉悦欢畅，而最终总意气消沉，愚蠢疯狂”。

华兹华斯之所以出此言，是因为他想到了自己的挚友柯勒律治（他沉迷毒海，即便心有万千才华，也未能完成《忽必烈汗》的寥寥数行）。跃入华兹华斯脑海的，还有托马斯·查特顿（Thomas Chatterton）和罗伯特·彭斯。他们一个才高八斗，但年纪轻轻就因伪造罪行败露而自杀；一个因酗酒而死，让人不胜唏嘘。这难道就是等待诗人们的悲怆结局吗？又或者这是因拥有诗才所要付出的代价。

上述诗歌继续抛出了一个诗歌界长存的问题。那些最伟大的诗歌究竟是诞生于“愉悦”（华兹华斯诗中所用的“欢畅”，为了方便与“疯狂”押韵）和宁静，还是绝望——甚至是疯狂的思绪？

要想对上述问题迅速地给出一个简单明了的答案并非易事。这取决于你如何看待问题。例如，我们这个时代被吟诵最多的诗歌是6亿欧盟人口共同吟唱的赞美诗——席勒（Schiller）和贝多芬（Beethoven）的《欢乐颂》（*Ode to Joy*）。这首赞美诗原以德语写成，以下是它的英语译文（显得十分笨拙）：

O friends, no more these sounds!
Let us sing more cheerful songs,
More full of joy!
Joy, bright spark of divinity,
Daughter of Elysium,
Fire-inspired we tread

Thy sanctuary.

Thy magic power re-unites

All that custom has divided,

All men become brothers

Under the sway of thy gentle wings.

我们中不太愉快的一部分人或许会认为伟大的诗歌并非诞生于高昂的情绪，而是产生在情绪的低谷。相比之下，想想艾略特《荒原》(见第28章)中的主人公。泰瑞西亚斯是生活的旁观者，将永生却将永恒地老去。他早已超越了性别的界限(他是雌雄同体的——即同时拥有两种性别，拥有“干瘪的胸部”)。他已经提前“遭受了一切苦难”。尽管他早已看透了沉闷枯燥的一切事物，却命中注定要一遍一遍地面对它们。很显然在艾略特诗歌的主角身上找不到任何愉悦的影子。他是沉闷忧郁的化身，向我们暗示着“这就是生活，面对吧”。又一边悲悯地欣赏着(正如艾略特在另一首诗中所写的)“人类无法忍受太多现实悲痛的样子”。直面生活的本来面目是诗人的职分。

依照著名的精神分析学家西格蒙德·弗洛伊德的理论，他认为伟大的艺术均源自于精神官能症，而精神的“正常状态”(前提是如果这样的状态确实存在)则是无法孕育艺术的。弗洛伊德用牡蛎中粗糙的沙砾最终幻化成珍珠来类比他的理论。这一理念在前半个世纪激发了许多诗人去探寻何谓华兹华斯笔下的“意气消沉，愚蠢疯狂”，而非有意远离这样的状态。仍然借用珍珠与牡蛎的类比，诗人们沿着珍珠的层次不断向下，深入内核那颗孕育珍珠的沙砾。

这些“崩溃状态的探寻者们”（小说家司各特·菲茨杰拉德[①]将这种状态称为“精神崩溃”）有意违反艾略特制定的所谓诗歌的黄金法则——“艺术家本人越完美，他的内心分裂的状态则越完全。他的内里是一个历经百转千回的自我和一个善于创造的灵魂”。这位《荒原》的作者还认为，情感上的超然物外是将诗歌从其他纷繁芜杂的思绪中剔除出来的滤网。叶芝也表达了与艾略特类似的思想。他认为诗人应该以面具遮脸，或者藏身于笔下的“人物”（一个虚构的人物）后创作。诗人必须置身事外，或者出于一种拉丁语中所说的“另一个自我”（alter ego）的状态。诗歌中最常见的错误是将叙述者假定为诗人。同样，这也是个最易犯的错误。

“那些在遭受苦难的诗人们的真实自我”，是20世纪末期那些堪称“崩溃的行家”的诗人们力图在诗中凸显的主题。这类诗歌中往往没有人物。罗伯特·洛威尔[②]便是这一新颖而令人激动却

---

① 司各特·菲茨杰拉德（Scott Fitzgerald，1896~1940），美国小说家，代表作有《了不起的盖茨比》《夜色温柔》等。——译者注

② 罗伯特·洛威尔（Robert Lowell，1917~1977），美国诗人，代表作有《威尔利老爷的城堡》等。——译者注

稍显危险的诗歌领域公认的先锋人物。他的诗作中极佳的一首叫作“在蓝色中醒来”（*Waking in the Blue*，这是一首晨歌，或“黎明的诗”），记录了他［这里的“他”指的不是泰瑞西亚斯，也不是某个人物，而是罗伯特·特雷尔·斯彭斯·洛威尔四世（Robert Traill Spence Lowell IV）］在新英格兰一间精神病院的封闭院子中的清晨时光。诗的开篇讲述了一位男性夜班护士（之所以需要男性护理员，是因为有些病人十分暴力）的故事。他是一名学生，正以最为传统的美国方式攻读大学。此时，他正一边阅读一本教科书，一边完成下班前的查房。尽管他蹑手蹑脚，可洛威尔依然醒着，透过“蔚蓝色的窗”，看见了一天的开始。

这扇没有窗帘的窗户装有蓝色的玻璃以阻挡阳光。此外，这层玻璃还被加固，以防止病人打破它而用碎玻璃伤害自己。这位波士顿大学的本科生困倦地阅读着I·A·理查兹（I. A. Richards）的作品。理查兹是一位评论家，与艾略特一样倡导诗歌中艰苦的超然物外。他沿着病房轻手轻脚地走，以免吵醒病人们——他们中的大多数人都服了药。洛威尔在众人安睡的时候不安地醒来，环顾四周同一病房的病友。诗歌总结道，“我们都是老辈的人，手中紧握着一把被锁住的剃刀。”这把刀之所以被锁，是因为人们觉得他们会用剃刀自杀。

洛威尔的另一首诗题目更为简单，就叫作“男人与妻子”（*Man and Wife*）。洛威尔时髦英俊、活跃而不安分。他一生经历了三段婚姻，均以离婚潦草收场。诗歌开篇讲述了一对夫妻因“服用了眠尔通”（一种安眠药）而在清晨依旧酣然地躺在床上。“升起的太阳”（*rising sun*，这是另一首晨歌）用晨间灿烂的红色阳光包裹着他们。眠尔通是一种药力很强的镇静剂。在我们看来，这并非一对愉悦的夫妻，享受彼此的整夜陪伴；而是徘徊在濒临分开的痛苦边缘的男女。阳光的红色在这里代表着愤怒、暴力和恨意。此时此刻，唯有药力将他们联系在一起。

洛威尔在波士顿大学讲授创意写作。这是一门鼓舞人心、予人灵感的课程（他的学生晚上来参加此课程）。他最得意的门生之一是诗人西尔维娅·普拉斯[①]。她的诗歌，尤其是她在经历了与丈夫分别的精神创伤后及其自杀前的几周所创作的那些卓越的诗作将洛威尔有关“人生研究”的观点发挥到了极致，甚至超越了洛威尔本人。尤其是西尔维娅在去世前几周所写的《拉撒路夫人》（*Lady Lazarus*），极具代表性。诗歌是如此开篇的：

> 我再次这么做了，
> 每十年重复一次，
> 我如此完成——

诗中所做的事便是自杀。在《圣经》中，拉撒路是被耶稣基

① 西尔维娅·普拉斯（Sylvia Plath，1932~1963），美国女诗人，代表作有《巨人及其他诗歌》等。——译者注

督从死亡中救活的人。普拉斯于 30 岁时写就了这首诗歌，并曾经三次企图自杀，终于在第 4 次的时候成功了。因此，与其说这首诗是对洛威尔"生命研究"的传承，毋宁说是一首"死亡研究"的作品。它在普拉斯死后出版，读起来更是让人不寒而栗。

普拉斯是美国人，却在与英国诗人泰德 · 休斯结婚后长居英国写作。因此，两个国家都声称她是本国人。从丁尼生到哈代，他们秉承的英式传统中弥漫着浓浓的忧郁愁思。这样的情绪较之于洛威尔和普拉斯诗中的极端阴郁（华兹华斯所说的"疯狂"）稍显缓和，更倾向于华兹华斯所说的"意气消沉"。放眼现代诗人，菲利普 · 拉金是公认的表现沮丧情绪的桂冠者。拉金极具英伦腔调。[谁还能像拉金在自己著名诗歌《去教堂》(*Church Going*) 中所描写的，以近乎尴尬的崇敬之心"脱帽"进入圣殿？]

拉金的英式忧郁在其诗歌《多克里与儿子》(*Dockery and Son*) 中得以充分表达。这首诗的背后还有一个故事。拉金在人到中年时返回了曾经就读的牛津大学圣约翰学院，并得知自己的同辈多克里的儿子此时正在这里就读。拉金终生未婚也并无子女。他曾凄凉地说，未婚未育意味着生命未"增值"反"被稀释"。诗歌以一种对生命之无意义的极壮丽的阴郁沉思结尾：初识生命时它令人厌倦，继而它让人感到恐惧，因为你无论怎么做，生命都终将逝去。待生命走到尽头，你也不知道来世上这一遭究竟意义何在。

让我们姑且将拉金诗中所表达的情绪称作拉金的“崩溃”。这是一种特点鲜明的拉金式的出人意表和变化重重。在去世前很久的时候，拉金就停止了一切诗歌创作。对于仰慕拉金诗才的数百万读者来说，这无疑是一个巨大的损失。当被问及为何做此决定时，拉金回答说：“并非我放弃了诗歌，而是诗歌放弃了我。”他的行为是一种创造精神的自裁。

让我们仍将目光移回华兹华斯。在本章开头列举的那首诗的结尾，华兹华斯总结说，诗人真正最需要的是“韧性”。他将这一概念解释为“决心和独立”（也正是诗歌的标题）。凭着这样的信念，在英美诗界，仍然有一股“任尔风吹雨打，我自岿然不动”的韧劲。这股力量看起来狂放傲慢，却强大坚毅。同样，也一直有这样的一群诗人，尽管他们胸中了然这世上种种不堪境遇，却依然不肯让步于生活。正如狄兰·托马斯[①]所言，他们不愿“在夜晚安详地睡去”，而是寸土必争。

在众多现代派诗人中，约克郡人泰德·休斯堪称最坚毅的。他坦承“最深邃的诗歌精神在于诗人心底疼痛的呐喊”。然而，他却并不认为那声响应该是投降、默许或者对疼痛的沉湎与自怜。这样的哲学思想在其诗集《乌鸦》（*Crow*）中有着生动的表达。乌鸦的形象本不可爱（泰德·休斯所选取的意象不像济慈、雪莱、

① 狄兰·托马斯（Dylan Thomas，1914~1953），英国诗人、作家，代表作有《死亡与出场》等。——译者注

哈代和华兹华斯一样，选择的是云雀、画眉和夜莺这样惹人怜爱的鸟类），且在英国人看来与秃鹫类似。它们以腐败变质之物为生，但却展现了一种不屈不挠的活力和攻击性（在英国，乌鸦总是在雷鸣的高速路边的垃圾中觅食）。由此可见，乌鸦获得生存机会远比云雀要困难。

当我们探讨“痛苦的呐喊”以及如何将其运用到诗歌中时，其他诗人的例子亦可以为我们所用。例如，约翰·贝里曼[①]和安妮·塞克斯顿[②]，他们分别是洛威尔的朋友和门生。他们都以自杀终结了自己的生命，且在诗中都曾暗示了这一行为。又或者托姆·冈恩[③]，他受休斯影响颇深。他的一首作品开篇对“历史上所有的坚韧者”致谢，从亚历山大大帝到“不与斯蒂芬·斯彭德[④]玩耍的粗野孩子”。显然，托姆的这首诗中有对诗人前辈斯彭德诗歌的明显化用。他的诗是这样开始的：“父母不让我接触那些粗野的孩子”。然而人们则认为冈恩的诗歌整体来看是对逆来顺受和菲利普·拉金作品中所表达的失败精神的抵抗。另一方面，在

① 约翰·贝里曼（John Berryman，1914~1972），美国诗人，代表作有《向布雷兹特里特夫人致意》等。——译者注

② 安妮·塞克斯顿（Anne Sexton，1928~1974），美国女诗人，代表作有《生或死》《我生命的房间》等。——译者注

③ 托姆·冈恩（Thom Gunn，1929~），美国诗人，代表作有《自传》等。——译者注

④ 斯蒂芬·斯彭德（Stephen Spender，1909~1955），英国作家，代表作有《废墟与憧憬》。——译者注

拉金眼里，休斯和冈恩是好自夸而健谈的，他们自封为“关键人物”。他在一些私人信件和谈话中也曾表达对休斯和冈恩的轻蔑态度。他称休斯为“笨重得难以置信的人”。

因此，有人总结说，在诗歌中亦有哲学家们所说的“辩证法”——两股对立力量的冲撞，两个持有截然不同观点的学派间的对峙。一边是我所说的“崩溃的行家”，诸如洛威尔、普拉斯和拉金。他们将埋藏于心的痛苦挖掘出来，摆给读者看。另一方则认为在冈恩所说的“斗争时期”中，与外在世界互动与结交才是正确的路途。然而，无论是哪一方的沃土上，都有可能生长出伟大的诗意。唯一不同的，就是在长于崩溃的诗人心中，少了些许愉悦。

第 35 章

五彩斑斓的多元文化

种族与文学

种族一直是个引人情绪激动的话题。在文学以及对文学的探讨中若涉及了种族，结果也是一样的。总而言之，这就是一个将人们引向不适境地的话题。试问，莎士比亚对夏洛克的描述是否有反犹太主义倾向？又或者，这一行为在本质上是对种族歧视受害者的同情。那些持同情论论调的人们一定会列举下面的选文作为支撑：

> 我是犹太人。难道犹太人的双眼、双手、身体器官、身材高矮、感觉、情感、热情与基督徒不一样吗？难道犹太人的食物与基督徒有别？犹太人与基督徒一样被同样的武器伤害，感染同样的疾病，被医生以相同的方式医治。难道犹太人和基督徒不是被同样的夏日温暖，因一样的寒冬而感到寒冷吗？如果你以刀刺我们，我们同样会流血。

那些认为《威尼斯商人》在其内核具有反犹太主义色彩的人们所列举的证据是，在戏剧的结尾，夏洛克的财产被充公，而她的女儿也与一名基督徒结婚了。作为犹太人的夏洛克也承受着巨大的痛苦被迫改信基督教。看到这样的结尾，这位曾拿着刀要刺进基督徒胸膛，割去一磅肉（这一情节已变成了一句谚语）的威尼斯犹太人悭吝刻薄的形象已然被其凄惨的结局所冲淡。即便戏剧中透露着反犹太主义的蛛丝马迹，但我们仍要承认莎士比亚出于歉意已然比他同时代的作家们少了许多偏见和歧视。这一点很难做到。

在小说《雾都孤儿》中，狄更斯塑造了费京这一形象。他的目的是为迎合当时粗略的种族刻板印象，且毫不掩饰。数年之后，狄更斯为费京这一形象懊悔不已，且在这部小说再版时对其做了重要的修改。除此之外，他甚至在后期的小说中加入了一个圣洁的犹太人形象（《我们共同的朋友》中的里亚）。对许多读者来说，即便是在由小说改编成的感伤电影抑或诸如《奥立弗》(*Oliver!*)这样的音乐剧中，费京仍是个不可原谅的形象。

近些年来关于文学中种族主义的最激烈的争吵已然从已故诗人T·S·艾略特身上转移。矛盾是由批评家（及律师）安东尼·朱利叶斯（Anthony Julius）的一本具有煽动性的作品挑起的。他在书中援引艾略特的早期演讲（随后被禁止开展）以及些许诗行，以证明艾略特的反犹太主义倾向。大多数客观的评论家们认为，这些证据是不足以说明问题的。两方声浪同时守卫和抨击着艾略特。但由争论所掀起的尘埃却并未落定，或许永远都不会落定。

若想在文学中探讨种族这一敏感而棘手的主题，我们先要明确的是文学是为数不多的可供我们公开讲述这一话题的领域。文学所列举出的关于种族最直白袒露的问题即可引起辩论乃至争吵。社会大众可以在文学的广袤天空下厘清自己的态度和立场。大多数人会视之为一件好事，无论我们的个人观点、对待事件的敏感度如何，又或者矛盾具体是怎样的。

让我们以菲利普·罗斯的小说《人性的污秽》（*The Human Stain*，2000）为例，来看看文学是如何踏上其他语言形式所畏惧的道路以探讨种族这一话题的。小说的主人公是一所著名高校的古典文学教授，年事已高，德高望重。他是犹太人，由于一次在课堂上的无心之失，口误冒犯了两位非裔美国同学。于是，大学法庭建议他去参加"文化敏感性训练"课程。他坚持自己为人处世的原则而拒绝参加，且毅然辞职。可故事发展到最后人们才知道，这位教授本人正是非裔美国人，而根本不是犹太人。他之所以隐瞒自己的身份，是因为在那段时期，这是唯一能帮助他在高等院校谋得职业的方式。除此之外，他可能的职业走向就是发展自己的另一项才华，成为一名黑人拳击手。相较之下，他最终选择了白人教师的身份。小说本身旨在说明一个道理："世界上只有一个种族，那就是人类。"而这部小说想要说明的更大的一个主题是，我们应该打破所谓“政治正确性”给我们设下的桎梏，放松这根时刻紧绷的严格避免任何歧视态度的神经，进而开诚布公地谈论种族话题。作为小说家，罗斯的观点是应受推崇的。

然而，美国和欧洲文学在探讨种族这一话题的方式上也是有很多不同之处的。实质上，美国的建立全仰赖从非洲强行征来的奴隶（那些在奴隶贸易的“中间通道”上幸存下来的人们）。现在看来，这无疑是一种严重的反人类行为。托妮·莫里森在她的小说《宠儿》（*Beloved*，1987）开头就写下了这样的铭文：

> 那是6 000多万条生命。

这句话冒犯之意明显。人们普遍认为它在暗指“仅”有6 000万犹太人在纳粹大屠杀中丧生，而还有比这更惨绝人寰的大屠杀，只是美国人拒绝承认。莫里森在整部小说中集中讲述了一个自美国奴隶时代而来鬼魂，他无法被驱除，亦不允许自己被人们遗忘。

为了废除奴隶制度，美国爆发了一场血腥的内战。人们期待着亚伯拉罕·林肯就与《汤姆叔叔的小屋》的作者哈丽叶特·比彻·斯托会面而发表一些评论。他十分期待与这位用一部小说引起一场伟大战争的小女人握手。斯托夫人谦逊内敛，一定会回答说：不，这场战争是由伟大的废奴主义者发起的。如果真要归功于一本书的话，那么这本书应该是先于《汤姆叔叔的小屋》7年，出版于1845年的自传文学《弗雷德里克·道格拉斯：一个美国奴隶的叙述》(*A Narritive of the Life of Frederick Douglass, an American Slave*)。在获得自由后弗雷德里克 · 道格拉斯[①]将他毕生的精力和巨大的文学才华都奉献给了废奴事业。即便作者刻意用冷静的口吻叙述这部小说的开篇段落，我们仍旧能感觉到它带来的震撼。

> 我的父亲是位白人。在我所听到的关于我们亲子关系的言论中，他就是这样的。我也听到过一些另外的说法，即我的主人是我的父亲。但这一传言的真假我无从考证，也没有途径可以考证。当我尚在襁褓中时，就被迫与母亲分离了，那时，我都未能看清自己的母亲。在我逃离的马里兰州的那一区域，将婴孩与母亲分离是一种习俗。

相比之下，英国文学对种族话题的涉及则是与英国数个世纪以来所统治的日不落帝国紧密相连的（详见第26章）。自20世纪50年代，“变革之风”将大英帝国吹散之后，文学中讨论种族的内容便染上了“后殖民主义”的色彩，与之前的风格大相径庭。目前身处世界各地多元文化文学领域中的英国作家们秉持着怀疑审慎的态度，有时甚至是怀着内疚的心态来审查整个关于帝国的话题。也正是这种多元文化主义成就了英国近代文学中最丰富的作家组

① 弗雷德里克 · 道格拉斯（Frederick Douglass，1817~1895），美国废奴运动的领袖。——译者注

成，诸如萨曼·拉什迪、莫妮卡·阿里[①]、扎迪·史密斯[②]，且掀起了人们对尼日利亚小说家本·奥克瑞（Ben Okri，布克奖得主）、来自西印度群岛的小说家威尔逊·哈里斯（Wilson Harris），以及诗人德里克·沃尔科特（Derek Walcott，诺贝尔奖得主）新的兴趣。

另一位来自西印度群岛的作家维·苏·奈保尔（V. S. Naipaul）在做诺贝尔奖获奖致辞时，表达了作为后殖民主义时期作家的特殊情结。他祖母的一代从印度（后来成了英国的领土）被带到了特立尼达岛。通常，他们会在那里做契约劳工，主要从事办公室职员的工作。奈保尔在“岛上已经灭绝了的土著居民的白骨上成长”，身边相伴一起长大的是从非洲而来的奴隶们的后代。由于才华出众，天资聪慧，他获得了牛津大学颁发的奖学金，且在英国安了“家”。他将自己称为一个“不伦不类的人”——在英国人、印度人和特立尼达人的三种身份之间无所适从。

尽管英国已处于后殖民时期，可精神上的殖民“所有权”是否已被完全根除了呢？人们的看法不尽相同。许多人都认为钦努阿·阿契贝（Chinua Achebe）是尼日利亚最伟大的小说家。他后来受洗，沿用了维多利亚女王的丈夫阿尔伯特亲王的名字，成为

① 莫妮卡·阿里（Monica Ali，1967~），英国女作家，代表作有《砖巷》。——译者注

② 扎迪·史密斯（Zadie Smith，1975~），英国女作家，代表作有《白牙》等。——译者注

阿尔伯特 · 阿契贝（Albert Achebe）。他出版的首部小说，也是至今为止让他享誉世界的作品是《瓦解》（*Things Fall Apart*，小说的名字是从爱尔兰诗人叶芝的诗中得来的）。这部小说于 1958 年在英国首次出版。其后的作品首版也均在英美两国发行。阿契贝晚年的主要工作便是在美国的多所高校中任教。德里克 · 沃尔科特是后殖民时期最杰出的诗人。他同样在美国一所享有盛誉的大学（波士顿大学）中度过了自己大部分的职业生涯。当小说和诗歌作品如此深厚地扎根英美土地，而它们的作者们又享受着高薪厚职时，他们能够真正独立吗？又或者他们身上仍缚有殖民主义的枷锁，在不为人知的某处叮当作响。

关于种族主题最有趣的文学作品就诞生于美国的土地上。其中最经典的要数拉尔夫 · 瓦尔多 · 艾利森（Ralph Waldo Ellison）的《隐形人》（*Invisible Man*，1952）。与其他非裔美国作家，如詹姆斯 · 鲍德温[①]和理查德 · 赖特[②]不同，艾利森完全避开了现实主义而选择幻想式的预言。他的小说在写作方式上饶有趣味，却在内容上极其严肃。起初，艾利森计划写一部短篇小说，并在 1947 年出版了保有《隐形人》核心元素的小说《一场混战》（*A Battle Royal*）。书中，为了满足大声起哄的白人的娱乐需求，黑

① 詹姆斯 · 鲍德温（James Baldwin，1924~），美国小说家，代表作有《向苍天呼吁》。——译者注

② 理查德 · 赖特（Richard Wright，1908~1960），英国作家，代表作有《今日的主》。——译者注

人们被剥去衣衫，蒙住双眼，在拳击场上互相击打，只为虚幻的奖励。随着最终的出版，这本书中还有另一重幻想："我是个隐形人……人们看不见我，只是因为他们拒绝看见我。"于是，小说告诉我们，整个美国用自己近乎任性的盲目"解决了"自己的种族问题。

《隐形人》这部小说中弥漫着爵士乐的概念。艾利森钟爱非裔美国人的这种伟大的艺术形式，它所传达的是一种即兴的自由，也是他的同胞们所拥有的为数不多的自由。路易斯·阿姆斯特朗[①]的音乐"（我为何）遍体鳞伤？"[（*What Did I Do To Be So*）*Black And Blue?*]在我们阅读这部小说时常萦绕耳畔，就好像一首主题曲一样。歌词如此哀叹：

> 尽管我内心洁白，却于事无补。
>
> 因为，我无法掩藏自己的面容。

健在的美国杰出的非裔小说家托妮·莫里森（许多人会直接称她为美国最杰出的的小说家）同样也被这种美国的原始艺术形式所启发。在谈到1992年的小说《爵士乐》（*Jazz*）时，她解释道：

① 路易斯·阿姆斯特朗（Louis Armstrong，1901~1971），美国歌手。——译者注

> 这种爵士乐式的结构与我来讲并非次要，而是这本书存在的价值……我认为自己就像一位爵士音乐家。

艾利森钟爱的爵士乐是传统的新奥尔良爵士乐（正是路易斯·阿姆斯特朗演绎的那一种）。他不喜欢“摇摆爵士乐”和“现代爵士乐”，因为它们的白人色彩太浓厚。对莫里森影响最深的爵士乐要数20世纪60年代由奥奈特·科尔曼[①]作为先锋带领的极端即兴、具有后现代风格的“自由爵士乐”风格。

一般而言，我们可以说英国的种族差异趋于一种“融合”的状态（至少在文学中是这样的）——即你中有我，我中有你。而托妮·莫里森却一直坚持不同种族间保持一种愤怒的差异。这股愤怒的火焰在她早期的小说《柏油孩子》（*Tar Baby*，1981）中烧得最旺。书中的一个角色如此总结道：“黑人与白人不该坐在一起、一起进餐或者一同做任何私人事务。”也就在同一时期，莫里森在参加一次会议时直率地宣称：“我一生中从未觉得自己是美国人。从未产生过这样的认同感。”然而，在其后的岁月中，尤其是在莫里森获得了1993年的诺贝尔文学奖之后，她对于种族问题的评论才稍见缓和。尽管如此，她在对自己身份的认识上，也从未从“非裔美国人”变成“美国人”。就这样，种族隔离的愤怒感一直萦绕在她所有的作品中。

① 奥奈特·科尔曼（Ornette Coleman），美国音乐家。——译者注

在美国，绝大多数政治家或者公民都尽己所能成为开明的“色盲”，意即超越种族分离主义曾给美国带来如此巨大的伤痛，以及其历史上留下的血的印记，重新出发。尽管如此，美国文学和其中的巨擘莫里森却拒绝为此目标而努力。他们已独具匠心地将种族隔离作为探寻黑人身份的途径，并将一直沿用下去。作家们要做的，是深入挖掘这一主题，而非超越和遗忘它。

在今天文学的飞地上，我们发现了非裔美国文学的另一显著存在形式，那就是如“私家侦探”一般的侦探小说。沃尔特 · 莫斯里[①]笔下的黑人主人公易兹 · 罗林斯的事业贯穿于以《蓝衣魔鬼》（*Devil in a Blue Dress*，1990）开始的系列小说作品中。而这一系列小说的创作背景在时间上与美国洛杉矶的种族关系历史相吻合。切斯特 · 海姆斯[②]在其 20 世纪 50~60 年代描写“哈莱姆黑人区”（Harlem Cycle）的系列小说（他尚在狱中时便开始创作，直至流放巴黎时截稿）中也记录了纽约的种族问题历史。非裔美国科幻小说家塞缪尔 · 德莱尼（Samuel Delaney）为这一流派注入了新的活力。有人（我也是其中之一）会争论说，在布鲁斯蓝调以及说唱饶舌音乐这样更新颖的音乐形式中，流淌着惠特曼式的“自由诗体”（详见第 21 章）的血液。这两块音乐领域均为非

① 沃尔特 · 莫斯里（Walter Mosley），美国侦探小说家。——译者注

② 切斯特 · 海姆斯（Chester Himes，1909~1989），美国侦探小说家，代表作有《持枪的盲人》。——译者注

裔美国人的保留地。简而言之，非裔文化中少见其他种族的混合，美国文学作为整体，强于作为其中组成部分的任何一个单一种族文学。

言至于此，让我们来总结一下在种族、社会和历史错综复杂的关系中，文学究竟扮演着怎样的角色呢？你若想就这一问题得出一个简单的答案，恐怕甚为困难。然而，让我们借用亚瑟·米勒的戏剧《推销员之死》中震人心魄的呼求来试着回答这一问题："请注意，我们必须要注意。"谈及种族处，文学总是悉心关注。人们对此也感到愉悦。尽管，我们阅读涉及种族的文学作品时亦时常能感受到其中的艰辛与苦涩。

第 36 章

魔幻现实主义

克莱斯特、格拉斯、拉什迪与马尔克斯

“魔幻现实主义”这一概念诞生于20世纪80年代，距离我们并不遥远。突然间，在有关文坛最新动态的对话中，似乎所有人都能随口谈起这一文学流派，表现得对其了解甚多。那么，这一看似奇怪的名词究竟意味着什么呢？就字面看，“魔幻现实主义”是一个自相矛盾的结合体，它把传统意义上本不能融合的两个元素连接在一起。这一类别的小说即是“虚构的”（小说中的故事从未真正发生过），却也是“真实的”，或者说“现实的”。从笛福到“伟大传统”的继承者们（如简·奥斯汀、乔治·艾略特、约瑟夫·康拉德和D·H·劳伦斯），继而是格雷厄姆·格林[1]和伊夫

---

① 格雷厄姆·格林（Graham Greene，1904~1991），代表作有《布莱顿硬糖》《权利与荣誉》等。——译者注

林 · 沃[1]，再到伊恩 · 麦克尤恩[2]以及A · S · 拜厄特，英国文坛的众多小说作品都倾向于现实主义文学。在美国，情况亦是如此。小说作品的主流思想仍是遵循着欧内斯特 · 海明威“如实”表现生命的谆谆教诲。当然，科幻作家们也层出不穷，例如约翰 · 罗纳德 · 瑞尔 · 托尔金和马温 · 皮克（Mervyn Peake）。但他们的存在仅限于相当独立的一隅。形象地说，马温 · 皮克笔下的《歌门鬼城》（*Gormenghast Castle*）在结构上与伊夫林 · 沃的《故园风雨后》（*Brideshead*）以及爱德华 · 摩根 · 福斯特所创作的《霍华德庄园》（*Howards End*）大相径庭。

实际上，在20世纪80年代之前，各种各样的魔幻现实主义作品早已存在了半个世纪之久。我们可以发现许多游走在文学和艺术边缘的作品在以各自试验性的方式涉及这一主题。但是，直至20世纪，魔幻现实主义方才完成了自己的华丽蜕变，成为文学世界中一个强有力的流派。

我们通过下面三个分论点，得出了上段中的结论。首先，是欧洲及美国文坛对于南美洲西班牙文学界中那股新生而激动人心的力量的认可。这股力量是由诸如豪尔赫 · 路易斯 · 博尔赫

① 伊夫林 · 沃（Evelyn Waugh，1903~1966），代表作有《衰落与瓦解》《荣誉之剑》等。——译者注

② 伊恩 · 麦克尤恩（Ian McEwan，1948~），英国作家，代表作有《最初的爱情、最后的仪式》《床第之间》等。——译者注

斯[1]、加夫列尔 · 加西亚 · 马尔克斯[2]、卡洛斯 · 富恩特斯[3]以及马里奥 · 巴尔加斯 · 略萨[4]等作家带动的。随着译作的全球影响力，他们在全世界声名鹊起，于 20 世纪 60~70 年代开创了“拉美文学的繁荣期”（Latin American Boom）。原因之二是君特 · 格拉斯和萨曼 · 拉什迪等作家在欧洲拥有庞大的读者群。拉美文学繁荣期的明显前奏便是格拉斯的小说《铁皮鼓》（*The Tin Drum*，1959）的出版。而拉什迪的小说《午夜的孩子》（1981）则将魔幻现实主义推向了主流，让它成为一种没有边际限制的文学风格。帮助魔幻现实主义成为一种文学风格的第三个因素是，无论魔幻现实主义小说家们的叙述（尤其是其中的魔幻元素）多么背离现实，它都能让作者们在看似不着边际的文字中表现政治干预意见。作家们不仅是文学世界的玩家，而且是公共生活和领域和地缘政治方面的评论者。魔幻现实主义作家们带着各自的作品从一侧无人看守的边门登上了公众的舞台。

因此，当得知上述作家中富恩特斯和巴尔加斯 · 略萨（后者

---

① 豪尔赫 · 路易斯 · 博尔赫斯（Jorge Luis Borges，1899~1986），阿根廷作家，代表作有《老虎的金黄》《小径分岔的花园》等。——译者注

② 加夫列尔 · 加西亚 · 马尔克斯（Gabriel García Márquez，1927~2014），哥伦比亚小说家，代表作有《百年孤独》《霍乱时期的爱情》等。——译者注

③ 卡洛斯 · 富恩特斯（Carlos Fuentes，1928~2012），墨西哥作家，代表作有《换皮》《我们的土地》等。——译者注

④ 马里奥 · 巴尔加斯 · 略萨（Mario Vargas Llosa，1936~），秘鲁作家，代表作有《首领们》《城市与狗》等。——译者注

几乎成为秘鲁的总理）是两位极活跃而富有争议性的政治家时，我们应该丝毫不感到惊讶。我们同样不会震惊于萨曼·拉什迪竟然创作了一部令两国断交的小说，而格拉斯在停止小说创作后成了战后德国的发言人，来讲述这个经常“内斗”的国度。

让·保罗·萨特在其宣言《什么是文学》（*What is Literature?*，1947）中声称，作家们应该“承担责任”。他认为这一任务在苏联时期由“社会主义现实主义”完成得最好。而与此矛盾的是，当代的魔幻现实主义作家们笔下的神话似乎更好地完成了这一任务。

阿根廷人豪尔赫·路易斯·博尔赫斯是首位在20世纪60年代享誉世界的魔幻现实主义作家。他是热忱的亲英派，且在英美两国交友甚广。这一点也帮助他在主流英语国家声名鹊起。博尔赫斯以轻快笔法写就的短篇作品于1962年成集《迷宫》（*Labyrinths*，这是一个不言自明的标题，讲述了我们在小说中迷失了自己，如提修斯一样在地狱中寻找走出迷宫的蛛丝马迹的道理），且迅速被译成英文。这一点对博尔赫斯的成名大有裨益。

博尔赫斯的写作技巧是用陈腐平庸的人类处境和日常角色点燃读者心灵深处的超自然想象。让我们以其最著名的作品之一《博闻强识的富内斯》（*Funes the Memorious*，1942）为例来细细品味这种方式。故事讲述了一位年轻的农场工人雷内奥·富内斯在经历了一次从马背上跌落的事故后，发现自己可以记住曾经和现在发生的所有事情，无论如何也无法遗忘。富内斯自言“自盘古开天辟地以来，所有人类的记忆加起来也不及我的记忆多”。后来，富内斯退居一间昏暗的屋子，与他的记忆待在一起。不久后，他便离世了。

这个故事基于一个幻想。然而，从另外一个层面上看，这个故事又是真实的。世界上确实有“超级记忆”的存在。心理学家如今使用的术语称之为“超忆症”或“自传体记忆”（Highly Superior Autobiographical Memory）。心理学家于 2006 年首次对这一症状命名，且进行了临床记录。博尔赫斯本人就有着极好的记忆力且晚年失明。对于任何一个对语言有着敏感度的读者来说，“博闻强识”（西班牙语拼写为“memorioso”）给人的直观感受绝对优于“自传体记忆”（HSAM）一词。

20 世纪 60 年代，当博尔赫斯任由笔下的幻想与现实恣意地广泛流传时，没有人知道该如何定义这种奇异的混合。然而，人们仍旧认为这是一种与众不同的存在，令人心潮澎湃。与博尔赫斯类似的魔幻现实主义先锋还有安吉拉 · 卡特[①]。她用小说《魔幻玩具铺》（*The Magic Toyshop*，1967）将阴冷萧索的战后英国与《爱丽丝梦游仙境》巧妙地结合在了一起。面对这样的小说，读者不清楚该如何理解它，但他们仍然对书中律动的一股力量做出了自己的回应。

---

① 安吉拉 · 卡特（Angela Carter，1940~1992），英国女作家，代表作有《魔幻玩具铺》、短篇小说集《焚舟纪》等。——译者注

事实上，博尔赫斯并非一位政治作家。但他为后来的魔幻现实主义作家们创造了一系列写作工具，以供他们借鉴。博尔赫斯式的写作方式被萨曼·拉什迪在其成名作《午夜的孩子》中积极地运用。这部小说获得了 1981 年的布克奖，继而成为一部畅销世界的作品。小说以 1947 年 8 月 15 日印度获得独立的那个午夜后的一小时为起点开始讲述。独立的消息由尼赫鲁通过广播向全国宣告。广播的背景是午夜的钟声敲响的声音。这是一个具有划时代意义的历史事件。在这一时刻出生的孩子将成为一代不同的印度人。拉什迪的小说幻想了出生于印度独立这一关键时刻的孩子们与他们所发源的精神集体间通过心灵感应彼此连接着。拉什迪坦承，这一机关的设计灵感来源于科幻小说（科幻小说是拉什迪最爱的素材百宝箱）。于是，我们很容易联想到约翰·温德姆的小说《密威治的怪人》（*The Midwich Cuckoos*，1957）。但《午夜的孩子》的故事背景却并未设置在密威治——一个与布里加东一样"虚幻的"村庄。相反，拉什迪将这部小说的故事背景设置在了一个相当真实的地点——在半个多世纪后将会变成超级大国的一个殖民地。有人说，拉什迪于 1947 年（尽管不是钟声敲响的那一神奇的时刻）出生于印度。除了将魔幻现实主义的魅力展现得淋漓尽致，《午夜的孩子》还将一股强有力的政治责任包蕴在了自己科幻的外表下。拉什迪因此被当时的印度总理英迪拉·甘地以诽谤罪起诉。同样，这部小说也带来了变革。

有趣的是，拉什迪写作的起点之一是儿童故事，这也是最基础的文学类别之一。他曾就莱曼 · 弗兰克 · 鲍姆[①]的小说《绿野仙踪》(*The Wizard of Oz*)的电影版写过一部极具启发性的短篇。拉什迪自孩童时代起，就十分钟爱《绿野仙踪》这部电影。对于电影的开头，我们仍然记忆犹新。黑白画面上不时闪动着条纹，放映着 20 世纪 30 年代饱受经济大萧条所带来的贫困折磨的堪萨斯的场景，与现实世界无异。女主人公多萝茜被龙卷风袭击得失去了意识。当她和小狗托托醒来时，发现自己正身处一个光怪陆离的仙境（多萝茜不禁说出了自己的经典台词："托托，这里再也不是堪萨斯了。"）。这个仙境里居住着巫师，以及会说话的稻草人、铁皮人和胆怯的狮子。这是一个魔幻的世界。与小说原著一样，在这部电影中，魔幻和现实得到了完美结合。

拉什迪最具争议性和挑衅性的一部作品是《撒旦诗篇》(*The Satanic Verses*, 1988)。故事中一架从印度飞往英国的客机，在英国领空被劫持而爆炸。机上的两名乘客法瑞希塔和查姆恰（他们一个是印度教徒，一个是穆斯林）从 3000 米的高空坠落地面。小说的首句如此写道："若想重生，你必须先与死亡见面。"然而。这两名乘客并未死亡，他们坠落在黑斯廷斯的海边，正如历史上于 1066 年登陆此地的另一位外国征服者威廉一样。他们马上被

① 莱曼 · 弗兰克 · 鲍姆（L. Frank Baum，1856~1919），美国作家，代表作有《绿野仙踪》。——译者注

认为是“非法移民”[作者在书中用“托切尔”(Torcher)来代指撒切尔夫人。她对非法移民宣布了一条严厉的禁令]。正如小说发展向我们展示的，这两个角色分别体现了天使长加百列(《圣经》中的角色)和撒旦的特点。小说将恐怖主义的愤怒这种现实的情绪如试剂一般混入了由神话、历史和宗教组成的溶液中。总而言之，其结果就是“魔法”。面对拉什迪的作品，伊朗的最高统治者、宗教领袖阿亚图拉·霍梅尼(Ayatollah Khomeini)并未像印度前总理英迪拉·甘地一样诉诸法律。当然，他也绝对不是魔幻现实主义的拥趸。于是，在1989年，霍梅尼对拉什迪颁发了一条宗教命令——任何一个有真正信仰的穆斯林都应该刺杀这个叛教的小说家。

君特·格拉斯的创作道路与他的魔幻现实主义同侪们一样殊途同归。他出生于1927年的纳粹统治时期。自开始写作伊始，格拉斯便明白1945年后的德国小说要从零开始。因为希特勒毁坏了一切文学根基。格拉斯说：“我们应该战胜过去。”然而，完全背弃了过去的根基后，作家们还能做些什么呢？德国哲学家西奥多·阿多诺(Theodor Adorno)曾直言，在经历了奥斯维辛集中营的浩劫后，德国的土地上难以再绽放诗歌之花。同样，小说也不可能诞生于这片土地之上，至少不会出自于德国作家之手。战后的德国小说家不再有能力驾驭文学传统为他们提供的类似交响乐团的创作环境。在经历了1933~1945年的动荡和毁灭之后，整个德国文学界如何才能重新找回歌德、席勒、霍夫曼斯塔尔[①]和托马斯 · 曼[②]时代的光辉？格拉斯声称，传统文学的交响乐团不复存在，作家们唯一拥有的就是一个铁皮鼓。虽然简陋，但这个铁皮鼓仍旧是一种乐器。正如格拉斯在他 1959 年的小说《铁皮鼓》中所描述的，这台乐器具有神奇的魔力。他将阿多诺残酷的预言放在一边，仍旧努力创作伟大的小说，创作杰出的魔幻现实主义作品。当格拉斯被授予 1999 年的诺贝尔文学奖时，他表现得并不像一位杰出作家，反而像一只文学世界中的老鼠。因为老鼠可以在任何情况下生存，即便是历经战争。

格拉斯在受压迫时期的节后余波中创作了自己的数部魔幻现实主义作品。事实证明，这样的创作风格也适用于身处压迫或者严苛的审查制度下的作家们。要知道，在这样的境况下创作揭露事实的现实主义作品是十分危险的。若泽 · 萨拉马戈[③]（1998 年的诺贝尔奖得主）就是个很好的例子。

萨拉马戈是一位马克思主义者。他一生的大部分时间却都生活在欧洲持续时间最长的法西斯独裁统治之下。在葡萄牙，这样

① 胡戈 · 冯 · 霍夫曼斯塔尔（Hugo von Hofmannsthal，1874~1929），奥地利作家，代表作有《生命之歌》《昨日》。——译者注

② 托马斯 · 曼（Thomas Mann，1875~1995），德国作家，代表作有《魔山》《布登勃洛克一家》等。——译者注

③ 若泽 · 萨拉马戈（Jose Saramago，1922~2010），葡萄牙作家，代表作有《盲目》等。——译者注

的统治直至 1974 年才结束。即便是在独裁统治被推翻之后，萨拉马戈仍遭迫害且被迫在流放途中结束了自己的生命。寓言是萨拉马戈喜爱的文学形式，因为它可以含混模糊地表达作者的意图。如果说萨拉马戈的写作风格还不是魔幻现实主义，那么也接近它或者与它无异了。萨拉马戈在其佳作之一《洞穴》（*The Cave*，2000）中幻想了一座不知名的城邦，它被一座巨大的中心建筑物所统治着。这是成熟资本主义的未来主义形象。这座大厦的地下室是柏拉图所描绘的洞穴，这也是人类处境的象征。在这个洞穴中，被缚的旁观者们命中注定般除了真实世界在墙上的投影外，什么都看不见。我们所拥有的只有那些不真实的、闪闪烁烁的光和影。然而，于萨拉马戈而言，那个洞穴正是小说家们所要努力耕耘之处。

正如我们在前文中所看到，魔幻现实主义的最强原动力来自中美洲以及南美洲国家。与博尔赫斯并列个中翘楚的还有马尔克斯。他的小说《百年孤独》（*One Hundred Years of Solitude*，1967）和《午夜的孩子》一样，是这一小说流派中毫无争议的顶尖之作。这部小说的叙述方式以一种令人困惑的模式不断改变着，在历史的时空间断地穿梭。

《百年孤独》的故事发生在一座虚构的城镇马孔多。正如《午夜的孩子》中对于拉什迪家乡印度的影射，马孔多这座城市就是马尔克斯祖国的化身。同样,《铁皮鼓》说的是德国的景况，而

《洞穴》讲的是葡萄牙的故事。马孔多具有哥伦比亚的一切特征：它是哥伦比亚在镜中的影像。在一系列闪烁变换的场景中，马尔克斯以小说为荧幕，放映了哥伦比亚历史上的关键时刻：内战、政治争端、修建铁路和工业化进程，以及与美国间的被压迫与压迫关系。这一切事件都在魔幻现实主义这个光彩四溢的文学客体中被具体化。因此，这部小说注定是政治性很强的。但这并不妨碍它成为文学世界中的佳作。

世纪之交的数十年中，魔幻现实主义骤然绽放出耀眼夺目的光彩。魔幻现实主义的魅力让它拥有独占文学鳌头的时日。在历史的记录中，这些日子被标记成文学世界的伟大时刻。

第 37 章 文坛

无疆之文学

我们可以肯定地说，21 世纪的文学真正做到了全球化。然而，如果我们将“世界文学”这个词汇分解，它又意味着什么呢？正如下文中我们要看到的，这个词意蕴万千。

例如，让我看看诞生于世界上最远离大陆的一块小岛屿——冰岛的文学。9 世纪时，首位北欧维京居民登上了这片贫瘠、树木不生而满地石头的寒冷岛屿。接下来的两个世纪被文学史家称为“传奇时代”（Saga Age，意为“传说”——来源于古冰岛人所说的古斯堪的纳维亚语）。令人惊讶的是，“传奇时代”中诞生了丰沛的英雄史诗。这些史诗歌颂了建立国家的各个部族。当他们相互间不骁勇争斗时，他们便为国家的建成而合力奋斗。

1 000 年前，斯堪的纳维亚半岛的文学堪称世界文学的瑰宝之一。可惜的是，仅有数千人熟悉它，将它视作自己有限国度上的共同回忆，并且用充满爱意的口吻将这样的文学一代一代口口相传。1955年，哈多尔·拉克斯内斯[①]获得了诺贝尔文学奖（诺奖组委会称，拉克斯内斯之前，从无来自小国的作家获过此奖）。拉克斯内斯获得诺奖的主要原因是自己1934年的代表作《独立的人们》（*Independent People*，读者们发现，这部小说的描述中充满了对冰岛的挑衅之意）。故事的主人公叫作比亚图尔。从“传奇时代”开始，他的家庭“三十代”以来都是农民，收入仅够糊口。比亚图尔沉浸在民族诗歌中，且总是在山中独自牧羊时背诵这些诗歌。20世纪到来后，他的生活发生了翻天覆地的变化。这是由于他接触到了外面的世界，而那个世界似乎也顿时对比亚图尔所生活的这个遥远而寒冷的小地方充满了兴趣。

与比亚图尔所喜爱的传奇故事一样，他自己的故事同样染惹着黯淡、英勇而又悲怆的色彩。在诺奖授予仪式的发言中，拉克斯内斯以自己的方式告诉听众们，他的小说与“小泥屋”中的古斯堪的纳维亚“吟游诗人”口中所讲述的故事有着不可分割的联系。这种联系就好像婴儿与母体间的脐带。而今，这部小说被翻译成多国语言，被全世界数百万计的读者们欣赏。这得益于诺贝尔奖的宣传作用，让小岛上的文学真正成为“世界文学”。至此，我们可否得出结论了？如果某种文学真的堪称伟大、流行，即便它如拉克斯内斯的作品一样深深扎根于自己的国土文化中，那么

① 哈多尔·拉克斯内斯（Halldór Laxness，1902~1998），冰岛小说家，代表作有《独立的人们》《世界之光》等。——译者注

它也永远不会再被国家的疆域所限制。相反，它将高高跃起，跨越国界而广为传播。

下面的例子来自于中国，这个世界上最大的文学社会。尽管它地大物博、拥有13.5亿人口和千年历史的悠久文化，即便是博闻强识的西方读者也难以随口说出六七个中国著名作家的名字。

就在2012年，中国作家莫言获得了诺贝尔文学奖。莫言最重要的小说之一是《天堂蒜薹之歌》(*The Garlic Ballads*)。《天堂蒜薹之歌》的创作灵感来源于莫言遥远的家乡。1955年，莫言生于当地一个农民家庭。故事发生在一个村庄。村里的人们数千年来都在耕种着一片肥沃的谷地。然而，当地官员却规定这个村庄除了大蒜外不可种植其他作物。这一规定完全不合农业的规律，就是一条引发民怨的无稽之谈。于是，村民们纷纷反抗，却被粗暴地镇压。官员命令他们，必须种植大蒜。

这部小说和莫言的其他作品一样，畅销海内外。尽管笔名“莫言”，可他的的确确是在发声。莫言不仅对中国的百姓讲述，更是在向全世界讲述。那么，从莫言的例子中我们又能得出什么结论呢？首先，这一结论比前文从拉克斯内斯的例子中得出的更加复杂。随着中国在几年中以惊人的速度成为21世纪的大国，全世界骤然对中国文学产生了兴趣。拿破仑因为对中国的预言一语成谶而闻名。他曾说“让这条龙沉睡，因为它一旦醒来就会撼动世界”。现在，这条巨龙醒来了：中国不再沉睡，也不再被世界所忽视。同样，中国文学也赢得了世界关注的目光。全球化不仅是地缘政治的事实，更是一种思维方式：现在，文学也成为这种思维方式的一个组成部分。

村上春树[①]是我们要列举的第三个例子。这位主流的先锋日本小说家已出版了大量的小说作品，均是销量与声名俱佳。他的小说被翻译成多国语言，畅销世界各地。春树的小说尤其适应海外市场，以至于他的国外受众数量已经超过了日本国内的读者数目。他（迄今为止）最主要的小说成就是 2009 年以《1Q84》结尾的小说三部曲。读者们都翘首企盼着这部小说的出版。在东京，人们彻夜排队只为在出版首日买到小说。

我们必须承认，《1Q84》的情节极其神秘。在写作风格上，它属于魔幻现实主义（我们曾在第 36 章中探讨过这一风格）。小说包罗万象，从日本武士、暗杀、日本小混混到平行世界和变幻莫测的时间流动。然而，更令人惊奇的是，村上春树知道自己是在为世界范围内的读者们写作。这群读者热切地期盼着阅读他的作品，等待着小说情节所带来的困惑和破解困惑的快感。春树的小说处处有深意。例如，他之所以给小说取名《1Q84》，是因为它的发音类似 1984 在日语中的发音。这暗示了小说与乔治 · 奥威尔的小说《1984》间的联系。我们甚至可以说《1Q84》是对奥威尔

① 村上春树（Haruki Murakami，1949~），日本作家，代表作有《且听风吟》《挪威的森林》等。——译者注

的致敬之作。小说的卷首语“这不过是一轮纸月亮”来自于 20 世纪 30 年代哈罗德 · 阿兰（Harold Arlen）创作的一首美国流行歌曲。当然，村上春树在其他场合也提到过，自己的小说创作受到了俄罗斯小说家陀思妥耶夫斯基的启发。就村上春树的例子，我们得出的结论是，他是一位深知自己为全世界读者而写作的小说家，也明白世界范围内的读者们都在阅读自己的小说。他从各处吸取别家之所长，并将它们日本化。

当作家们有幸走向世界，他们的收入可以媲美跨国公司的收益。例如，2013 年J · K · 罗琳就位列英国最富有女性榜第 12 位，比女王还富有（此外，罗琳属于榜单中独特的一位，因为她的每一分财富都是自己赚得的，而非通过继承得来）。她富不及可口可乐公司，然而她创作的“哈利 · 波特”系列却和可口可乐一样，流行于世界各地。

除了全球化之外，我们还可以用来说明“文学无疆界”的理由，便是驱使文学不断发展演进的强大推动力。那么，这股动力具体是从何而来的呢？与其相关的因素很多，包括数个世纪以来得到持续发展的通信系统、国际贸易以及某些“世界通用语言”的主导地位。尽管说来话长，但我们仍有必要重新回忆这段历史。因为它能帮助我们把文学作品与它们所属的历史世界一一对应，以便我们绘制出各个历史世界的疆域版图。

在文学史上的大部分时间内，人们若想从此地到达彼处，只能依靠步行、骑马，或者航海。对此，文学作品中亦有反映。作为现代读者，当我们阅读数个世纪以前的文学作品时，往往会面临的问题是如何适应作品视野的局限性。例如，莎士比亚从未料想过自己的作品会在伦敦以外的地方上演。对于莎翁来说，他或许至多认为自己的戏剧会在英国被搬上舞台。可如今，全世界数亿的文学爱好者正欣赏或研习着他的佳作。

19 世纪，文学视野得到了显著的开拓。这得益于大众传媒让人们在自己所处的国家中轻松容易地接触到各地文学。直至 19 世纪末，大众传媒已经让分布在全球的人们紧密相连了。在 19 世纪初的英国，受特殊委派的公共马车已经可以通过柏油加固的马路，连夜将 W · H · 史密斯书店发行的报纸派发至全国（“新的一天从阅读报纸开始”）。在杂志上刊登的文学作品与晨报一同被运至英国各处。在近半个世纪的快速派送报纸杂志的服务中，史密斯书店几乎做到了行业垄断。这一时期，他们不仅是报纸零售商，而且自 1860 年起，他们便经营了一家收费的流动图书馆。你可以在尤思顿车站借一本狄更斯的小说，然后在前往爱丁堡的 10 小时车程中细细品读。待到达目的地，再将书归还于史密斯书店设立在韦弗利车站的摊点。

自 1840 年起，英国就有了遍布全国的便士邮政（其中的一个建筑师便是小说家安东尼 · 特罗洛普,他曾在英国邮政总局任职），即英国大城市间每天都可传递信息，且只需要几小时就有一次。这样的邮政服务速度几乎可与电子邮件媲美。作家们，尤其是社会中的知识精英们充分地利用了这一城际间相互联系的新型方式。特罗洛普在推介电报这一信息传送方式上同样颇有建树。另一方面，蒸汽机的发明大大缩短了旅行时间。特罗洛普便是在环英国的火车旅行（尽管表面上看来是邮政总局的公务差旅）途中完成了他的力作之一《巴切斯特塔》（*Barchester Towers*，1857）。而他的另一佳作《我们现在的生活方式》（*The Way We Live Now*，1875，这是个意味深长的标题）则完成于前往美国、澳大利亚和新西兰的蒸汽船上。

这种种进步都是为了使本土市场国际化，让国内市场更高效地发展。当联通纽约和旧金山的铁轨上打入最后一根"金色的"道钉后，这意味着新书（大多数图书是由蒸汽船从欧洲运来的）可以在数小时内跨越数州被运往美国各地了。

1912 年，当古列尔莫 · 马可尼[①]的广播公司为全球通信网打下了坚实的基础，他将无线电波发了出去，伴随着《仲夏夜之梦》（*A Midsummer Night's Dream*）中普克的台词："我要在 40 分钟内为地球系上腰带。"不过莎士比亚现在的确已经誉满全球了。新的国际主义在国际版权协定（详见第 11 章）的保驾护航下平稳发展着。

---

① 古列尔莫 · 马可尼（Guglielmo Marconi，1874~1937），意大利人，发明了无线电报技术。——译者注

尽管并非所有的作家都为广泛接纳他们的新阅读群体写作，但有许多人已经在这么做了。20 世纪末至 21 世纪初，通信方式处于持续演变的过程中。互联网就像一座文学世界中不断变化的乐高乐园一样，正将我们年复一年都在使用的沟通方式重新组装。如果作家们愿意承认，他们现在的确在为地球村的所有读者写作。

上面的一切听起来都颇有《美丽新世界》的风格（详见第 30 章）。然而这幅美好的图景中仍有一个棘手的问题存在，那就是语言障碍。流行音乐能够跨越语言的边界，为不谙歌词的听众们所欣赏。但是文学却不具备这样的能力。拿走作品中的文字，那么文学的篇章也就空空如也了。通常，当文学作品驰骋至语言的边界时，它们传播的脚步便戛然而止了。其中，仅有少数作品跨越了翻译的屏障，被读者所欣赏。

翻译（“translation”字面的意思就是“跨过”）有时显得蹩脚而不高效。如果有人问 20 世纪最重要的作家是谁，那么卡夫卡的名字则一定会被提及。然而，卡夫卡小说的首部英文译作（并非完整的原著）却是在其去世 10 年后方才面世。他的其他主要作品甚至等待了半个世纪才有了自己的英文译本。而世界上许多说其他重要语言的读者仍然在等待用自己国家语言出版的卡夫卡小说。导致这一结果的因素并不仅是操作时间上的滞后。无论译者的实力多么雄厚，也不管译作给作者带来多么大的财富和多么大的名声，翻译本身从本质上讲就是有瑕疵的。身为作家和语言学

家的安东尼 · 伯吉斯[①]就曾写道，“翻译关乎的不仅是文字本身，它是让语言所代表的整个文化被人所理解。”而对于美国诗人罗伯特 · 弗罗斯特[②]来说，“诗意丧失在了翻译中”。

而对于大众文学或通俗文学而言，翻译的影响似乎不太重要。读者们不会深究译文的细微之处，他们在意的仅仅是翻动书页，欣赏内容。“北欧文学”——诸如史迪格 · 拉森（Stieg Larsson）创作的系列小说，尤其是他 2005 年出版的畅销书《龙文身的女孩》（*The Girl with the Dragon Tattoo*）即便身披沉闷的翻译，也不能掩盖其魅力。这正如沉重笨拙的副标题无法影响斯堪的纳维亚的恐怖电视剧的吸引力一样。那些仅对书籍内容感兴趣的普通读者是不会对字斟句酌的精美散文感兴趣的。对他们而言，有实际指导功能的文章或许更有用。

可悲的是，在某些方面，对于世界文学来说，翻译的影响越来越小。有人估计，每周世界上就有两种语言消失。这两种语言所承载的过去的文学积淀和未来的所有可能都随着它们一同消失殆尽。这是何其令人心酸的事实。在现代，英语伴随着世界大国的崛起成为“世界通用”的语言。英语在今天的地位就犹如两千年前拉丁语主导世界的地位。如果说 19 世纪是“属于英国的世

① 安东尼 · 伯吉斯（Anthony Burgess，1917~1993），英国小说家、语言学家，代表作有《医生病了》《发条橙》等。——译者注

② 罗伯特 · 弗罗斯特（Robert Frost，1874~1963），美国诗人，代表作有《新罕布什尔》《山间》等。——译者注

纪”，那么20世纪就是“属于美国的一百年”。如此说法证明了英、美这两个“被同一种语言分隔开来”（萧伯纳所言）的国家的主导地位。而现在的21世纪，或许会将这样的格局改变。

无论任何历史时期，文学都是丰富多彩的，没有统一的结论可以将它一言以蔽之。亨利·詹姆斯说过“简言之，小说之屋的窗户不止一扇，而是一百万扇”。有许多重要作家都选择在这间屋子里创作。例如，菲利普·拉金（详见第34章）就从未走出过自己的国门。他自嘲道，他不喜欢外界的“尘嚣”。拉金的诗作中也体现出了这种狭隘的岛国思想。1978年的诺贝尔文学奖得主艾萨克·巴什维斯·辛格[①]以意地绪语写作，专飨纽约本土为数几千的少数族群。正如弥尔顿所言“尽管读者不多，但却是知音”。

通常，小世界在文学世界中繁荣，而全球化的大世界却如宇宙一般，在以极快的速度不断地扩张。这种趋势是新颖而令人激动的，且无论结果好坏都无法停止前进的脚步。

① 艾萨克·巴什维斯·辛格（Isaac Bashevis Singer，1904~1991），美国犹太作家，代表作有《市场街的斯宾诺莎》《庄园》等。——译者注

第 38 章

负罪的享受

畅销书与粗糙文学

我们触手可及的伟大文学作品浩如烟海。无论我们多么雄心勃勃、勤勉不怠，穷尽一生也无法读完。不仅如此，每年还有更多的佳作被输送到世界的大书库中。我们谁也难以翻越书山。但是，如果我们沿着仔细选择的道路前行，若能走过山麓丘陵已是万幸，因为书山的巅峰一再增高。勿论世界书库，仅仅回顾本书中提到的所有作家，我们便会发现自己的渺小：即便是饱读诗书的人终其一生也不见得读完了莎士比亚的 39 部戏剧［我惭愧地自认没有坚定地翻开《伯里克利》(*Pericles*)］，简 · 奥斯汀的所有小说，或者丁尼生和陀思妥耶夫斯基的所有作品。我们可以将超市货架上的所有商品都放入自己的购物车中，也不能读遍世上所有的文学作品（即便是其中的一些样本）。

除了世界名著，我们尚有更大的一堆书籍要应付，那就是一般的文学作品。美国杰出的科幻小说作家西奥多 · 斯特金

（Theodore Sturgeon）曾说过："90%的（科幻）小说都是粗制滥造的；不过，所有事物中也仅有10%才是精华。"在英国国家图书馆和美国国会图书馆中，共有200万册图书被归为"文学类"。据统计学家估计，一个中等文化水平的人一生会阅读600部文学作品。然而，如果我们坦诚的话，便会承认这600本书中有很大一部分都属于斯特金口中的"粗制滥造品"。例如，环顾候机大厅里的人们（在这里，人们原始的恐惧告诉他们，手捧的或许是这一生读到的最后一本书），你会发现人们阅读的大多是丹·布朗[①]和吉利·库珀[②]的作品，而非古斯塔夫·福楼拜或者弗吉尼亚·伍尔夫的著作。

2012年的布克奖和科斯塔小说奖（Costa Fiction Prizes，在39章中会更详细地介绍到这一奖项）获得者是希拉里·曼特尔[③]。她的获奖作品为历史小说《提堂》（*Bring Up the Bodies*）。这部小说在半年内便销售了接近100万册。这是50年内这两项奖项的获得者所从未有过的成绩。然而，将《提堂》的销售成就与E·L·詹姆斯（E. L. James）的小说《五十度灰》（*Fifty Shades of*

① 丹·布朗（Dan Brown，1964~　），美国作家，代表作有《达·芬奇密码》《天使与魔鬼》等。——译者注

② 吉利·库珀（Jilly Cooper，1937~　），英国女作家，代表作有《对手》等。——译者注

③ 希拉里·曼特尔（Hilary Mantel，1952~　），英国女作家，代表作有《狼厅》《提堂》等。——译者注

Grey）在同样时间段内售出的数千万册相比，我们便会发现其中端倪。《五十度灰》被人们轻鄙地戏称为“以女主角众多性爱描写为主的小说”。毋庸置疑，这本小说从未获得过任何文学奖项，也被人所轻视。所以，结果怎样呢？詹姆斯夫人一路流着眼泪走向了银行（她会自信地告诉你，她将用几百万稿酬来重新打造自家的厨房）。

对于上面的数据，我们有两种解读方式。那些具有清教徒思想的批评家会认为这是“普通读者”（还记得第 14 章中约翰逊博士的说法吗？当然，约翰逊博士是不会鄙视这样的读者的）文化堕落的证据，无可救药。然而，若我们对喜爱粗糙文学的读者报以更加实用性的眼光，便会发现这种现象也是健康的。尤其是当我们做大局观，情况更是如此。例如，E · L · 詹姆斯的作品由兰登书屋旗下的出版社出版。要知道，兰登书屋这个大型企业集团旗下还拥有出版过诸多“体面的”阳春白雪作品的企鹅出版社。自从艾伦 · 雷恩（Allen Lane）在 1935 年创立了高品质的平装胶订生产线后，企鹅出版社就成为将高端文学送入寻常百姓家的主要渠道之一。雷恩毕生都致力于将有时代性的文学佳作推向图书市场，且所定的价格与出品廉价读物的连锁店沃尔沃斯（Woolworths）一样（与沃尔沃斯同类型的零售店在美国和英国都有）。它们让我们可以用低廉的价格享受高端文学的饕餮盛宴。

因此，交叉补贴意味着以“低端”文学作品的销售收入来弥补“高端”文学的欠佳销量（当然，高雅文学中的一小部分也可以如希拉里·曼特尔的作品一样畅销）。交叉补贴也可以通过神秘的方式完成。提携及出版T·S·艾略特的作品对1929年费伯–费伯出版公司（Faber & Faber）的筹办起到了很大的作用。自此，它成为英语国家备受尊崇的诗歌出版机构。作为一位诗人，如若有幸让费伯–费伯出版公司出版自己的诗作，那将是至高成就的标记。那么，近几十年费伯的财务状况又是依靠什么得以积极健康地发展呢？是《荒原》的销量？还是泰德·休斯抑或菲利普·拉金诗作的营业额？都不是，费伯的财务收益得益于《猫》（*Cats*）的附属权收入。《猫》是安德鲁·洛依德·韦伯[①]久演不衰的音乐舞台剧，改编自艾略特诗歌《擅长假扮的老猫经》（*Old Possum's Book of Practical Cats*）中延伸出来的笑谈。T·S·艾略特所出版的作品绝非“低端”（更不是“粗制滥造的”）。然而，《擅长假扮的老猫经》也不是公众心中普遍认为的成就艾略特盛名的重要作品。

如果我们能秉持着一种更开放的心态，或许将那些“不高端”的文学作品（即那些“非经典”、“非典范”及“品质一般”的作品）称为“流行文学”会比说它们“粗制滥造”更能说明问题。“流行”的言下之意是说这部作品“属于大众”，而不仅限于教堂、大学或

① 安德鲁·洛依德·韦伯（Andrew Lloyd Webber，1948~ ），英国音乐家，代表作有《艾薇塔》《剧院魅影》等。——译者注

政府等机构所有。风靡15世纪英国的神秘剧（详见第6章）是流行的。相比之下，当时的拉丁文《圣经》却是属于机构的。今天，我们仍然要接触到一些制度规定需要阅读的文学，例如，中小学校、研究机构及大学中必须学习的作品。

小说是流行文学类型中的翘楚。当某部小说获得成功，它总能激发人们“不加挑剔地”购买。自小说诞生之日起，这一特征便存在。当塞缪尔 · 理查森出版了小说《帕梅拉》（*Pamela*，1740），这部记录美丽的女佣被好色的主人迫害的作品引发了一场“狂热”——尤其是在当时的女性读者中。每当沃尔特 · 司各特爵士出版了自己的一部小说，便有大批拥趸包围书店，急切地撕掉包装书本的棕色纸张，站在街边就开始阅读。对于这样的“蜂拥读者群”，我们简直如数家珍。这种盛况的巅峰便是7册《哈利 · 波特》出版的时候。每一部《哈利 · 波特》面世对读者来说都好像节日一般，值得庆贺。他们身着巫师的服饰，在书店门口彻夜排队守候。促使他们如此做的原因，并非《哈利 · 波特》出现在《泰晤士报》的文学增刊中，抑或A级别考试大纲中囊括了这本书。

“畅销书”是一个相对近期产生的词汇（最早有记录的使用是在1912年）。同样，“畅销书榜”出现的时间也并不长。首个此类排行榜于1895年诞生于美国。英国一直以来对“畅销排行榜文化”的忧虑缘起于对这种代表“美国化”的产物的不欢迎态度——他们认为畅销书就是一本“美国式的书籍”。这对于美国来说无可厚非，可对于世界上其他国家和文化则不尽然。重要的是，英国图书产业直至 1975 年仍然抵制任何具有权威性的畅销书单进入自己的圈内。英国书业人士认为，书籍并不能像全国越野障碍赛马中的马匹一样，互相“竞争”。更糟的是，畅销书排行榜的形式贬低了书籍的价值，也打击了图书产业的多样性。它损伤了睿智读者们所应具备的“识别力”（所谓识别力，即读者们在选择书籍时可以清楚地认识到自己要读的是“这一本”，而非“那一本”；又或者“先读这一本”再读“那一本”）。于是，这样的争论至今不休。

此外，另一事实的出现让畅销书榜单的功过争论变得更加复杂，那就是畅销书通常出现得令人莫名其妙。例如，《五十度灰》原是一部为澳大利亚的一个读者群写作的网上“同人小说”，它的作者在文学圈里也“名不见经传”。尽管如此，出版公司开发了 3 套策略（同样，也主要是在美国）将读者们“莫名其妙”的感觉弱化到极致。这 3 种策略便是：“划分类别”、“设立特许经营”与“仿效主义”。

正如我们在第 17 章中所探讨的，读者在书店中可以自由“检索”图书。反过来，书店也可以通过将与你所检索特征相类似的书籍都放在同一“类型”的书架上来指导你找到心仪的图书。这些“类别书架”丰富多彩：从科幻到恐怖，从浪漫到凶杀或者悬疑。这便是策略之一的“划分类别”。而第二种策略“设立特许经营”的运作方式则完全不同。读者们通过它建立起零售商们所说的“品牌忠诚度”。读者们会因为欣赏史蒂芬·金（每次，书籍封面上史蒂芬·金的名字都不出意外地比标题要大）过往的作品而去购买他最新的小说。“仿效主义”顾名思义，就是简单地“跟风”。让我们仍旧以《五十度灰》为例来说明第三个策略。这本书的出版激发了各种各样拥有与之相似的封面、标题和主题的作品排山倒海而来。此外，也不乏对它的恶搞之作面世。[（其中，我最喜欢的一本是《格雷伯爵的五十道阴影》（*Fifty Shades of Earl Grey*）。]

如果我们深入思考便会发现，畅销书榜单的作用并不仅仅在于将销量排名化，更重要的是它激发了人们的“从众心理”。你选择一本畅销书的原因是大家都购买了它。一旦人们被训练得适应了畅销书籍的选择机制，那么人们也就自然忘记了对书籍“精挑细选”（即审慎地选择读物）。丹·布朗的《达·芬奇密码》（*The Da Vinci Code*）于 2005 年出版。当时，对这本书所有的评价几乎都是负面的。然而，整整两年它都雄踞销量榜榜首。从众的读者们竞相购买，用金钱支撑着畅销排行榜上书籍的地位。

大多数畅销书籍都如昙花一般稍纵即逝。它们通常都是“时令书籍”，今年的榜单上一定排列着与去年完全不同的书籍名称。然而，有少数书籍还是经受得住时间的历练，长时间名列榜单之上。我们也可以通过考究流行文学长达数年甚至数个世纪之久的不同生命轨迹，来了解它们的运作机制。《悲惨世界》（*Les Miserables*）便是个很好的例子。维克多·雨果[①]以1862年法国此起彼伏的政治动荡为背景，在这部小说中展现了主人公囚犯24601（Prisoner 24601）与贾维警长之间史诗般的斗争故事。这本书首先以法语出版，随即便有10种语言的译本诞生。作为一部在全球出版的读物，《悲惨世界》的畅销无疑是个巨大的、迅速的成功。有报道说，在美国1861~1865年的南北战争期间，雨果的小说是对峙的两方都广为阅读的书籍。在小说出版之后的数十年中，戏剧改编版一直在世界各地的舞台上演，长盛不衰。此外，《悲惨世界》被改编成电影就有不下12次。1985年，一部制作并非精良的音乐舞台剧在伦敦的巴比肯中心剧院首演。尽管反响欠佳，它仍被《悲惨世界》的官方网站评为“世界上演出时间最长的音乐剧”——“来自世界上42个国家，说22种不同语言的6 500多万观众都欣赏过这部音乐剧”。在2013年洛杉矶的奥斯卡颁奖盛典上，（由1985年音乐剧改编而来的）最新的一部电影横扫全球，赢得了三座“小金人”。

没有人会说维克多·雨果的《悲惨世界》不流行。同样，如果我们足够诚恳，我们也不会认为它是“伟大的文学”。它属于乔

① 维克多·雨果（Victor Hugo，1802~1885），法国作家，代表作有《悲惨世界》《巴黎圣母院》等。——译者注

治 · 奥威尔口中的“优劣参半”的一类书籍。以不同方式和不同程度的原著忠诚度改编的小说，都保留了一个共同的核心元素：犯人与狱卒间长久的斗争以及原著中所传递出的社会信息。雨果将这种信息称为“社会给人们带来的窒息感”。正是这种感觉引发了犯罪［小说中的冉 · 阿让（Jean Valjean）所犯的罪是为饥饿的家人偷了一块面包］。

对《悲惨世界》的诸多不同表现形式是否是对原著贬低性的开发？对此，我并不以为然。作为一部流行小说中的杰出作品，它在本质上有能力不断演进，改进自身，像液体一样将自己融入时下不断变化的文学文化潮流中。有些流行文学可以做得到这一点，但大多数实力不济。例如，不会有根据《达 · 芬奇密码》改编的音乐剧，《五十度灰》也不可能赢得 2120 年的奥斯卡奖。

那么，诗歌方面的情况又如何呢？我想，人们会不假思索地认为诗歌是个少数人感兴趣的文学领域，只能在刊登试验性文艺作品的非营利性杂志、无名诗人诗集和受过良好教育的精英分子手中看到它的身影。人们甚至会认为，“畅销诗歌”这个命题本身就是个悖反，给人的感觉与“大虾”一词无异。然而，如果我们换个角度思考，就会发现诗歌从未如今天一般流行过。与以前相比，我们每周花在诗歌上的时间更多了。前人从未像我们今天一样，仿佛“生活在诗歌中”。这又是缘何而起的呢？

诗歌历史上最具影响力的单卷诗集或许要数华兹华斯和柯勒

律治合著的《抒情歌谣集》了。它帮我们发掘了“抒情的”(lyrical)和“歌谣”(ballad)二词的根本意义。“抒情的”(lyrical)一词让我们想到了一种古代乐器——七弦竖琴，又称里拉琴(lyre)，它是吉他的前身(据说，荷马曾在里拉琴的伴奏下背诵史诗《奥德赛》)。而“歌谣”(ballad)则与舞蹈有关[同样，还有“芭蕾”(ballet)]。那么，什么是鲍勃·迪伦和着吉他吟唱的抒情诗呢？而迈克尔·杰克逊和碧昂斯的舞蹈或音乐录影带又为何物呢？一代一代的人们又是如何理解科尔·波特[①]创作的歌谣的呢？对于视野开阔且具有批判性思维的人们来说，在流行音乐中寻觅“文学”的芳踪并不显得离谱。流行音乐的文学性并不亚于1802年华兹华斯和柯勒律治一同创作的那卷诗歌。换言之，仔细观察，你就会在泥渣中找到珍珠。

① 科尔·波特(Cole Porter，1891~1964)，美国著名音乐家。——译者注

◆

第 39 章
何为最佳?

◆

文学奖项、庆典及读者群

古往今来，我们从不缺乏对于最高文学成就的嘉奖。从古时用月桂树叶编织的王冠，到（幸运的）现代作家们所获得的至高殊荣，各种奖项令人眼花缭乱。“桂冠诗人”的称号便是奖项中的一种。丁尼生连续 42 年占据英国桂冠诗人的头衔（我们在第 22 章中曾有介绍），这一点足够证明他在诗歌领域至高无上的地位。与之共同授予丁尼生的，还有爵位、感念友谊的女王和全英国人民在 1892 年为他举行的国葬（这场国葬是实际上存在而未得到官方认可的）。

然而，将文学奖项系统地规划还是 20 世纪才有的现象。所谓将奖项系统化，指的是由某个评审委员会来宣布哪部作品是最佳小说、最优诗集、戏剧抑或是终身文学成就奖。我们则正好见证了这样的评奖和颁奖形式。首个这样的奖项出现在法国，即 1903

年首次颁发的龚古尔文学奖[①]。随后，这个奖项分别于 1919 年和 1921 年在英国和美国被颁出。自此，文学奖项如雨后春笋般不断涌现。它变得类似于众所周知的圣诞晚会一样普遍。因此，玩世不恭的人们调侃说：文学奖项应该人手一份。目前，在英美法等国家，作家们可以直接角逐，抑或由出版他们作品的出版社代为参评一千多个文学奖项。此外，每年还有更多的文学奖项诞生。

在众多奖项中，有许多令人困惑的“类别奖”。诸如，年度最佳第二本小说奖（人们颇具智慧地将它称为“精彩再现奖”）、年度最佳侦探小说（“埃德加奖”，以侦探小说流派的创始人埃德加·爱伦·坡命名）、最佳历史小说奖（“沃尔特·司各特奖”，同样得名于此类型小说的创始者），以及最佳女性小说奖（“女性小说奖”，曾被称为“橘子奖”，而自 2013 年起被称为“贝利奖”）。此外，还有不分类别的最佳小说奖（如特斯塔年度图书奖）和最佳诗集奖（“T·S·艾略特奖”）。这些奖项中，有的授予获奖者大笔奖金，有的则只有“荣誉”，甚至有的奖项是羞臊作品的“反荣誉”（其中最著名的是“小说文学最烂性描写奖”）。奖金最丰厚的是美国的麦克阿瑟基金会所设立的“天才奖励”，它慷慨地给予幸运的获奖作家们 50 万美金的奖励，只因为他们的写作天才。尽管千差万别，这些奖项都有一个共同点，那就是它们都不过于具

① 龚古尔文学奖（Goncourt），法国文学奖。埃德蒙·德·龚古尔为了纪念其弟茹尔·德·龚古尔而设立。——译者注

体地描绘获奖作品应具备的特质。评委们和评奖委员会都有足够的自由来选择自己认为值得获奖的作品。

在仔细研究几个重要的文学奖项之前，我们先来解答几个关键的问题。文学奖项为何会出现？为何在这样的时机出现？我们又为何需要这些奖项？可以回答这些问题的答案不止一个。其中，最具说服力的一个是我们都生活在一个竞争的时代，“获胜”是最重要的目标。有人说，每个人都喜欢看赛马。然而，他们钟爱这项运动的原因并不在于马匹本身。而奖项的设立正好把胜败输赢这样刺激的因素引入了文学世界中。它俨然将文学世界变成了一座体育场，抑或角斗场。

20 世纪末，书商们开始设置赔率，就谁会赢得英国的“布克奖”或是美国的“普利策奖”而打赌。每年，越来越多的颁奖盛典层出不穷，各大奖项也借由这个舞台被宣布出来。这样的盛事大有赶超奥斯卡颁奖礼的声势。文学奖项的颁奖礼唯一没有的是奥斯卡颁奖盛典的红地毯。可按照这样的势头发展下去，红地毯出现在文学奖项授予仪式上也是迟早的事。

缺乏耐心是导致近些年人们痴迷于文学奖项的又一原因。正如乔治 · 奥威尔所言，检验文学作品优秀与否的唯一真正标准是时间。当我们初见文学时，我们都是拙劣的评判者。这其中也不乏文学评论家，因为他们不得不在短短的几日内做出所谓“权威的”论断——这无异于鲁莽的判断。这些评判中更有甚者是极其有失偏颇的。例如，早期有位评论家称《柳林风声》[1]中对鼹鼠冬眠习性的描述在动物学上是不精确的。在莎士比亚的时代，有些声浪支持本·琼生而反对莎翁。眼光挑剔的读者则认为狄更斯的作品“不入流”，人们应该选择阅读萨克雷，他的作品才是更有品质的。那么《呼啸山庄》呢？持批判态度的评论家会告诉你，别费心了，考虑下一部作品吧。在这样的争论发生数十年后，胜负便从迷雾中逐渐清晰起来。这些作品都被奉为“经典”，进入了我们的教科书中。很明显，时间已经完成了自己大浪淘沙的使命。但是，缺乏耐心的读者现在就想知道谁是当代最伟大的作家。读者们显然无法等待一百年，让时间来宣判这个答案。而文学奖正好迎合了读者的这一需求。

导致文学奖项鳞次栉比的第三个原因是奖项具有“指示性的作用”——当我们面对日渐增多到令人却步的文学作品时，各种奖项给我们指明了一条道路；当我们在书海中披荆斩棘，取其精华去其糟粕时，很显然，我们十分需要一位向导。那么，我们应该往何处寻找它呢？它存在于畅销书排行榜中吗？莫非它就是所有评论家在本周的报纸中所极力赞赏的那本书籍？又或者，这位向导是地铁站中拥有耀人眼目广告的作品？还是我们某位朋友口中的“无法错过的”好书，即便书名我们都记得不太清楚了。当

① 《柳林风声》(*The Wind in the Willows*)，英国作家肯尼思·格雷厄姆的童话作品。——译者注

我们在这种种来源中无从选择时，专家小组在冷静地审查各自领域的文学作品后，明智而审慎地选出获奖作品。他们的判断无疑给我们提供了最为可靠的阅读指示。

对出版业从业者来说，文学奖项也是有益的。其中缘由再明显不过，因为奖项将长期困扰出版业繁荣的不确定因素消除了。出版行业从业者经常引用的一个由经验得来的比率是，每当有 4 本书让出版商亏损，就会有一本书是让他们赚钱的，且这本书的盈利可以弥补 4 本书的损失。当某一出版社的作品中有文学奖项的获得者，那么这一殊荣足以让前面所说的比率变小，仅仅是奖项的头衔就足够让销量猛增（获奖作者的下一本书也会卖得很好）。有时，获得文学奖项并非书籍成功的必要因素。能够进入奖项决选名单，甚至初选入围，就足以让书籍畅销。

那么，顶尖的文学奖项又有哪些呢？首一屈一指的就是**诺贝尔文学奖**。这个奖项设立于 1901 年，也是历史上最早设立的文学奖项。诺贝尔奖一共分为 5 个领域，以奖励各个领域中的杰出成就者。而文学只是其中一个领域。阿尔弗雷德 · 诺贝尔（Alfred Nobel）是瑞典发明家，他发明了第一种稳定的烈性炸药。在建筑行业和采矿业中，他的发明价值非凡；而不可否认的是炸药也是可怕的战争武器。在遗嘱中，诺贝尔以自己的名字创立奖项，将他巨额财产中的大部分作为奖金发给每年的获奖者。有些人认为诺贝尔此举是想弥补自己道德上的愧疚感。每年的文学奖由瑞典皇家学院参考（匿名的）专家意见选出。

斯堪的纳维亚半岛同样文学巨匠辈出（这片土地上诞生了如易卜生、约翰·奥古斯特·斯特林堡[1]和克努特·汉姆生[2]等作家）。然而，起源于这里的诺贝尔奖体系并未将自己狭隘地囿于北欧半岛，而是放眼世界所有角落，囊括任何一本可以被称为文学作品的书籍。拥有开阔的胸襟，加之斯堪的纳维亚半岛位于欧洲的角落，这里无疑是做出客观与无私评判的绝佳之地。这一奖项毫无争议的一大成就，是帮助我们打破了观看文学时的地缘局限，即让我们能将文学看作世界全人类的财富，而非仅属于某个国家。我们还需了解的是，诺贝尔奖授予的是拥有终生成就的得奖者，而评判的唯一标准则是这位作家是否在自己“理想的方向上产出了杰出的作品”。

诺贝尔奖评审委员会始终认为自己在国际政治中扮演着具有影响力的角色。当他们曾经授奖给鲍里斯·帕斯捷尔纳克和亚历山大·索尔仁尼琴时，委员会已经充分地意识到苏联政府绝不会让这两位作家来领奖。每年，有关于谁会得奖的揣测与争论伴随着某些可预测的规律层出不穷。与之一同出现的，还有笼罩着（或许是伪造的）诺贝尔桂冠的乌烟瘴气。难道约瑟夫·康拉

① 约翰·奥古斯特·斯特林堡（August Strindberg，1849~1912），瑞典作家，代表作有《被放逐者》等。——译者注

② 克努特·汉姆生（Knut Hamsun，1859~1952），挪威作家，代表作有《神秘的人》《饥饿》等。——译者注

德未获奖的原因就是他在《间谍》（*The Secret Agent*）一书中塑造了“使用炸弹的”恶棍？那么格雷厄姆·格林呢？他莫非是因为在《英国孕育了我》（*England Made Me*）中对于瑞典火柴大王伊瓦·克罗伊格（Ivar Kreuger）有攻击性的描述而与诺奖失之交臂？如果出生于英国的W·H·奥登（据说他是1971年的先驱者）没有在错误的时间——也就是在当时血腥的越战期间，获得美国公民身份，那么他是否会获得诺贝尔文学奖？对于作家们来说，诸如此类的流言蜚语般的揣测无疑给每年奖项的宣布增添了不少乐趣。诺贝尔文学奖这个全世界不容置疑的最主要的文学类奖项又因为这些小插曲而显得更加重要。

法国的**龚古尔文学奖**（文学金奖）创立于1903年。从文艺评论的角度评价，龚古尔文学奖是众多文学奖项中最“纯粹的”。这一奖项是由法国杰出作家艾德蒙·德·龚古尔（Edmond de Goncourt）捐资创立的，以纪念他崇高的文学理想。龚古尔文学奖的评委会由10名著名的、长期在相关领域任职的文学界巨擘组成。他们每个月在餐厅聚会（对于这一会面地点的选择，读者们大可不必奇怪，请记住这是一个巴黎的文学奖项），选出一年中最有价值的作品。评价的标准只有一个，那就是作品的文学品质。嘲讽的是，龚古尔奖的奖金仅有10欧元。这也是为了再次阐明龚古尔奖的宗旨：关注文学品质而不在于金钱。可是，评委们聚餐的花费应该不菲。

美国的同类奖项有**国家图书奖**（National Book Awards），它又被称为“文学界的奥斯卡奖”。1936年，也就是在美国的经济大萧条时期，出版商和美国书业协会为了在行业低迷时期提高人们的阅读兴趣和图书销量而首次创立了这一奖项。经过数年，它逐渐发展成了一系列全面的奖项——奖项数量之多堪比任何一家城市书店中类型书架的数量。2012年，他们甚至为E·L·詹姆斯的《五十度灰》颁发了一个小奖。有人甚至打趣说，林林总总的国家图书奖甚至掩盖了全美篮球赛的光芒。这种情况类似于奥斯卡颁奖，随着一个接一个装有获奖者名单的信封被颁奖嘉宾打开，观众们忍不住哈欠连天。

与此相比，每年10月的“布克奖之夜”上，是不会有观众打哈欠的。**布克奖**始创于1969年，被称为“英国的龚古尔奖”，如今被公认为世界杰出的小说类文学奖。然而，布克奖与它隔英吉利海峡相望的先驱者不同，它欣然地接受了商业元素的怀抱，并且授予获奖者不菲的奖金（此外，有了奖项的宣传，获奖作品无疑会创造巨大的销售量）。布克奖的最初赞助者布克·麦康内尔（Booker McConnell）从西印度糖料种植园获取利益。曾经的一位获奖者约翰·伯格[①]就曾在得奖演说中抨击他的“殖民主义”捐助者，并且将自己的一半奖金都捐赠给黑豹党运动（Black Panther

① 约翰·伯格（John Berger，1926~ ），英国作家、艺术史家、艺术批评家。——译者注

Movement)。近些年，布克奖的奖金提供者变为一项避险基金，且改名为曼布克奖（Man Booker Prize）。秉持着盎格鲁–撒克逊民族的实用主义处世哲学，奖项的管理者完全能够与资本主义的奖金提供方式和睦相处。

说回龚古尔奖。它的 10 名评委都来自于文学界。而布克奖的 5 名评委每年均要更换，他们都来自于“世俗世界”——颇具争议的是，有的甚至来自于娱乐界。出版行业不仅钟爱文学奖，而且青睐于奖项并生的争议——那些在颁奖仪式前后甚嚣尘上的争论声。奖项的管理者们有意地泄露谁在评委会中任职、谁进入了初选而哪位又已经进入了决选名单。电视直播收视率、悬念以及激烈的争论，所有这一切在颁奖之夜达到高潮。而在争议发酵的整个过程中，许多小说被争相购买，销量激增。那么，文学界目前出现的奖项文化究竟是好是坏呢？大多数人会觉得这是件好事，因为这一现象的出现至少促进了人们阅读文学作品。但是这仍然代表了人们对于书籍和文学早已改变的和正在快速改变的一部分看法。

20 世纪的又一新生现象是在“二战”后品目越来越多的各类书籍和文学节日。这些活动无论大小，都将书虫们聚集到一起。它们俨然以自己文雅的方式成为文学界的流行音乐盛会。一般情况下，这些图书爱好者选择自己喜爱的作家和出版商；反过来，作家也与他们的读者面对面接触，而出版商们也可以借此机会近距离地了解目前传统“书摊”上都在热销什么书籍。这样的节日活动或许可以被称为思想的聚会。

近期，急速增长的本地读书会也是主流的发展趋势。在这样的场合下，志趣相投的读者可以相聚讨论他们最近购买和阅读的书籍。这样的小组并不具备明显的教育性或者自我提升意识。它们不收费，不设任何规章制度——人们只用在活跃的交谈中交换自己对于文学的有建设性的看法，告诉彼此什么样的书籍值得一读。总之，当探讨文学时，思想的碰撞总是最有价值的。

读书会改变了我们以往讨论文学的方式，也在作家、出版商与读者之间开辟了新的交流渠道。如今，许多出版商们将新出版的小说和诗歌与介绍作者的访谈和问卷一同打包送给读书会的成员们，供他们品鉴。这些材料处处体现着精神上的民主。里面没有任何居高临下的阅读指示。相反，它们是更加从读者的感受出发的，选集中的文章也多出自于“奥普拉的选择”，而不会选择在《纽约书评》《伦敦书评》或《法国世界报》上获得好评的作品。正是这些读书会让阅读习惯生生不息地传递着。如果没有了这样的生机，文学之花亦会凋零。

第 40 章

那些在我们生命中以及超越生命的文学

印刷完成的书籍是由纸张、字体、油墨以及封面纸板组成的有形存在。在西方，书籍的历史已有500多年了，它出色地为文学披上了一袭华美的外衣：让文学以亲民廉价的方式出现（有时也装帧精美），以飨广大读者。几乎没有几样发明能和书籍一样历久不衰。

然而，图书或许也有失去生命力的一天。这一临界点就出现在21世纪的第二个10年间，那时亚马逊上所谓的电子书（由计算机演算规则系统、数字化和像素组成）的销量超过了传统图书。电子书专为目前流行的手持平板阅读器准备。这些阅读器形似“真实的图书”。它看起来就好像早期的印刷物手稿，诸如古登堡印刷机的效果。当然，它的性能可大大有别于真实的印刷书籍。电子书与纸质书的渊源就好像“不用马拉的车”（汽车）与它的前身马车之间的关系一样。

手持电子书阅读时，你可以改变字体大小、用拇指（而非食指）迅速地翻书页、搜索文字内容或是截取其中的某段然后下载。

简言之，电子书的功能远超过传统书籍（尽管功能强大，但我们常说，你还是无法将它放进浴缸里）。当然，电子书也在不断演进，读者们不必苦等500年以求看到电子书的新版本。有关图书的应用软件已经在创造新的模式和阅读方式。那么，在接下来的年岁中，文学会以何种形式出现在我们面前？它又会采取何种运载系统呢？在未来的图书馆中，纸质版图书的数量会不会比我们在大街上看见的马车数量还要少？

无论这个问题如何被抛在我们面前，我们都可以先通过考虑三个影响未来文学世界的基本情况来回答。首先，我们要知道，今后会有更多的文学作品出现在我们的生活中。其次，文学的盛宴会以不同的、非传统的方式（这些方式可以是声音的、视觉的，甚至是虚拟的）呈现在我们面前。最后，文学会以不同的组合方式出现。

首先，我们周围已经充斥着“过多的”文学作品，且这一规模还在不断扩大。例如，任何一部能够连接互联网的电脑显示屏上都通过新的（且通常免费的）电子图书馆（如古登堡计划）让电脑所有者能够接触到25万多种不同的文学作品。如果将这个数目的电子书都变成印刷的纸质图书，那么总体积将会充满一个飞机棚。这个数字还在不断增加，因为总有待售图书不断涌现（在“档案”一栏）。一旦购买，瞬间发货，且电脑会根据你的阅读偏好而专门为你定制阅读材料。

在丰富读者视野的同时，如此蜂拥而至的丰沛作品也衍生了一系列新的问题。目前仍有一群人（我也是其中之一），他们成长于一种以文学作品极度匮乏和难以获得为核心特征的文化环境中。如果想买一本新的小说，你要么就“存钱”，要么就去当地图书馆排队等候借阅。书荒这个问题长期困扰着我们。然而，从另一个角度看，匮乏让事情变得简单，因为人们所面临的选择是有限的。

而今，在花费较少的情况下，人们只需轻触几下屏幕，就可以获得最新出版的图书和不计其数的二手图书。在网络的世界中（在网络世界中版权通常不那么被重视），搜索引擎（其中的一个搜索引擎名叫“吉夫斯”，即为“男仆”的意思）就可以帮助你找到从古至今任何一首诗歌。你所要做的就是键入几个关键词（比如你想搜索华兹华斯的《我如行云独自游》，只用键入“游”、“独自”和“云”即可）。

在很多人的人生中（比如我自己的人生），开始的书籍缺乏被后来的“选择困难症”所取代。那么，我们在电子书这个如阿拉丁的藏宝洞一般的世界中，应该从何开始呢？更重要的是，我们应该如何用好这有限的一生时间。据统计，一个人在其学生阶段会阅读大约 50 余部文学作品。而那些在大学阶段主修文学的学生则会多接触 300 余部作品。大多数人在他们的成年时代所阅读的文学作品不会超过 1 000 部。但能真正读到 1 000 部的人却实在不多。

当一部分文学作品作为规定读物（比如那些被列入考试范围的书籍）呈现在我们面前时，我们别无选择。可当我们面对的是浩瀚的书海时，我们则有完全的自由来选择自己想读的书籍。作为今天的读者，我们犹如洪水中的涉水者。据估计，在莎士比亚的时代，一个像莎翁一样的书虫只能接触到大约两千多本书。如果以这个标准衡量，那么你也可以称得上是一个“博闻强识的”人。而今天的读者却无一人可以担得起这样的头衔。

许多阅读方法都是由一种阅读策略衍生出来的，那就是温故旧日的经典，去关注那些“非常嫌疑犯”。换句话说，所谓“非常嫌疑犯”就是那些经典、典范之作，那些雄踞畅销排行榜榜首的作品，以及挚友和顾问口中各式各样的推荐。这样的策略也可以被称为顺势而为。

可以替代前者的另一种阅读方式被称为“阿拉丁的藏宝洞”策略，也就是说，从一切我们触手可及的文学宝藏中加以选择——明确我们自己的特别需求及阅读倾向，将自己的文学品位与最适合自己的书籍相匹配。威廉 · 吉布森[①]（他是网络朋克“科幻小说”流派的先锋）曾说，在文学世界中，我们“犹如奶酪中的虫”。没有虫子能够吃掉整个奶酪，也没有任何一条虫子会沿着其他虫子挖好的通道穿过奶酪。

---

① 威廉 · 吉布森（William Gibson，1948~），美国作家，代表作有《神经浪游者》等。——译者注

我们手中持有的比一个功能性的文本传递系统更多也更丰富，这一点使“盈余管理”的问题变得更加复杂。电子设备的介入让我们所获得的远超文字，我们还可以有音乐、电影、戏剧、电视甚至游戏这种更隐蔽的方式等各方面的享受。这样的功能印刷书籍该如何招架？我们又怎么有时间边听喜爱的音乐边阅读最新的小说（以相对小的代价在一部手持设备上同时做这两件事）？

今天，我们在明智地规划和使用时间上还应该学习什么呢？相比金钱，时间更是我们在未来会缺少的东西。对于疲于工作的人来说，每周有多长时间花在广义的文化范畴上？据统计，平均时间是 10 小时左右。那么，阅读一本希拉里 · 曼特尔（上一章中我们提到过她）或者乔纳森 · 佛兰岑[①]的新近小说要花多长时间？我们估算了一下，大约也是 10 个小时。

当下，我们正处于文学世界的过渡期，或者说我们正站在“一座桥”上等待通过。我们爱不释手的电子“伪图书”就是评论家马歇尔 · 麦克卢汉[②]口中“后视镜效应”的实例。这一效应指的是我们总是以旧有的眼光看待新生事物。我们之所以抱持着过去不放，是因为我们对未来心怀焦虑或者不太确定应该如何应对未来的事物。说到这里，我们不禁会想起孩子和安心毯。

① 乔纳森 · 佛兰岑（Jonathan Franzen，1959~），美国作家，代表作有《第二十七座城市》《纠正》等。——译者注

② 马歇尔 · 麦克卢汉（Marshall McLuhan，1911~1980），加拿大作家，代表作有《机器新娘》等。——译者注

然而，新旧事物并非是完全割裂开的。当我们观察得足够细致入微，便会发现新生事物中残存着旧的碎片。例如，你是否曾经想过为何电影中有音乐声道而舞台剧却没有？当肯尼斯·布拉纳夫（Kenneth Branagh）在电影中扮演亨利五世时，荧幕中传来了雷鸣般的音乐声。可依然是简尼夫·班纳扮演的亨利五世，在舞台上却没有这样的音乐声。原因在于30年间充斥大荧幕的电影默片有后排的管弦乐队为此配乐，或者至少有钢琴伴奏。因此，即便后来有声电影出现，这一音乐伴奏传统也一直未曾改变，沿用至今。让我们再来看另外一个例子。你可曾想过为何书籍的纸张上总有宽度很大的页边距？人们为何不将文字印刷到接近边缘的位置？这是因为早期手工装订图书时，会留出页边距以供读者评论和注释。今天，即便人们鲜少做眉批，而且图书馆也会因书页上的笔记而狂躁不已，我们的图书上仍保留着宽宽的页边距。这也是“后视镜效应”的绝佳实例。

然而，读书笔记和注释并未就此远离我们，它们会在新的电子页边距上继续绽放异彩。《呼啸山庄》中约克郡的沼泽地究竟是怎样一幅图景？读者们一想起这个问题总会带出大量的信息。因为现今文学成为一个全球化的现象，尤其是那些从未去过英格兰北部的荒野地区（同时也不再有机会去）的读者们，更会浮想联翩。

新技术无疑会催生“插画”小说和“诗歌”（无论我们如何宽泛地定义它）的生产和销售。直至今天，文学都是一片被文字表现形式霸占的领域——用书页上的字来体现。遗憾的是，对于那些身处丰富“视听”和日渐增多的“虚拟”文化（通过屏幕和游戏控制）中的读者来说，单一的文字表现形式会大大削弱文学对他们的吸引力。白纸黑字讲述的故事并不震慑人心，相反，有插画的小说才引人入胜，就好像我们将诗歌与流行音乐完美地融合一样。例如，占领运动（Occupy Movement）中煽动者们所戴的盖伊·福克斯[①]面具正是受到了一本插画小说的启发。这本书是阿兰·摩尔[②]的《V字仇杀队》（*V for Vendetta*）。这些面具的设计都是直接复制了插画家戴维·劳埃德（David Lloyd）的设计。插画小说类似于与之相近的漫画书，它已经将自己很好地融入进了电影中，且培养了一大批忠实的读者。对于书写系统以传统的象形文字为主的中国和日本，经济的崛起会对这个领域增加新的动力。

要求读者与作品相配合而非被动阅读的交互式文学也早已悄然地在我们身边兴起。或许在将来，人们就可以看到奥尔德斯·赫胥黎在《美丽新世界》中所说的“多感觉艺术”（详见第30章）——那些可用多种感官去欣赏的小说、诗歌和戏剧。具体而言，我们可以用触觉、嗅觉、听觉和视觉去阅读。那么，“读者”这个称谓也该被“参与者”所替代。有人认为，“仿生文学”会比

① 盖伊·福克斯（Guy Fawkes，1570~1606），组织了刺杀英王詹姆士一世的火药阴谋案。——译者注

② 阿兰·摩尔（Alan Moore，1953~），英国漫画家，代表作有《守望者》《V字仇杀队》等。——译者注

赫胥黎预言中的“多感觉文学”更早出现。那时，我们就真的会成为“全身心投入”的读者。

在重新定位文学的大环境中，第三个组成部分就是“新颖的组合方式”。在朝着这一方向变革的过程中，最显著且有趣的一个现象就是网络上“同人小说”的大量产生。正如这个名称所告诉我们的，同人小说出自那些要么希望从自己钟爱的小说中获取更多的读者，要么就产生于那些试图通过这些小说创造更多新东西的读者之手。同人小说产生的前提是，文学并非是石雕一样“固定不变”的事物。作者与读者间固有的鸿沟早已被逾越了。

同人小说风靡网络的同时，却鲜少有对于其内容和版权事宜做出管理的规范。而其数量却大为可观——大大超过了出版的纸质小说的数量。围绕着经典小说，有大片可供新晋小说生长的生机沃土。例如，我曾经在书中提到过的，“彭伯里共和国”网站就是专门为“资深”简 · 奥斯汀书迷们开设的。网站中一个名叫“一抹象牙白”的附加区域就是专供粉丝们给奥斯汀的 6 部小说自编结局的。同人小说并不局限于没有版权顾虑的小说。我们在网络上也看到了整部《指环王》的改写。许多同人小说都较粗糙，但其中有一些仍然和出版印刷的书籍一样具有很高的品质。

就现在来看，今后会有畅销书以及成功作品诞生于网络小说中。同人小说作为文学类别来讲，是诞生于一个小群体而又致力于在这些个群体中流传发扬的。网络小说的作者们没有佣金，亦无稿